Heinz Gerstinger

ÖSTERREICH

„Holdes Märchen und böser Traum“

„...Ich kam einmal vor mehreren Jahren nach Appenzell in der Schweiz auf Besuch zu einem Freund. Als wir dort eingeschneit saßen und durch die Fenster hinaussahen, trat in der Ferne eine blauschwarze Bergwand hervor. Schließlich, am dritten Tag, trieb mich die Neugier zu fragen: ‚Was ist das Schwarzblaue da, das mich verfolgt, durch welches Fenster ich auch blicke?' ‚Das ist Österreich', antwortete man mir. Und ich suchte etwas hinter der schwarzen Wand, ich erträumte etwas Schönes, sehnte mich danach zu sehen, was es dort gäbe; denn dort mußte irgend etwas sein, das Einfluß auf mein Schicksal gewinnen könnte..."

August Strindberg, 1893

Heinz Gerstinger

ÖSTERREICH
„Holdes Märchen und böser Traum“

August Strindbergs Ehe mit Frida Uhl

Herold Verlag Wien

CIP-Kurztitelaufnahme der Deutschen Bibliothek

Gerstinger, Heinz:
Österreich – Holdes Märchen und böser Traum / Heinz Gerstinger.
Wien : Herold-Verlag, 1987.
ISBN 3-7008-0296-X

Umschlagentwurf: Gerri Zotter
Druck: Herold, Wien 8

ISBN 3-7008-0296-X

INHALTSVERZEICHNIS

WIEN
oder
DIE LIBERALE ORDNUNG

April 1887: Durch die Straßen Wiens irrt ein Fremder. Ein schwedischer Schriftsteller auf der Flucht. Auf der Flucht nicht wegen seiner anarchistischen Gesinnung oder wegen seiner angeblich unsittlichen Novellen, die ihm in seiner Heimat einen Prozeß aufgehalst hatten, sondern auf der Flucht vor der Ehe. August Strindberg flieht vor Siri von Essen, der schönen Baronin, Mutter seiner drei heißgeliebten Kinder, deren Ehrgeiz es war, Schauspielerin zu werden, was ihr mit Hilfe ihres Mannes auch gelang, allerdings mit wenig Erfolg.

Er ist achtunddreißig Jahre alt und steht am Anfang einer großen schriftstellerischen Karriere. Mit seinem Drama aus der schwedischen Geschichte „Meister Olof" hat er sich das Theater erobert, mit dem Schlüsselroman „Das rote Zimmer" seine Begabung als Epiker bewiesen und mit der Novellensammlung „Heiraten" seine ehrliche und durchaus nicht unmoralische Einstellung zur Ehe offen ausgesprochen, was die puritanischen Schweden, allen voran die Königin, empörte. Mit dem Werk „Der Sohn einer Magd" beginnt er die Geschichte seines Lebens romanhaft darzustellen. Der Titel ist bezeichnend für sein Bekenntnis zu den Armen und Entrechteten. Daß er der Sohn eines wohlhabenden Kaufmanns war, schien ihm weit unwesentlicher als die Tatsache, daß dieser eine Kellnerin zur Frau genommen hatte, die Magd, die seine Mutter wurde. Doch scheint es nicht unwesentlich, daß dieses Bekenntnis zur „niederen Herkunft" nicht nur ein soziales war, sondern zugleich Ausdruck eines Minderwertigkeitsgefühls.

Bei aller Bewunderung für sein bisheriges Werk, sein eigentlicher literarischer Aufstieg beginnt erst jetzt, gerade mit dem Jahr 1887, dem Uraufführungsjahr seines Schauspiels „Der

Vater", und 1888 mit dem Einakter „Fräulein Julie". Diese Stücke brechen mit der romantischen Tradition, die bewußt oder unbewußt Strindbergs frühen Dramen noch anhaftet. Er wird zum radikalen Vertreter des jungen Naturalismus, zum Konkurrenten des von den Modernen vergötterten Norwegers Ibsen, den er als „männlichen Blaustrumpf" verachtet und den er zwar nicht an dramaturgischem Geschick, wohl aber an psychologischer Erkenntnis übertrifft.

Der naturalistische Stil seiner Dramen hat überhaupt nichts, wie bei so vielen Mitläufern seiner Zeit, mit Mode zu tun, sondern bedeutet Ausdruck einer Welt- und Lebensanschauung, die die Schönfärberei der Nachklassik und Nachromantik ablehnt, das wahre, nicht das erträumte Leben der Menschen zur Darstellung bringen will. Und wenn er später zu neuen Stilen finden wird, dann immer wieder als Frucht seiner rastlosen Suche nach Wahrheit. Er wird erkennen, daß der Naturalismus – so wie das Leben – durch die Darstellung der „Wirklichkeit" die eigentliche Wahrheit allzuoft verhüllt; deshalb sein Wandel zum Expressionisten.

Sein „Gang durch die Weltanschauungen", wie man Strindbergs Leben bezeichnet hat, nimmt aber das kommende Jahrhundert vorweg, in dem eine Weltschau die andere immer wieder verdrängen sollte, um schließlich ins Inferno zweier Weltkriege abzustürzen. So weit ist es mit dem Strindberg von 1887 noch nicht, obwohl der Sturz ins Inferno immer wieder droht. Er flüchtet vor seiner Frau, besser gesagt, vor seiner Ehe, die ihm zur Hölle geworden ist.

Es wird im Verlauf des Buches noch Anlaß genug geben, über Strindbergs Frauenhaß zu schreiben, auch ist hier nicht der Platz, auf seine erste Ehe einzugehen, deren Höhen und Tiefen er in seinem Werk „Plädoyer eines Irren" – der ursprüngliche deutsche Titel lautet „Die Beichte eines Toren" – romanesk schildert. Fest steht, daß er von Mißtrauen gegen die Frau, die die größte Liebe seines Lebens war – und bleibt – , erfüllt ist, seiner Meinung nach mit Recht. Andere behaupten, seine Eifersucht, nicht nur auf Männer, sondern vor allem auf eine Freundin Siris und auf etliche junge Mädchen, die mit ihr verkehrten, sei völlig grundlos gewesen.

Immer wieder versucht er, es zum endgültigen Bruch kommen zu lassen, aber immer wieder ist seine Liebe zu Siri stärker, immer wieder versöhnen sie sich. Jetzt, vor die Entscheidung gestellt, nach Schweden, das er vor vier Jahren im Groll verlassen hat, heimzukehren oder einfach davonzulaufen, wählt er die zweite Alternative. Denn in der Heimat als gehörnter Ehemann heimlich verspottet zu werden, ginge über seine Kraft. Er reist nach Wien. Es ist sein erster Besuch in der Hauptstadt der Donaumonarchie, wahrscheinlich sein erster Aufenthalt in Österreich, der von ihm auch in seinem Roman „Plädoyer eines Irren“ erwähnt wird.

Aber es ist nicht der Besuch eines Reisenden, den Neugier in fremde Städte treibt. Wahrscheinlich war es ihm völlig gleichgültig, wohin er floh, nur fort von Siri und irgendwo hinein ins volle Leben einer großen Stadt, um zu vergessen. Man muß seine Stimmung berücksichtigen, um einzusehen, daß ihm Wien nicht zum Erlebnis werden konnte. Voll Sehnsucht und Trauer im Herzen sind seine Gedanken nur bei seinem Problem, bei Siri, die er ständig vor sich sieht. Die Stadt, ihr wirbeliges Leben, selbst ihre Kunst bringen ihn nicht darüber hinweg. Er fühlt sich nicht fähig zu arbeiten. Ob er will oder nicht – er muß täglich zwei Briefe an die seiner Meinung nach treulose Frau schreiben; es werden Liebesbriefe. Nicht Wien befreit ihn von seinem Schmerz, sondern Siris Phantasiebild läßt ihn Wien in seiner Schönheit erkennen. „Die fremde Stadt macht auf mich den Eindruck eines Grabes“, schreibt er im „Plädoyer eines Irren“, „und ich gehe wie ein Leichnam in der Menge spazieren. Aber da setzt sich meine Phantasie in Bewegung, um diese Einsamkeit zu bevölkern, und ich erdichte ein Märchen, um meine Maria – so das Pseudonym für Siri im Roman – in diese tote Umwelt einzuführen, und siehe da, die gesamte tote Masse aus Bauwerken und Menschen wird lebendig!“[1]

Er spricht von der großartigen Kulisse der Hauptstadt, Kulisse für den erdachten Auftritt seiner Frau als Sängerin. Tatsächlich besucht er den Direktor des Konservatoriums, wohl um sich nach etwaigen künstlerischen Möglichkeiten für Siri zu erkundigen, und es scheint, als wollte er seine Phantasien Wirklichkeit werden lassen.

An den Abenden besucht er Opernaufführungen und Konzerte, tagsüber eilt er durch die Gassen oder ist in Museen und Galerien anzutreffen. Die Kunststadt Wien scheint ihn dennoch gefesselt zu haben, freilich immer wieder als Hintergrund für eine Künstlerin, die seine Frau ist – so zumindest aufgrund seines Romans.

In der Gemäldegalerie im Belvedere, die wenige Jahre später ins neue kunsthistorische Museum übersiedelte, trifft ihn der

Anblick einer Venus des Guido Reni wie ein Blitzschlag. Das ist der Körper seiner Frau, den er leidenschaftlich begehrt. Eine Stunde bleibt er vor dem Gemälde stehen. Dann kann er nicht anders, als in sein Hotel zu eilen, seine Sachen zusammenzupacken und zu Siri zu fahren. „... und ich laufe ihr in dem kleinen Garten entgegen, küsse sie leidenschaftlich, nehme ihren Kopf zwischen die Hände und sage: ‚Treibst du Zauberei, kleine Hexe?' ‚Was soll denn das heißen? Du wolltest also ausreißen, ja?' ‚Ja, es war ein Fluchtversuch! Aber du bist stärker als ich, und ich ergebe mich!'"[2]

So Strindbergs Bericht im „Plädoyer eines Irren". In Wirklichkeit allerdings waren die Beweggründe seiner Reise nach Wien nicht nur der Versuch einer Flucht aus der Ehe, sondern auch wirtschaftliche Notwendigkeit.[3] Mit der ihm wohlgesinnten Redaktion der „Neuen Freien Presse" schließt er den Abdruck seines Romans „Schleichwege" ab, den die Österreicherin Mathilde Prager unter dem Decknamen Erik Holm ins Deutsche übersetzt hat. Diese zweifache Motivation seines Wien-Aufenthaltes beweist seinen Sinn für Realität als Ausgleich eines labilen Seelenzustandes; einen Sinn für Realität, der es ihm auch, wie sein Biograph Lagercrantz mit Recht bemerkt, möglich machte, als völlig nüchterner Beobachter über sein eigenes Seelenleben zu schreiben. Zum andern beweist die völlige Konzentration des Romanhelden auf den Fluchtgedanken eine bewußte Korrektur durch den Abstrich der banalen Wirklichkeit: eine Erkenntnis des wahren Lebens.

Erst sechs Jahre später, lange nach der Scheidung von Siri von Essen, sollte Strindberg wieder österreichischen Boden betreten. Es ist schade, daß er seine ersten Eindrücke von der Kaiserstadt nirgends festgehalten hat, mit Ausnahme des erwähnten kurzen Absatzes im „Plädoyer eines Irren". Denn immerhin muß diese Residenz des letzten, noch vom mittelalterlichen Gottesgnadentum erfüllten Monarchen einen Eindruck auf den jungen Schweden gemacht haben, auf einen Mann, der seinen eigenen König verachtete und von den umstürzlerischen Gedanken einer jungen Generation erfüllt war.

Gerade damals, drei Jahre nach seinen Prozessen wegen Gotteslästerung, von denen er allerdings freigesprochen worden war, fühlte er sich nicht nur politisch als Revolutionär, sondern begeisterte sich auch für die fortschrittliche Naturwissenschaft des Charles Darwin und des Ernst Haeckel; Ideen, die in den nordischen Ländern, aber vor allem in Paris und Berlin weitaus verbreiteter waren als in Österreich, dessen moderne Denker der Allgemeinheit wenig bekannt waren und wo die theatralische Illusion Kunst und Leben bestimmte.

Wir wissen nichts über Strindbergs Eindruck vom Wien des ausklingenden 19. Jahrhunderts, denn auch später nimmt er kaum dazu Stellung, wohl aber blieb es ihm nicht erspart, sich mit der Wiener Gesellschaft auseinandersetzen zu müssen.

Die „Gesellschaft" war großbürgerlich, liberal. Es entbehrt jedoch nicht eines tragikomischen Akzentes, daß die Träger dieser Gesellschaft, die das wirtschaftliche und kulturelle Leben der Stadt gerade aufgrund ihrer finanziellen Macht bestimmten, in ihrer Jugend Revolutionäre von 1848 gewesen waren, auf den Barrikaden mitgekämpft und in Kundgebungen die neuen Errungenschaften bejubelt hatten. Ein Vergleich mit den älter gewordenen Studenten von 1968 drängt sich auf.

Gewiß, für sich selbst, für ihren Stand hatten die Großbürger Freiheiten durchgesetzt, die sie vorher nicht besessen hatten, dies nicht zuletzt wegen ihrer totalen Loyalität dem Herrscherhaus gegenüber, dem sie in ihrer Jugend zumindest skeptisch gegenübergestanden waren. Daß der kleine Mann in den Vorstädten, vor allem der Arbeiter, aus diesen Freiheiten wenig Nutzen ziehen konnte, schien das aufstrebende Bürgertum nicht zu beunruhigen. Das war das goldene Zeitalter des Bürgertums, abgesichert zum einen durch das Zensuswahlrecht, das ihm durch die geringe Wahlbeteiligung die politische Macht sicherte, zum andern durch sein wirtschaftliches Übergewicht. Weltanschaulich war es liberal, das heißt auf österreichisch: josephinisch-rationalistisch, zweckmäßig, vernünftig und bürgerlich ehrenhaft. So fortschrittlich sich die Repräsentanten des Liberalismus auch fühlten, im Grunde standen ihre Ansichten der Aufklärung des 18. Jahrhunderts näher als dem modernen Fortschrittsglauben. Mit diesem hatten sie freilich den Optimismus gemein, vor allem einen Bildungsoptimismus, der letzten Endes zu einem Standesattribut wurde.

Daß für eine so rein rationalistisch-wirtschaftlich orientierte Gesellschaft Kunst vor allem Repräsentation bedeutete, ist erklärlich. Primär war die Fassade; was sie verdeckte, war sekundär. Der Historismus mit seiner Prachtentfaltung, das rein ästhetische Vergnügen an alten Stilen, ein pompöses Bürgerbarock wurden zum Stil einer Epoche. Die ihn schufen, ahnten nicht, daß er die letzte Orgie der Schönheit vor dem Untergang war: Die Ringstraße als Symbol eines Bürgertums, das auch als

Kunstmäzen Adel und Kirche abgelöst hatte. Was fehlte, war die geistige Substanz, die Seele; aber nicht so sehr die Üppigkeit der Darstellung, das Pathos, als vielmehr das Fehlen der immateriellen Idee war es, was die nächste Generation gegen den Historismus antreten ließ. Es ist eine paradoxe Tatsache, daß die stark vom Materialismus beeinflußte naturalistische Kunst den uneingestandenen Materialismus der Gründerzeit zu Fall brachte.

1887, als Strindberg Wiener Boden betreten hat, erlebt die Stadt ihre größte Prachtentfaltung. Die gewaltigen Bauten der Ringstraße sind zum guten Teil vollendet; im folgenden Jahr, 1888, wird das imposante Denkmal der Kaiserin Maria Theresia enthüllt, am 14. Oktober das neue Burgtheater eröffnet. Während sich hier noch einmal das liberale Bürgertum prächtig repräsentiert, sammeln sich in den Vorstädten Kleinbürger und Arbeiter. 1887 konstituiert sich der Christlichsoziale Verein, 1888 die vereinte Sozialdemokratische Partei. Die Liberalen verlieren an Macht. Ihr Lebensstil, ihre Weltanschauung hat aber das Zeitalter ihrer politischen Hegemonie überlebt und war auch den ärmeren Bürgern Vorbild geworden.

Friedrich Uhl, Chefredakteur der „Wiener Zeitung", dem amtlichen Regierungsblatt, war einer jener Liberalen: 1848 als Freiheitskämpfer auf den Barrikaden, später ein Vertrauter Kaiser Franz Josephs.

Am 14. Mai 1825 wird er in Teschen geboren. Sein Vater verwaltet die schlesischen Güter des Erzherzogs Karl, seine Mutter soll jüdischer Herkunft gewesen sein.[4] Er besucht, wie es seiner gutbürgerlichen Herkunft entspricht, das Gymnasium in Troppau und inskribiert in der Folge an der philosophischen Fakultät der Universität Wien. Als Student im Wien des Vormärz schließt er sich bald den freiheitlichen Bewegungen an, denen schon als Gymnasiast seine Sympathien gehört haben. Bereits als Knabe hatte er die Gedankenreihe „Recht, Wahrung desselben, Selbstbestimmung, Loslösung von der Bevormundung der Gedanken und Gefühle des gesprochenen und geschriebenen Wortes, Freiheit"[5] als lebensnotwendig erkannt, ein Beweis, wie schwer der Druck des Metternich-Regimes selbst auf bürgerlichen Familien in der Provinz lastete. Mehr als die Politik aber interessiert ihn schon als Bub das Theater, genauer gesagt das Burgtheater. Wien und das Burgtheater waren für jeden Österreicher eine Einheit. Mit Spannung liest der junge Uhl in den Zeitungen seines Vaters alle Berichte über das verklärte Haus in der fernen Hauptstadt. Er kennt jedes Stück, jeden Schauspieler, sogar deren Privatleben aus Klatschspalten. Als er nach Wien kommt, besucht er sofort das ersehnte Haus, fühlt sich aber maßlos enttäuscht. Ein unbedeutendes Lustspiel wird von beamteten Schauspielern unbedeutend „heruntergespielt", so daß er das Haus noch vor Ende der Vorstellung verläßt. Seine Einstellung sollte sich jedoch sehr bald ändern. Denn unabhängig von den wirklich künstlerischen Ereignissen, die er dort sehr bald erleben durfte, erkannte er das Burgtheater als „die einzige Stätte Wiens, in welcher der öffentliche Geist sich kundgeben konnte... das Burgtheater ward zur politischen Tribüne, Stücke farbloser Art wurden jetzt vom Publikum grausam zurückgewiesen, Werken aber, in welchen der freisinnige Geist glänzte, wenn sie auch künstlerisch minderwertig waren, jubelte man zu. Das Burgtheater und dasselbe Wien war schon lange revolutioniert, ehe 1848 die Märztage eine echte politische Rednerbühne aufrichteten"[6].

Uhl hat wahrscheinlich sein Studium nie abgeschlossen, da er sich schon früh zur Gänze der schriftstellerischen Arbeit widmet. Als Zwanzigjähriger schreibt er eine schlesische Dorfgeschichte für die „Sonntagsblätter", zwei Jahre später Märchen aus dem Weichseltal. Als er für die Novelle „Taubstumm" von den Preisrichtern, unter denen sich keine Geringeren als Franz Grillparzer und Friedrich Hebbel befanden, den ersten Preis zugesprochen erhält, glaubt er sich als Dichter endgültig bestätigt. Den berühmten Grillparzer zu besuchen und ihm für die Zuerkennung des Preises zu danken, wagt er allerdings nicht, eine Unterlassung, die ihn noch im späten Alter reut. Er verkehrt mit Dichtern wie Mosenthal, Gutzkow, Laube oder Kühne, Dichtern des Jungen Deutschland, das damals für die moderne Literatur tonangebend war.

Im Jahr 1848 wird er zum Freiheitsdichter. Er schreibt zahlreiche zündende Gedichte, von denen etliche vertont und bei Kundgebungen gesungen worden sind. Wie die meiste politische Lyrik bleiben sie jedoch zeitgebunden und geraten in Vergessenheit. In der „Wiener Abendpost" vom 23. Jänner 1906 urteilt Armin Friedmann in einem Nachruf auf Friedrich Uhl über diese Gedichte: „Heute muten sie fremd an. Wir begreifen kaum, daß sie einst zu zünden vermochten, und müssen uns die aufgeregte Zeit wieder ins Gedächtnis zurückrufen. Es war die Dichtung eines Jünglings für Jünglinge. Die Zeit sang aus ihm heraus."

Wie die meisten jungen Schriftsteller des Jahres 1848 stellte sich auch Friedrich Uhl in den Dienst der Presse. Und er bleibt Journalist bis an sein Lebensende; erst aus politischer Begeisterung, später aus der resignativen Erkenntnis, kein großer Dichter, aber ein guter Redakteur zu sein.

1848 gehört der Dreiundzwanzigjährige dem Redaktionskomitee des deutschnationalen Vereinsblattes „Schwarz-Rot-Gold“ an, einer Zeitschrift, die nach elf Folgen noch im selben Jahr zum letzten Mal erscheint. Die folgenden Jahre ist Uhl Redakteur der „Presse“, deren Besitzer August Zang nach französischen Vorbildern arbeitet und eine Zeitung ganz neuen Stils herausbringt. Zudem gelingt es ihm, das Blatt von Brünn aus auch über strenge Zensurzeiten hinweg erscheinen zu lassen. Uhl wird Mitbegründer des mächtigen Journalistenvereins „Concordia“. Eine Pariser Reise vermittelt ihm die Bekanntschaft mit Rossini, Scribe und Meyerbeer. Er tritt schon früh für Richard Wagner ein und unterstützt dessen vorübergehende Absicht, sich in Wien niederzulassen.

1861 gründet der liberale Staatsminister Anton Ritter von Schmerling die Zeitschrift „Botschafter“, deren Chefredakteur Friedrich Uhl wird. Mit Schmerling, dem Gesinnungsverwandten, verbindet ihn eine echte Freundschaft. Aber schon vier Jahre später muß mit dessen Rücktritt das Blatt eingestellt werden. Uhl wechselt zur inzwischen von Max Friedländer gegründeten „Neuen Freien Presse“ und wird im Jahre 1866 Kriegsberichterstatter, wobei ihn weit weniger die Kampfhandlungen als das Schicksal des unglücklichen Feldzeugmeisters Benedek interessieren. Im Jahr darauf berichtet er von der Weltausstellung in Paris. Französische Lebensform und französische Kunst waren für ihn Vorbilder eigenen Schaffens.

Als 1871 noch einmal ein liberales Kabinett unter dem Fürsten Adolf Auersperg gebildet wird, beruft man Uhl zum Chefredakteur des Regierungsblattes, der „Wiener Zeitung“, die er fast drei Jahrzehnte hindurch leiten sollte. Er wird zum engen Vertrauten des Kaisers, zu einem der maßgebenden Männer der Wiener Gesellschaft. Sein Herz aber hängt vor allem an der Kunst, am Theater, und trotz seiner führenden Position in der Zeitung läßt er es sich nicht nehmen, vor allem Theaterkritiken zu schreiben. Niemals gehässig oder ausfällig, wird er zum Freund und Berater nicht nur der meisten Burgtheaterdirektoren, sondern auch vieler Schauspieler und Schauspielerinnen und zum Wegbereiter moderner Dramatik auf den Wiener

Bühnen. Ein Plan, ihn zum Burgtheaterdirektor zu ernennen, war – vielen zum Leidwesen – zum Scheitern verurteilt.

Hinter diesem Scheitern stand sein Widersacher in der öffentlichen Kritik, Ludwig Speidel, der Rezensent der „Neuen Freien Presse“, ein leidenschaftlicher Gegner Richard Wagners und zum Unterschied von Uhl ein harter Beckmessertyp. Uhl neidete ihm die größere Verbreitung seines Blattes, das begreiflicherweise volkstümlicher als die offizielle Regierungszeitung war.

Neben seiner journalistischen Tätigkeit schreibt er aber auch nach wie vor Romane, an deren literarischen Wert er glaubt und die in den Jahren ihres Erscheinens auch viel gelesen und gelobt werden; so vor allem „Die Theaterprinzessin“, eine für unseren heutigen Geschmack recht rührselige Geschichte, die durch ihre Zustandsschilderungen des Lebens hinter den Kulissen von einiger kulturhistorischer Bedeutung bleibt. Am bekanntesten wird sein Roman „Farbenrausch“, eine getreue Darstellung Wiens zur Makart-Zeit. Daß allerdings schon zur Entstehungszeit seiner Werke Zweifel an deren literarischem Wert laut wurden, beweist eine Anekdote, wonach der Bäcker Roman Uhl das Angebot, in den Adelsstand erhoben zu werden, mit der Begründung abgelehnt haben soll, dann Roman von Uhl zu heißen, was seinem Ansehen nicht sehr zuträglich wäre.

Trotzdem: Friedrich Uhl, inzwischen zum Regierungsrat ernannt, gehört zu den angesehensten Männern der Wiener Gesellschaft, hat sich mit Fleiß und ohne Liebedienerei hinaufgearbeitet und darf mit Recht auf seine wohlerworbene Stellung stolz sein.

Weniger ordentlich verläuft dagegen sein Privatleben. Er heiratet 1863 die um zwanzig Jahre jüngere, achtzehnjährige Marie, geborene Reischl, die Tochter eines k.k. Notars. Vater Dr. Reischl war ein steinreicher Mann deutsch-böhmischer Herkunft, national und bereits antisemitisch gesinnt, was diesen allerdings nicht hinderte, seine Tochter mit dem Sohn einer Jüdin zu verheiraten, da dessen Vater ein angesehener Katholik und er selbst ein wohlhabender Mann war. Aber sehr bald zeigt sich, daß die streng katholische Marie Reischl und der wahrscheinlich agnostisch eingestellte Friedrich Uhl wenig harmonieren. Lebt Uhl trotz seiner politischen Interessen und Aufgaben vor allem für die Kunst, für das Theater, so sind die Reischls im Grunde unmusisch, von einer spießbürgerlichen Lebenseinstellung, die dem Kunstenthusiasten ein Greuel sein mußte.

Für ihn ist – kennzeichnend für die Vertreter des liberalen Bürgertums – Religion ausschließlich Privatsache, kirchlichen Einfluß hält er für freiheitsgefährdend, das Gebot der Vernunft bildet seine moralische Norm. Die Ordnung, vor allem die liberale Ordnung ist keine göttliche, sondern entspricht den Notwendigkeiten, die ein gedeihliches Zusammenleben der Menschen erfordert. Religiöser Brauch und kirchliche Zugehörigkeit sind für den liberalen Bürger zumeist nur traditionsbedingte Lebensformen, deren Inhalte nur noch für wenige oder ausschließlich beschränkte Geltung haben. Doch anerkennt das liberale Bürgertum die Kirche als eine der notwendigen Stützen einer moralischen Ordnung, vor allem für die breiten Schichten des Volkes.

Marie Uhl, geborene Reischl, hat ganz andere Ansichten. Zutiefst religiös, eine katholische Mystikerin, lebt sie in einer transzendenten Sphäre, die einem aufgeklärten Mann wie dem ihren unbegreiflich bleiben muß. Während ihre Eltern „brave Katholiken" sind, die Gebote und Dogmen als gegeben annehmen, sich aber weiter nicht mit religiösen Fragen – vielleicht auch aus Angst vor Versuchung durch Zweifel – beschäftigen, studiert sie eifrig religiöse Literatur, zusammen mit ihrer Zwillingsschwester Melanie, die eine ähnliche Veranlagung besitzt. Für ihr Amt als Hausfrau hat sie wenig Sinn. Die Dinge dieser Welt interessieren sie kaum, gesellschaftliche Repräsentation hält sie für unwichtig. Ihre jüngere Tochter Frida, die den Vater weit besser als die Mutter versteht, schreibt über sie: „Meine Mutter verdarb Vaters Karriere, soweit die sich bei seiner Energie und Leistung verderben ließ, dadurch, daß allein schon ihre phantastische Unordnung jeden gesellschaftlichen Verkehr für ihn unmöglich machte, solange sie zusammenlebten. Sechs Tage der Woche war das Haus im Zustand eines wilden Chaos; raffte sie sich am siebenten auf und ging ans große Scheuern mit ungezählten Mägden, so ging sie so gründlich daran, daß sie es nie zur Zeit beendete. Ein regierender Fürst und ein Premierminister waren einmal nahe daran, unrühmlich in einem Wassereimer zu landen, der noch zur Souperzeit verräterisch hinter der ‚gastfreundlichen' Schwelle im Finstern des unbeleuchteten Korridors auf sie lauerte."[7]

Marie schenkte ihrem Mann zwei Töchter: Marie, geboren 1863, zu Hause Mitzi genannt, und neun Jahre später, am 4. April 1872, Frida, eigentlich Maria Friderike Cornelia.

August Strindberg

Siri von Essen

Max Burckhard, Direktor des Burgtheaters

Friedrich Uhl in jungen Jahren

Friedrich Uhl als „Brunnenfigur“ am Michaeler Platz
Bildhauer: sein Schwiegersohn Rudolf Weyr

Es ist für die patriarchalische Ordnung selbst in einer so aufgeklärten Familie bezeichnend, daß der Vater die von ihm gewünschte Heirat seiner Tochter Marie durchsetzt. Ein unmittelbarer Befehl oder Zwang hätte allerdings seiner liberalen Haltung nicht entsprochen. So versucht er es mit List, und das Vorhaben gelingt. Er vermittelt einen Spaziergang der achtzehnjährigen Marie mit dem um sechzehn Jahre älteren, bereits anerkannten Bildhauer Rudolf Weyr. Als sie heimkommt, teilt er ihr mit, sie habe sich durch diesen Spaziergang kompromittiert, denn ein junges Mädchen dürfe sich mit einem jungen Mann ohne weitere Begleitung nicht sehen lassen, folglich müßte sie ihn heiraten. Freilich stand Uhl bei diesem Manöver im Einvernehmen mit seinem späteren Schwiegersohn, aber die arme Marie wurde vor beschlossene Tatsachen gestellt. Briefen zufolge scheint die Ehe Weyr glücklicher als die der Eltern Uhl gewesen zu sein. Marie war, soweit dies aus Berichten dritter Personen feststellbar ist, ein recht lebenstüchtiges Wesen, mütterlich, aber zugleich – wie der Vater – literarisch begabt und ambitioniert, so daß sie dieser bald zur Mitarbeit in seiner Redaktion heranzog. Vor allem besaß Marie Weyr Humor, was ihr über manche Schwierigkeit im Leben hinweghalf.

Rudolf Weyr gehörte zu den meistbeschäftigten Bildhauern der Ringstraße. Die Burgtheatererbauer Semper und Hasenauer waren seine ersten Förderer. Schon früh wurden ihm zahlreiche Preise und Orden zuteil. Von ihm stammen unter anderem die Figur Karls VI. am Kunsthistorischen Museum, zwei Marmorreliefs der Universität, die Gruppen berühmter Liebespaare in den Fenstern und die Ausschmückung des Plafonds im Zuschauerraum des Burgtheaters, die beiden Bronzelöwen auf den Mauerpfeilern der Nußdorfer Sperre und die Giebelgruppe des Jagdschlößchens im Lainzer Tiergarten. In seinem bekanntesten Werk, dem Monumentalbrunnen „Herrschaft zur See“ an der Fassade des Michaelertrakts der Hofburg, hat er seinen Schwiegervater als Wassermann karikiert. Er war Ehrenmitglied der Akademie der bildenden Künste, seit 1889 Professor an der Technischen Hochschule und zuletzt Präsident der Künstlergenossenschaft, an Titeln und Ämtern sowie in seinem Werk ein repräsentativer Vertreter des liberalen Wien.

Als Friedrich Uhls jüngere Tochter Frida zur Welt kommt, ist die Ehe im Hause Uhl nicht mehr in Ordnung.

1869 hat Friedrich Uhl mit dem Bau einer Villa in Mondsee, einem der damals sehr bekannten und beliebten Landaufenthalte im Salzkammergut, dessen Hauptort Ischl das Sommerdomizil des Kaisers war, begonnen. Vielleicht hoffte er, durch das neue, romantische Zuhause die Eintracht der Familie wieder herstellen zu können. Aber es ist zuwenig über sein Privatleben bekannt, als daß mit einer gewissen Sicherheit die Ursache der ehelichen Auseinandersetzung festgestellt werden könnte. Daß der im Grunde seines Wesens gutmütige, aber nach außen rauhbeinige und jähzornige Mann, dem Arbeit, Fleiß und Ordnung Lebensprinzipien waren, für die verwöhnte, weltfremd erzogene Tochter aus reichem Haus nicht den idealen Ehemann abgeben konnte, scheint klar. Ob es seinerzeit jugendliches Verliebtsein gewesen war oder kluge Berechnung von Mariens Eltern, was die beiden zusammenbrachte, läßt sich nicht mehr eruieren. Daß, wie in den meisten Familien der Zeit, der starke elterliche Einfluß den Widerstand des Schwiegersohns hervorrufen mußte, ist aufgrund der Tatsache, daß dieser niemals deren Landhaus in Oberösterreich besucht hat, anzunehmen.

Freilich gibt es auch Gerüchte über Liebschaften Friedrich Uhls während seiner Ehe; möglicherweise hatte er sogar eine Liaison mit einer berühmten Burgschauspielerin. Auch darin mag er dem Vorbild seines Kaisers gefolgt sein.

Bei aller Strenge sowohl der Familie als auch seinen Angestellten gegenüber war er von fröhlicher, lebensbejahender Natur, ein echtes Kind seiner Zeit. Wie viele seiner Weggenossen glaubte auch er aufgrund der industriellen Entwicklung an den Anfang eines neuen goldenen Zeitalters.

Er liebt nicht nur das Theater als Kunstinstitut, sondern auch dessen Atmosphäre, die Autoren und Schauspieler, und er liebt seine Wahlheimat Wien und deren Bürger, besonders aber deren Bürgerinnen, die er in einem seiner bekanntesten Feuilletons auf originelle Weise preist. Dort schreibt er: „Die Wienerin hat alles, was Menschen-Begehr. Die Venus von Milo allerdings darf man nicht verlangen; die ist ideal, von Marmor und besitzt keinen Arm. Und von beiden Armen umfangen, an den vollen Busen gedrückt und, wie der Wiener sagt, herzhaft ‚abgeschmatzt' zu werden, das ist die Sehnsucht, die den Fremden erfaßt und den Wiener auch, wenn er eine Wienerin sich auf der Ringstraße wiegen sieht."[8] Weniger hält er von der Lernfreude der Wienerin, der „echten Wienerin", nicht der Hofratstochter, wie er vielleicht in bezug auf seine eigenen gebildeten Töchter schreibt, denn „den Lernfleiß hat die Wienerin nicht geerbt und nicht erfunden. Sie ist voll Empfänglichkeit für hoch und nieder, seht sie nur im Burgtheater weinen oder im... Volkstheater, wenn Thaller spielt, lachen, und ihr werdet sagen: Diese Frauen sind empfänglich. Allerdings ein Theaterstück von Shakespeare lesen, das kommt bei der Wienerin nicht allzu häufig vor. Und die Vorlesungen in der Ethischen Gesellschaft besucht sie auch nicht"[9]. Für ihn hat die Wienerin nur ein Ideal: „Mutter sein – Mutter werden!"[10]

Hofratstöchter sind seiner Meinung nach keine „echten" Wienerinnen. Auch Regierungsratstöchter nicht. Marie und Frida werden nach anderen Prinzipien erzogen. Schon früh beschäftigt er sie in seiner Zeitung. Sind seine Artikel mit einem Sternchen bezeichnet, so die seiner Töchter mit zwei oder drei Sternchen.

Das zweite Kind, neun Jahre nach dem ersten in einem Gasthaus unweit von Mondsee geboren – die Villa war noch in Bau –, war ein Experiment; der Versuch, durch ein neues Band die brüchig gewordene Ehe zu festigen. Frida berichtet darüber in ihrer unbefangenen Art: „Aber nach mir kamen keine Kinder mehr. Ich war nämlich nicht wie üblich in die Welt gesetzt worden, weil Vater Mutter liebte, sondern weil er eine andere liebte, die er vergessen wollte."[11]

Doch das Experiment mißlingt. Die Eltern trennen sich bald für immer. Eine Scheidung war gesetzlich nicht möglich. Die Mutter zieht zu ihren Eltern ins Mühlviertel, der Vater zurück nach Wien in eine kleine Wohnung in dem Haus Herrengasse 7. Frida spricht von einer „selbstgewählten Klause in der Hofburg, die halb Verlies und halb Bohèmebude war, jeden entsetzte, aber ihm entsprach"[12]. Nach außen hin bleiben die beiden Ehepartner höflich und in ständiger brieflicher Verbindung.

Ob die Villa in Mondsee wirklich, wie Frida vorlaut berichtet, um eines Renaissanceschrankes willen gebaut wurde, der für eine normale Wohnung zu groß war, ist mehr als fraglich, weit eher war das zweite Kind die Ursache des Baus. Daß die Villa dann die immer reicher werdende Sammlung des Vaters beherbergte, meist Gegenstände aus Gotik und Renaissance, kostbare Möbel, vor allem aber auch Uhren, Statuen, Bilder, Zinn, Porzellan und Nippes, machte sie sehr bald weit über Mondsee hinaus berühmt. Im Baedeker wurde sie als eine Art Museum erwähnt.

Das Kind wird das Opfer der ehelichen Auseinandersetzung. Die Eltern lassen es allein in Mondsee zurück. Die Amme Resi, die jetzt so etwas wie eine Verwalterin des verwaisten Hauses wird, übernimmt die Erziehung; eine Erziehung, von der Frida noch nach Jahrzehnten schwärmt: „Das waren meine seligsten Zeiten!" Sie wächst in einer der freundlichsten Landschaften Österreichs auf, fast immer in freier Natur. „Am schönsten war's", schreibt sie weiter, „wenn Berg und See und Himmelsbläue mit der Sonne lachten und ich mich dem warmen Kuß so ganz hingeben durfte. Dann jubelte alles in mir – ‚Ich lebe!'"[13] Wenn es regnet oder winterlich kalt ist, zieht sie sich in Vaters Bibliothek zurück und schmökert in seinen Büchern. Noch keine zehn Jahre alt, kann sie etliche Klassiker auswendig. Kein schulischer Zwang, sondern kindliche Entdeckerfreude lassen sie Natur und Kunst wie ein Abenteuer erleben.

In der Schule hatte sie es dann leicht, obwohl sie die strenge Arbeitsauffassung des Vaters nicht kannte noch anerkannte. Und mit deutlichem Protest berichtet sie, daß man sie mit neun Jahren in eine Klosterschule steckte, im selben Jahr, in dem „man" ihre Schwester verheiratete. Eine neue Generation wollte die Spielregeln der Eltern nicht mehr anerkennen.

Sie wehrt sich gegen die Unfreiheit des Klosters, will ein echtes Zuhause, aber den Eltern war sie, zumindest ihrer Meinung nach, nur eine Last. Sie hatten das Kind nie um seiner selbst willen gewollt; es war als Mittel einer Versöhnung gedacht, die nicht zustande kam. Eigenwillig, wie Frida schon als Kind ist, setzt sie einen Kompromiß durch: Wenn schon Kloster, dann wenigstens jedes Jahr in einem anderen Land. Die wilde Lust zu reisen liegt ihr im Blut. Italien, Deutschland, Frankreich und England sind die Stationen ihrer Jugend.

Daß ein liberaler Vater seine Tochter in eine Klosterschule steckte, scheint auf den ersten Blick widersinnig. Doch selbst aus unserer Gegenwart wissen wir, daß es sich hier nicht um einen Einzelfall gehandelt hat. Es wäre einer eigenen Untersuchung wert, den Gründen nachzuforschen, weshalb so viele gutbürgerliche, aber religiös freisinnige Eltern ihre Kinder in katholische Internate schicken. So wie im Falle Uhl dürfte hier wohl eine bürgerliche Tradition ausschlaggebend sein, der Wille, dem eigenen Kind die beste Erziehung zuteil werden zu lassen, die, unabhängig von jedem konfessionellen Einfluß, besonders im österreichischen Raum traditionsgemäß die Klosterschule verspricht. Erziehung in einem katholischen Internat wurde zum bürgerlichen Statussymbol.

Mit achtzehn Jahren holt Uhl seine Tochter nach Wien und bestimmt auch ihren Beruf. Sie soll Journalistin werden, seine Laufbahn antreten. Sicher hätte sie sich auch jetzt gegen die

Bevormundung durch den Vater aufgebäumt, wäre ihr diese Berufswahl nicht sehr gelegen gekommen. Denn „schreiben" wollte sie schon immer, und sie war überzeugt, eine erfolgreiche Schriftstellerin zu werden. Aber da war noch ein Hindernis: Die Gesellschaft, in die sie geboren war, lehnte den Journalismus für Frauen ab. Und wer damit gar noch Geld verdienen wollte, wurde, wie ein Beispiel lehrte, geächtet.

Aber Friedrich Uhl bleibt bei seinem Entschluß. Er schickt die Neunzehnjährige als Korrespondentin für die „Wiener Zeitung" nach Berlin, wo solche Konventionen längst nicht mehr gelten. Sie soll vor allem über das Berliner Theater berichten. Aus elterlicher und klösterlicher Strenge entlassen, bricht sie auf in die Freiheit, in eine junge Stadt, „in der es auf allen Gebieten kreiste, brodelte und lärmte. Aber mir war's recht", schreibt sie später, „denn ich war jung. Das Leben brandete!"[14]

Nachdem er beide Töchter versorgt hat und seine Frau zumindest in materieller Sicherheit weiß, kann sich Uhl nun völlig seinem Beruf widmen. Und der heißt neben seiner Aufgabe als Chefredakteur und Berater von Politikern, ja selbst des Kaisers, vor allem: Rezensent des Burgtheaters. Hier fühlt er sich zu Hause. Er hat dem Kreis um Laube bereits angehört, zu dem sich so bedeutende Persönlichkeiten wie die Gräfin Nostitz, Betti Paoli, Richard Wagner oder die Schauspielerin Julie Rettich zugehörig fühlten, ging bei allen Direktoren ein und aus, seine besondere Sympathie aber gehörte Max Burckhard.

Dieser „unvorhergesehenste" Burgtheaterdirektor war erst sechsunddreißig Jahre alt, Dozent für österreichisches Privatrecht und Ministerialbeamter, und hatte, so ging ein vielleicht böswilliges Gerücht, erst siebenmal in seinem Leben ein Theater besucht. Der Antrag, die Direktion des Burgtheaters zu übernehmen, soll ihm beim Kegelspiel gestellt worden sein. In seiner biederen Art soll er darauf geantwortet haben, er müsse sich erst noch aufs Spiel konzentrieren, bevor er eine einschlägige Antwort geben könnte. Die Folge seiner Ernennung war ein Sturm des Mißtrauens, angeführt von einer empörten Presse, der sich das Ensemble ebenso anschloß wie das Publikum.

Aber Burckhard schien das Gekläff zu überhören. Er scherte sich keinen Deut um die Angriffe von allen Seiten, sondern ging mit Vehemenz an die Arbeit. Ohne Vorurteil, aber freilich auch ohne Fachkenntnis wollte er das Haus von Grund auf erneuern. Und niemand hätte geahnt, daß dieser Mann, der wie der typische Wiener Spießer aussah – er trug ständig einen

„Stösser“ am Kopf, sein gewaltiger Schnauzbart erinnerte an den eines Fiakerkutschers, und ohne Virginia zwischen den Lippen hat ihn kaum einer gesehen –, daß dieser Mann ein echter Kunstkenner war. Sein Wesen war fahrig, ruhelos, aber von einer bestechenden Geradlinigkeit. Winkelzüge und falsche Demut waren ihm fremd.

Daß dieser Mann Friedrich Uhl gefallen mußte, lag auf der Hand. Beide stammten aus altliberalen Kreisen, sahen im Neokonservatismus die Gefahr der Reaktion und waren vor allem überzeugt, daß Theater nicht oder zumindest nicht nur aus der Tradition leben kann, will es den Menschen der Gegenwart wirklich zum Erlebnis werden.

Gegen schwere Hindernisse, die man ihm in den Weg stellt, setzt Burckhard schon in seinem ersten Direktionsjahr die Aufführung von Ibsens „Volksfeind“ durch. Es folgen weitere Werke des gefeierten Norwegers, nämlich „Die Kronprätendenten“, „Fest auf Solhaug“, „Stützen der Gesellschaft“, „Klein-Eyolf“ und „Wildente“; darauf zum ersten Mal im Burgtheater Stücke von Gerhart Hauptmann, „Einsame Menschen“, „College Crampton“, „Hanneles Himmelfahrt“ und „Die versunkene Glocke“. Der mutige Direktor überlegt sogar, von Friedrich Uhl besonders unterstützt, eine Aufführung des Stückes „Das Geheimnis der Gilde“, ein Werk des umstrittensten und radikalsten Neuerers, August Strindberg.

Endlich dürfen Raimund und Anzengruber im Hoftheater gespielt werden, und mit Arthur Schnitzlers „Liebelei“ sowie frühen Werken Hofmannsthals und Schönherrs wird Burckhard auch zum Wegbereiter der jungen österreichischen Dramatik im Haus am Ring. Und keiner ist ihm bei diesem Einsatz für das Neue ein getreuerer Helfer als Friedrich Uhl.

Dabei darf man sich den inzwischen Fünfundsechzigjährigen nicht als Streiter für die Moderne im Sinne eines ergrauten Jünglings vorstellen. Radikalismus war ihm fremd. Auch ging es ihm nicht um Mode oder Aktualität. Sein Einsatz für das Neue, in diesem Fall für den Naturalismus, ist wohlüberlegt. Er erkennt die Notwendigkeit, durch eine veränderte Form Veraltetes zu überwinden, was für ihn keinesfalls gleichbedeutend ist mit totaler Anerkennung des Neuen. Gerade der Naturalismus stellt für ihn eine Art Zwischenakt dar, durchaus nicht die Erfüllung. „Der Naturalismus“, so stellt er fest, „hat einen Zug, der ihm Berechtigung in der Kunst verleiht. Beobachtung und Erforschung der Natur und Naturgeschichte des Menschen, intensiver als es bisher geschah, ist sein Ziel. Das wird gute Folgen haben. Der Weg führt nicht zur Kunst, aber er führt zur Schule."[15]

Gerade diese gemäßigte Haltung war es, die Burckhards Pläne unterstützte und ihm ein Publikum gewann, das einem radikaleren Ton gegenüber nur Widerstand geleistet hätte.

Wie modern klingt es, wenn Uhl in einer Zeit, in der man Kunst vor allem als Genuß und Unterhaltung empfinden wollte, in einer Kritik über Ibsen schreibt: „Ibsen will nur, daß man nachdenke – und weiß der Himmel, er zwingt uns alle mehr als irgendein Dichter von heute zum Nachdenken –, daß man nachdenke über die Welt, sich selbst, daß man in sich gehe."[16] Und gegen die Ewiggestrigen gerichtet: „... weil Friedrich Schiller gelebt hat, muß Ibsen nicht gleich ein Tor oder ein Verbrecher oder ein konfuser Kopf sein, den man nicht versteht."[17] Dabei ist er durchaus nicht mit allem, was von Ibsen kommt, einverstanden. Aber gegen das gedankenlose Vorurteil der Altmodischen muß er ihn verteidigen. Skeptisch und unsicher ist er auch am Anfang Schnitzler gegenüber, aber „mit einem großen Talent wie Schnitzler lohnt es der Mühe, sich auseinanderzusetzen"[18]. Sudermann hingegen durchschaut er sehr bald. Während das Gros der Kritiker in ihm eine ähnliche Persönlichkeit wie in Ibsen oder Björnson vermutet, schreibt Uhl: „Sudermann ist nicht Realist, nicht Idealist, er ist ein Sensationsmacher."[19] „Uhl hat nie einen Großen kleingemacht, einen Kleinen groß, er hat allezeit jedem den Platz angewiesen, der ihm gebührte"[20], stellt Eduard Castle mit Recht fest.

Burckhard erkennt an den Zeichen der Zeit die großen Veränderungen, erkennt die Sinnlosigkeit, ein Theater zu bringen, das Tragik nur im historisch schönen Kostüm zeigt, wo sie bestenfalls sentimentalen Damen künstliche Tränen entlockt. Für ihn scheint die Zeit reif, die Tragik seiner Gegenwart ungeschminkt auf die Bühne zu bringen. Er erkennt aber auch die Kraftquellen, die aus den volkstümlichen Stücken für das sogenannte höhere Drama zu holen sind, und schreibt selbst Volksstücke, die am Raimundtheater und am Deutschen Volkstheater aufgeführt werden. Sie aber sind es, und ganz besonders seine Satire „Die Bürgermeisterwahl", gespielt im Deutschen Volkstheater, die seine Gegner zum Anlaß nehmen, seinen Sturz vorzubereiten. Denn so wenig wie im Leben nimmt er sich auch dort kein Blatt vor den Mund, wenn es um Angriffe gegen die Mächtigen oder den neuen Ultramontanismus geht.

Gerade in dem Augenblick, da er, der Außenseiter, der Dilettant aus eigener Erfahrung so viel gelernt hat, daß ihn seine Schauspieler als vollblütigen Prinzipal anerkennen, muß er gehen.

Friedrich Uhl aber setzt sich weiter auf seine kluge, überlegende und überlegene Art für die neuen Autoren ein. „Worte wie Schönheit und Wahrheit", schreibt Armin Friedmann in der „Wiener Abendpost" vom 23. Jänner 1906, „waren nicht sein Vokabular. Sie waren ihm zu groß und zu volltönig, aber er liebte es, für die von ihnen bezeichneten Begriffe, welche die unverrückbaren Ideale seiner langen schriftstellerischen Tätigkeit waren, zu kämpfen und zu siegen."

Castle faßt in wenigen Sätzen den Werdegang des Journalisten Uhl zusammen, den er als einen konsequent geradlinigen erkennt: „Er hatte die ganze Entwicklung des Wiener Theaterwesens seit den vierziger Jahren mitgemacht, in der ‚Presse', im ‚Botschafter', in der ‚Neuen Freien Presse' und schließlich in der ‚Wiener Zeitung' tätig an ihm teilgenommen, ein alter Achtundvierziger-Liberaler von unantastbar großdeutscher Gesinnung Schmerlingscher Couleur, ein politischer Kopf, Mann von Welt, Freund, Förderer, Helfer Richard Wagners..."[21]

Uns mag im Rückblick diese Geradlinigkeit nicht ganz so überzeugen wie Castle, der seinen Nachruf noch vor dem Ende der Monarchie geschrieben hat. Aber wir dürfen nicht vergessen, daß die Liberalen, als sie jahrzehntelang die führende Kraft in der Politik des Kaiserstaates waren, fest daran glaubten, das Vermächtnis der Freiheitskämpfer von 1848 zu hüten. Sie glaubten an die „Wiedergeburt Österreichs und seiner Kaiserstadt"[22], repräsentiert durch eine luxuriöse Kunst, deren typische Symbole die Ringstraße und das Burgtheater waren. Das Bürgertum, dessen Ziel in den Kämpfen des Jahres 1848 die Erringung der Freiheit war, hatte einen Lebensstandard erreicht, der mit dem des Adels von einst konkurrieren konnte, ja ihn an finanzieller Macht vielfach übertraf. Aber gerade der Luxus der äußeren Lebensformen stand in schroffem Gegensatz zu einer totalitär-patriarchalischen Auffassung des Privatlebens. Weniger aus ethischen als aus Gründen der Bürgerehre galten hier weiter die traditionellen Werte, und so wie beim Bau palastartiger Häuser und Villen versuchte man auch in den Lebenskonventionen, den Adel zu imitieren. Die alten Liberalen hielten ihre Welt für ordentlich und geordnet, aber sie schienen bei aller Klugheit blind gegenüber dem Elend der Vorstädte zu sein und waren nicht wenig überrascht, als ihnen Sozialismus und Nationalismus, noch dazu in keinen gemäßigten Formen, mit Ende des Jahrhunderts den ersten Platz im Staate streitig machten.

Friedrich Uhl bleibt einer der Wortführer dieser großbürgerlichen Lebensauffassung. Sein im Makartschen Luxusstil eingerichtetes Landhaus im Salzkammergut wird durch seine kostbare Sammlung zur Sehenswürdigkeit. Es repräsentiert. Aber Friedrich Uhl ist keiner, dem diese Repräsentation Lebensinhalt oder Lebensziel ist. Sie gilt ihm nur als Visitenkarte, sein Lebensinhalt heißt Arbeit. Ob er hinter den neuesten Formen der Kunst, die er ehrlichen Herzens bejaht und fördert, die geistigen Beweggründe vollends erkannt hat – den Naturalismus als Zeichen einer Zeitenwende von ungeheurem Ausmaß – oder ob es vor allem ästhetische Überlegungen waren, die ihn dem Neuen aufgeschlossen machten, bleibt ungewiß. Politisch ist er jedenfalls seiner alten Gesinnung treu geblieben, in der Kunst wird er zum Vorkämpfer einer kommenden Epoche.

März 1893: Uhl weiß seine Frau wohlbehütet in Oberösterreich, seine ältere Tochter Marie hat eine glänzende „Partie gemacht" und lebt mit einem der führenden Künstler des neuen Wien, die jüngere ist in Berlin als Korrespondentin tätig. Endlich kann sich der Vater ganz in seine Arbeit stürzen, ohne immer wieder durch familiäre Sorgen abgelenkt zu werden.

Am Burgtheater bereitet man Anzengrubers „Meineidbauer" und für Jahresende Hauptmanns „Hanneles Himmelfahrt" vor, somit zwei wesentliche Stücke der neuen Richtung, die es gewissenhaft zu besprechen gilt.

Wie jeden Morgen überfliegt Friedrich Uhl, bevor er die eigene Arbeit beginnt, die wichtigsten Gazetten. Eine kurze Notiz in der „Deutschen Zeitung" – wie sich später herausstellt, wahrscheinlich von seinem Konkurrenten Hermann Bahr initiiert – stört ihn auf. Dort heißt es: „Man schreibt der Wiener ‚Deutschen Zeitung' aus Berlin: August Strindberg begibt sich demnächst nach Wien, um der Aufführung seiner ‚Gläubiger' beizuwohnen. Es dürfte die Wiener interessieren zu hören, daß sich Strindberg mit Fräulein Frida Uhl, der Tochter des Regierungsrates Friedrich Uhl in Wien, verlobt hat."[23]

BERLIN
oder
BEGEGNUNG IM CHAOS

Daß Berlin, die „jüngste Weltstadt", der Boden war, auf dem sich die neunzehnjährige Regierungsratstochter aus Wien und der 44jährige Anarchist aus Schweden treffen sollten, kann kein Zufall gewesen sein. Denn hier war der Schnittpunkt des alten und neuen Europas, hier standen sich gegenüber oder – treffender und zugleich wesentlicher – hier existierten nebeneinander altpreußische Zucht und revolutionärer Fortschrittsglaube. Hier gab es genügend gutbürgerliche Familien, denen man ein junges Mädchen aus Wien anvertrauen konnte, aber nicht weniger lebenshungrige Bohèmekreise, in denen sich ein dichtender Freibeuter aus Skandinavien wohl fühlte.

Selbst Marie Weyr, nachdem sie auf Einladung ihrer Schwester nach Berlin gekommen war, muß zugeben: „Hier keimt neues Leben, hier ist das Zentrum des geistigen Europa. Aber", fügt sie fragend hinzu, „ist das die Verfeinerung, die Kultur?"[1] Dabei erinnert sie sich an Wien, wo zu gleicher Zeit eine völlig andere künstlerische Moderne als in Berlin das Alte ablöst, keine radikal-revolutionäre, sondern eine ästhetisch-innerliche, die oft den Eindruck eines „Sterbens in Schönheit" hervorruft, in Wahrheit aber eher einer Überfahrt zu neuen Ufern gleicht. Berlin erobert die Zukunft, Wien erträumt sie. Berlin sprüht von Optimismus, Wien sieht überall zugleich die Schatten des Todes.

In Berlin sollte „eine neue Geisteswelt entdeckt werden", erinnerte sich wenige Jahrzehnte später der Journalist Franz Servaes. „Das junge, in der deutschen Reichshauptstadt zusammengeströmte Geschlecht wollte es so... Allen Verhöhnungen zum Trotz glaubte die Jugend, daß wirklich die Welt mit ihr noch einmal von vorn anfange. Je mehr wir alle erzogen waren im Respekt vor der Vergangenheit, desto feuriger waren wir entschlossen, unsere Kräfte ausschließlich der Zukunft zu widmen.“[2] Und Max Halbe nennt das Berlin der 90er Jahre die „jüngste und unternehmendste Weltstadt, allem Neueren und Neuen heftig zugetan“[3].

Sozialistische Ideen bewegten die jungen Menschen ebenso wie Nietzsches Lehre vom Übermenschen, naturwissenschaftliche Entdeckungen nicht weniger als künstlerische Revolutionen. Theodor Wolff im Berliner „Tageblatt“ und Maximilian Harden in der „Gegenwart“ traten vehement für die neue Kunst ein. Die Freie Bühne unter Brahm und Schlenther brachte, der preußischen Zensur zum Trotz, die Stücke der jungen Generation als Privatvorstellungen am Vormittag, aber in erstklassiger Besetzung. Und mit der denkwürdigen Ausstellung der Bilder Edvard Munchs begann der Kampf gegen die „Professorenkunst“. Noch siegten die Konservativen. Die Ausstellung, zum Skandal erklärt, wurde geschlossen. Aber der Vormarsch der Avantgarde war nicht mehr aufzuhalten.

„Viel wollten wir alle aus eigener Kraft“, schreibt Franz Servaes, „und fühlten uns doch erst wahrhaft stark, wenn wir uns des Zusammenhanges mit den großen modernen ‚Umsturzdichtern‘ des Auslands berühmen konnten, den Zola und Goncourt, den Tolstoj und Dostojewski, den Björnson und Ibsen, den Strindberg und Maupassant.“[4] Strindberg bestätigt diese Anerkennung in einem Brief, wo er schreibt: „Deutschland beugt sich dem ausländischen Talent, aufrichtig, widerstandslos und ohne einen Schimmer von Neid.“[5] Vielleicht hätte er besser getan, statt Deutschland Berlin zu schreiben. Diese übernationale Gesinnung entsprach dem Charakter der Weltstadt, die dadurch mit Recht zu einem kulturellen Mittelpunkt Europas wurde.

Im Salon seines Verlegers Felix Lehmann, Obmann des Freien literarischen Vereines, verkündet Hermann Sudermann, Deutschlands zur damaligen Zeit meistgespielter lebender Dramatiker, bei der Premierenfeier seines Stückes „Heimat“: „Das Licht kommt jetzt von Norden!“ Dieser Ausspruch, der bald zu einem geflügelten Wort wird, gilt vor allem Ibsen und Björnson, den Vätern der Moderne, aber auch den anwesenden Jüngeren, die aus der geistigen Enge Skandinaviens freiwillig ins Berliner Exil gekommen waren: Edvard Munch, Gunnar Heiberg, Adolf Paul, Holger Drachmann und besonders August Strindberg, dessen „Gläubiger“ in Berlin einen stürmischen Erfolg erleben.

Seit 30. September 1892 ist Strindberg in Berlin. Am 7. Jänner 1893 lernt er Frida Uhl kennen. Das Intermedium Austriacum seines Lebens nimmt seinen Anfang.

Dem schwedischen Schriftsteller Ola Hansson, mehr aber noch dessen rühriger Frau, der Baltin Laura Marholm, selbst literarisch tätig und wahrscheinlich in Strindberg verliebt, war es durch eine Spendenaktion gelungen, dem völlig verarmten schwedischen Dichter die Reise nach Berlin zu bezahlen. Strindbergs Armut empörte seine Berliner Freunde, war er doch bereits ein in ganz Europa angesehener Dichter, dessen Romane und Novellen wie „Das rote Zimmer" oder „Heiraten", vor allem aber dessen Dramen wie „Der Vater", „Fräulein Julie", „Gläubiger", „Meister Olof", „Das Geheimnis der Gilde" oder „Frau Margit" großes Aufsehen erregt hatten und bereits in einige Sprachen übersetzt waren.

Nach seiner Scheidung von Siri von Essen und der für ihn besonders schmerzlichen Trennung von seinen drei Kindern hatte er, vom offiziellen Schweden geächtet, einsam auf einer seiner geliebten Schäreninseln gelebt. In Schweden, wo er wenige Jahre vorher wegen Gotteslästerung angeklagt gewesen war, in einem Schweden, von dem Hansson schreibt, daß dort „seelenmordende und engbrüstige Verhältnisse, Pietismus und Frauenemanzipation das große Wort führen, das Recht, sich frei zu äußern, verdrehen und jede Persönlichkeit und Freiheit des Gedankens vernichten"[6], in einem solchen Schweden war kein Platz für einen anarchistischen Literaten vom Schlage Strindbergs.

Nicht zuletzt durch den Einfluß Nietzsches, mit dem er lange Zeit einen regen Briefwechsel führte, war er seinen sozialistischen Ideen untreu und ein Anhänger der Lehre vom Übermenschen geworden. Die oft radikalen weltanschaulichen Wandlungen Strindbergs sind aber alles eher als modische Wechsel oder gar konjunkturbedingt, sondern Ausdruck seines lebenslangen Zweifelns und Ringens um Wahrheit. Der pietistisch Erzogene war, der Enge seiner patriarchalischen Familie entkommen, zum geistig Liberalen geworden.

Nicht theoretische Überlegungen, sondern Mitleid mit den Armen, der „Unterklasse", der er sich lange Zeit durch seine mütterliche Herkunft verbunden fühlt, ließen ihn zum Sympathisanten der jungen Arbeiterbewegung werden. Sozialismus war für ihn immer „unbewußt gebliebenes" Christentum. An diesem, wie zuletzt überhaupt am Sinn jeder Religion, beginnt er, gebannt durch die erregenden neuen Erkenntnisse Darwins sowie durch die rationalistische Denkweise der Religionswissenschaftler Strauß und Renan, früh zu zweifeln, aber erst das Erlebnis Nietzsche wandelt den im Grunde zutiefst Religiösen zum Atheisten. Seine Beziehung zu Gott gleicht seiner Beziehung zu den Frauen: Was anfangs leidenschaftliche Liebe war, wird durch die geringste Enttäuschung zu Haß. Seine Verneinung Gottes ist viel weniger philosophische Überzeugung als privater Trotz. Er leugnet, weil er haßt. Es ist, als ob er damit Gott strafen wollte. Bestärkt durch die pessimistische Philosophie Eduards von Hartmann, gebrochen durch das jahrelange Leiden an seiner ersten Ehe, die nicht zuletzt an seiner eigenen Eifersucht und seinem, von vielen als krankhaft bezeichnetem Mißtrauen scheitert, glaubt er nur noch an die Macht des Bösen: „Ich will sehen, wie weit das Schicksal in seiner Gemeinheit geht, ich will sehen, wieviel ich ertragen kann“[7], schreibt er in seinem autobiographischen Roman „Kloster“.

„Für die Unentbehrlichen gegen die Entbehrlichen“, war sein sozialistisches Motto gewesen; durch Nietzsche, dessen Begeisterung für seine Dramen ihm schmeichelte – ein Umstand, der gewiß seine Sympathie für Nietzsches Ideen noch stärkte –, beginnt er an diesem Grundsatz zu zweifeln. Der Wechsel vom Sozialisten zum Anhänger der Lehre vom Herrenmenschen ist Symptom eines inneren Kampfes, den er seit seiner Jugend ausfechten muß, mehr noch, ist jene Auseinandersetzung, die, im kommenden Jahrhundert radikalisiert, zu blutigen Entscheidungen drängen wird, aber auch in der Brust jedes einzelnen ausgetragen werden muß. Hier die Notwendigkeit, die Massen der Armen aus Not und Elend zu befreien, der Sturz der Oberklasse mit ihren unverdienten Vorrechten, dort die Gefahr der Vermassung, der allgemeinen Nivellierung, des Zusammenbruchs der Eliten und damit das Ende einer freien, schöpferischen Menschheit. Strindberg hat dieses Dilemma als „unbewußter Prophet“ vorausgelitten.

Als er nach Berlin kommt, beginnt das von Nietzsche geschaffene Weltbild bereits fleckig zu werden: Der Sturz in die Wissenschaft, die er jetzt als einzige Autorität anerkennt, sollte sehr bald ein Absturz in die Hölle der Verzweiflung werden, einer rettenden Verzweiflung allerdings, der Verzweiflung am Zweifel an Gott. Berlin, die freie Stadt in einem im Vergleich zu Schweden freien Deutschland, schien ihm das richtige Exil. Hatten doch auch viele andere skandinavische Dichter längst ihre undankbaren Heimatländer verlassen, lebten selbst Björnson und Ibsen mehr in Deutschland, Österreich oder Frankreich, weil sie hier freier und ungestörter schaffen konnten. „Berlin und Strindberg aber" – so Franz Servaes in seinem bereits mehrmals zitierten Bericht – „sie mußten in jener Zeit geradezu einander finden. Gärung hier und Gärung dort... "[8]

Und in der Tat: Längst vor seiner Ankunft in der deutschen Hauptstadt hatte sich dort bereits eine Strindberggemeinde gefunden, meist junge Menschen, die „keine anderen Götter neben ihm duldeten"[9]. Der Herausgeber der progressiven Zeitschrift „Die Zukunft", Maximilian Harden, unterschreibt einen Brief, in dem er Strindberg um einen Beitrag bittet, mit „Ihr fast allzu fanatischer Verehrer"[10]. „Hie Ibsen, hie Strindberg!" war der Schlachtruf in den literarischen Cafés des Westens.

Freilich war es das Berlin der Revoluzzer und Progressiven, das Strindberg erwartete und willkommen hieß, aber in breiten Kreisen der Gesellschaft, auch innerhalb des gebildeten Bürgertums sparte man noch mit seiner Anerkennung, denn der Schrecken, den der Dichter angeblich unsittlicher Werke verbreitete, war noch stärker als die Bewunderung seiner Kunst.

Die Freie Bühne hatte bereits die beiden bisher bedeutendsten Dramen Strindbergs mit Erfolg aufgeführt: 1890 das Drama „Der Vater" mit Emanuel Reicher in der Titelrolle, der dadurch berühmt wurde, und erst am 9. April 1892 „Comtesse Julie", wie der „deutsche" Titel damals hieß, mit Rose Berteus, Rudolf Rittner und Sophie Pagay. Aus Angst vor der schockierenden Wirkung des Stückes hielt Paul Schlenther eine lange, beschwichtigende Vorrede. Trotzdem kam es, vor allem durch Proteste weiblicher Zuschauer, zu keiner zweiten Vorstellung, während „Der Vater" trotz polizeilichen Verbotes einer öffentlichen Vorstellung mehrmals wiederholt wurde. Immerhin konnte der Schatzmeister des Vereins „Freie Bühne", der königlich schwedische Hofbuchhändler S. Fischer, den Ertrag dieser Stücke für die Reise Strindbergs nach Berlin vorstrecken. Fischer durfte den Titel eines königlich schwedischen Hofbuchhändlers führen, da er die Gedichte König Oskars herausgegeben hatte!

Als am 16. Jänner 1893 im Pariser Théâtre Libre „Fräulein Julie" mit Erfolg aufgeführt wird und kurz darauf, am 22. Jänner 1893, die „Gläubiger" in Berlin begeistert aufgenommen werden, überwindet Strindberg vorübergehend seinen tiefen Pessimismus, gerät seine Überzeugung, daß das Böse diese Welt regiere, ins Wanken, fühlt er sich zum ersten Mal nach langer Zeit wieder voll Hoffnung: Er nennt Berlin seine zweite Geburtsstadt, einen „Wendepunkt in seinem tragikomischen Leben"[11]. Noch bezieht er diese Ausdrücke nur auf sein Werk, auf seine Anerkennung als Dichter, ahnt jedoch nicht, daß dieses Berlin auch zum Wendepunkt in seinem privaten Leben werden sollte.

Aber was heißt bei Strindberg privat! „Alles Leben ist Dichtung!" war eine der Grunderkenntnisse seines Lebens. „Das ganze Leben ist ja nur Dichtung", hat er Frida Uhl gegenüber erklärt. Daher: „Weg mit dem Ballast des Grübelns. Es ist noch besser, über dem Sumpf zu schweben – auch wenn's ein Sumpf ist –, als mit den Füßen nach einem festen Boden zu suchen, der nicht vorhanden ist, und im Morast zu ersticken."[12] Ein Jahr später wird er das Gegenteil behaupten: „Die Wissenschaft ist alles! Wozu die ganze schöne Literatur? Sie ist nichts! Bosch."[13] Aber noch hat er diese radikale Wendung vom Dichter zum Forscher nicht vollzogen, wenn er auch schon lange nichts Literarisches mehr geschrieben hat.

Von der fortschrittlichen Jugend geliebt und geehrt, aber auch von einigen erfahrenen, in ihrer Gesinnung gemäßigteren Bildungsbürgern anerkannt, ja in Salons herumgereicht, fühlt er sich am wohlsten im chaotischen Kreis der Bohème. Daß seine Erfolge vor Jahren geschriebene Werke betreffen, während er jetzt mehr diskutiert als schreibt, kommt ihm nicht zu Bewußtsein. Aber noch in Berlin beginnt er an einem Werk zu arbeiten, welches das gesamte klassische wissenschaftliche Weltbild ad absurdum führen soll: dem „Antibarbarus".

Phantastisch und skurril, aber – wie heute jeder Chemiker bestätigen muß – von genialem Gespür für das Zukünftige. Er verwirft die klassische Lehre von 64 Elementen und glaubt an die Möglichkeit, einen Grundstoff in einen anderen verwandeln zu können. Denn alle Körper und alle Kräfte wären verwandt und leiteten sich von einem Urstoff oder einer Urkraft her. Der damals bedeutendste Chemiker Berlins, Professor Landolt, lehnt Strindbergs Idee kategorisch ab. „Wenn Sie mir je den Beweis erbringen können, daß ein Metall sich in ein anderes wandeln läßt, so werde ich vor Ihnen meinen Hut bis zum Boden ziehen!"[14] soll er zum Abschluß eines Gespräches mit Strindberg gesagt haben. Ein Jahrzehnt später entdeckt Madame Curie das Radium und damit den radioaktiven Zerfallsprozeß.

Trotz alchemistisch anmutender Laboratoriumsarbeit war für Strindberg die Spekulation wichtiger als das Experiment: „Die Laboratoriumsarbeiten sind mir zu roh, und ich habe mit meinem Großen Gehirn feiner gearbeitet.“[15]

Seine Stücke werden gespielt, die Naturwissenschaft, der seit früher Jugend seine besondere Vorliebe gilt, schlägt ihn in ihren Bann, aber die Schulden werden immer mehr und mehr, so daß er Angst hat, seinen Kindern in der Heimat kein Geld schicken zu können. Philipp Lauterburg, Direktor des Residenztheaters, der die „Gläubiger“ aufführte, verspricht ihm auf der Premierenfeier 30.000 Mark, ein Versprechen, das er nie gehalten hat, obwohl das Stück siebzig Mal en suite gegeben werden konnte – ein immenser Erfolg für ein seriöses Werk auf einer Bühne, auf der man sonst nur zweideutige französische Komödien gewöhnt war. Außerdem gastiert Lauterburg damit in München. Da er sein Versprechen nicht hält, bricht Strindberg mit Lauterburg, dem „jovialen Ungarn mit Burgtheatererfahrung“, der ihm von Anfang an unsympathisch war.

Wieder einmal steht er vor dem finanziellen Nichts. Erst plant er, ein Fotoatelier zu eröffnen, dann verdient er das Nötigste durch den Verkauf seiner Ölbilder. Er malt – mehr mit der Spachtel als mit dem Pinsel – vor allem Meeresbilder im expressionistischen Stil, traurige, makabre Motive. Edvard Munch findet sie wild, was bei ihm positiv zu werten ist, Richard Dehmel dagegen rät Strindberg, sich als Dilettant nicht für einen Meister zu halten.

In dieser mißlichen Lage, die er durch reichlichen Alkoholgenuß zu vergessen versucht, kreuzt ein zwanzigjähriges Mädchen seinen Weg.

Bei einer Abendgesellschaft, die ein bekannter Kritiker einer literarischen Gesellschaft gibt, wird die Berichterstatterin der „Wiener Zeitung“ dem Dichter Strindberg vorgestellt. Strindberg, dem die snobistische Gesellschaft auf die Nerven geht, ist froh, in der jungen Wienerin ein Opfer gefunden zu haben, mit dem er sich zurückziehen und über seine Probleme sprechen kann. Und Frida Uhl ist stolz, von diesem berühmten Mann bevorzugt behandelt zu werden.

Diese Meinung muß sie allerdings bald ändern. Denn als sie wenige Tage später Strindberg auf der Straße trifft, nimmt dieser keine Notiz von ihr, kann sich nicht mehr an sie erinnern. Die Gesprächspartnerin in der literarischen Gesellschaft war sein notwendiges Gegenüber gewesen, das er gebraucht hatte, um seinem Selbstgespräch einen Hauch von Dialog zu verschaffen. Er scheint sie überhaupt nicht bewußt wahrgenommen zu haben. Oder war es das Unbewußte, die dritte Kraft, von der er später spricht, die ihn zu ihr gedrängt hatte? Er erinnert sich, irgend jemand sowohl von seinem persönlichen Leid, seiner Scheidung und der Trennung von den Kindern als auch von seinen naturwissenschaftlichen Theorien erzählt zu haben, aber wie dieser Jemand ausgesehen hat, weiß er nicht mehr.

Bis ihm Frida Uhl bei einer anderen Gelegenheit aufs neue vorgestellt wird. Sie trägt ihm nichts nach. Sie glaubt, ihm gegenüber die geistig schaffende Frau hervorkehren zu müssen. Als sie erfährt, daß er am liebsten in wilden Kneipen seine Nächte verbringt, bittet sie ihn, nicht mehr dorthin zu gehen, seine Kräfte nicht zu vergeuden.

Aber diese Kneipe, besser diese e i n e Kneipe, in der seine Gesellschaft verkehrte, war ihm in Berlin zur Heimat geworden: „Zum schwarzen Ferkel" – nach einem bessarabischen Weinschlauch, der über dem Eingang zu dieser „Probierstube" hing und wie ein schwarzes Ferkel aussah –, von ihm selbst so benannt. Gustav Türk, der Wirt, hatte diesen Firmennamen sofort akzeptiert.

Das Lokal in der Neuen Wilhelmstraße – heute längst verschwunden – hatte Tradition: Schon Heinrich Heine, E.T.A. Hoffmann und Schumann gingen dort ein und aus. Der Wirt bot 900 verschiedene Schnäpse an, alles Alkoholische war zu haben, vom schwedischen Punsch bis zum japanischen Reiswein. Neben dem Schankraum standen den Gästen zwei winzige Zimmer zur Verfügung, eines davon nächtlich bis in die Morgenstunden von Strindbergs Kreis okkupiert. Adolf Paul, Strindbergs Famulus während seiner Berliner Zeit, der ihm sklavisch alle Wünsche erfüllte und alle ärgerliche Alltagsarbeit abnahm, später aber, von Strindberg enttäuscht, zu seinem leidenschaftlichsten Gegner wurde, beschreibt den Raum: „An allen Wänden lagerten bis unter die Decke Flaschen von den phantastischsten Formen und Farben. Selbst das Fenster wurde von Flaschen derartig blockiert, daß der Sonnenaufgang nur durch den Spiritus wahrgenommen werden konnte!"[16] Eine liebenswürdige, schlanke, blonde Wirtin bediente. Der Wirt war mit seinen Gästen zufrieden, obwohl nicht wenige Gläser bei den oft wilden Gelagen in Scherben gingen. Strindberg mit der Gitarre saß zu oberst, die Jüngeren unter seinen Freunden, Jünger im doppelten Sinne des Wortes, nannten ihn Meister. Er konnte maßlos viel trinken, ohne betrunken zu wirken. Von Anfang an gehörten vor allem Skandinavier zum engsten Kreis: die norwegischen Maler Edvard Munch und Christian Krogh, die Strindberg mehrmals porträtierten; die schwedischen Literaten Gunnar Heiberg und Adolf Paul, der sich allerdings als Finne bezeichnete, obwohl er kein Wort Finnisch sprach, und der dänische Dichter Holger Drachmann, auf dessen Rat Wolzogen sein „Überbrettl", das erste deutsche literarische Kabarett gründete; dazu die deutschen Poeten Richard Dehmel, den Strindberg nur den „wilden Mann" nannte, und Otto Erich Hartleben; der Arzt Carl Ludwig Schleich, Erfinder der Lokalanästhesie, der Maler Hermann Schlittgen und Strindbergs „Lieblingsjünger", das polnische Universalgenie, Pianist, Medizinstudent und Literat, Stanislaw Przybyszewski, genannt Stachus. Später stießen noch der junge schwedische Naturwissenschaftler Bengt Lidforss, der deutsche Arzt Dr. Max Asch, Knut Hamsun, Paul Scheerbart, Max Dauthendey und Max Halbe zu diesem Kreis.

Anfangs angeblich eine Männergesellschaft, wird der Ferkelkreis sehr bald „weiblich durchsetzt". Besonders Strindberg hat es den Frauen angetan, seinen berühmt-berüchtigten Frauenhaß legten sie als Raffinement aus. Und Strindberg hat nichts dagegen. So bringt Holger Drachmann eines Tages eine bildschöne Frau ins „Ferkel" mit, die keiner kennt. Sie fragt nach Strindberg. Die Freunde zeigen auf den Meister. Die Schöne nimmt einen Pokal vom Tisch und ruft Strindberg zu: „Komm und gib mir einen Kuß!" Und der berühmte Frauenhasser steht auf, zieht sorgsam seinen Frack aus, schreitet quer über den Tisch auf die Dame zu und küßt sie so „dauernd und nachdrücklich", daß Drachmann auf die Uhr sieht und lakonisch die Dauer von zwei Minuten feststellt. Da löst sich Strindberg aus der Umarmung, schreitet auf dem gleichen Weg zu seinem Stuhl zurück und zieht sich den Frack wieder an. Warum er ihn ausgezogen hat, weiß keiner.

Legion sind die Erzählungen und Anekdoten, die vom „Ferkel" und seinen Gästen berichtet werden. „Hier tönten Lieder", erinnert sich Schleich, „hier flammten Gespräche und Autodafés der Literatur, hier langte Strindberg zur Gitarre und sang seine einzige Ballade ‚Denn der Russe ist tot. Schlagt ihn tot! Ist er nun Korporal oder General, sterben muß er zumal!' und hier", erzählt Schleich weiter, „gerieten sich einmal Drachmann und Strindberg in die Haare, nachdem man zu dritt

‚Fescas Reiterlied' – ‚Die bange Nacht ist nun herum...' gesungen hatte." Drachmann nennt es das schönste deutsche Lied. Ein Ausländer, so meint er, könne überhaupt nur durch Heines Lieder Deutsch lernen. Da kontert Strindberg ironisch, ob denn gute Kopien besser als originale Meisterwerke seien. „Lies Goethe!" ruft er dem dänischen Freund zu, „oder Luther und die Bibel!" Und er, der Pazifist, ruft lachend, um kraftvoll und männlich zu wirken: „Ja, ich vergebe meinen Feinden, aber erst wenn ich ihnen die Knochen im Leibe zerschlagen habe! Das ist Luther-Deutsch!"[17]

In zahlreichen Romanen und Fragmenten wurde aber eine Episode besonders und immer wieder behandelt, die Geschichte einer Frau, die Lidforss aus Lund mitgebracht hatte und die anfangs Munchs Modell und Geliebte war: die Norwegerin Dagny Juel, genannt Aspasia oder Lais. Von ihr aber später.

Obwohl es nicht selten zu Streitigkeiten und Zerwürfnissen zwischen dem empfindlichen und mißtrauischen Strindberg und seinen Zechgenossen kam, zu Streitigkeiten, die wohl vor allem auf zu großen Alkoholgenuß zurückzuführen sind, war die Verehrung für den „Meister", der aus dem Norden kam, überschwenglich. Welche Achtung fast alle Mitglieder des Kreises dem auch an Jahren älteren Strindberg gegenüber zeigten, beweisen Briefe wie der Bengt Lidforss' vom Februar 1893, in dem er sein Eintreffen in Berlin ankündigt und der mit „Herr und Meister" tituliert ist. Er berichtet, daß er einen Artikel über Strindberg als Naturforscher verfaßt habe und beendet sein Schreiben mit dem Satz: „Ich habe, seit wir voneinander gingen, unsäglich gelitten, aber das ist mein Stolz, nie einen Augenblick aufgehört zu sein Dein dankbarer Bengt Lidforss." Und Stanislaw Przybyszewski nennt Strindberg in der Anrede eines Briefes „Mein großer, teurer Freund" und grüßt als „Dein treuer, ergebener Freund". Schleich nennt ihn noch in seinen Memoiren die „bedeutendste Persönlichkeit und den größten Kämpfer um den Sinn des Lebens, dem ich je begegnet bin". Weniger devot, aber ebenso voll Ehrfurcht urteilt Richard Dehmel in einem Brief an Detlev von Liliencron: „Wie ein Geysir", schreibt er, „speit sich diese heiße Nordlandseele aus. Eben riesenhaft und so freudlos dies Gottgehirn! Es ist schaurig, wenn sein irres Frauenlächeln plötzlich abreißt und sich in Medusenstarre umkehrt..."[18]

Beispielhaft aber vor allem Dehmels Gedicht, das er an jenem denkwürdigen Abend vortrug, an dem Strindberg zum ersten und letzten Mal eine Lesung aus eigenen Werken gehalten hatte. Przybyszewski spielte wieder einmal hinreißend Chopin am Klavier, als Dehmel, damals noch ein braver Versicherungsbeamter, auf den Tisch sprang, mit seinem Spazierstock etliche Schnapsflaschen zerschlug und eine flammende Rede hielt. „Ein Ewiger" heißt sein Gedicht, in dem er, wohl im Namen vieler Gleichgesinnter, seine Hochachtung vor Strindberg ausdrückte.

Ich lag in einem dunklen Taxushain
und hatte Furcht.
Im Schatten vor mir saß ein Mann,
der war wie eine große nebelvolle Höhle,
in der ein riesenhafter Dachs der Urzeit
neue Welten träumte.

Nur ab und zu
schob er seine schweren Wühlerhände
durch das Gitter,
und mit grauen,
grausam traurigen Augen
griff er sich ein Menschenhirn zum Fraß.
Und über ihn, im Hintergrund der Höhle,
mit unendlich weichem, kleinem, stolzem Munde,
lag eine schöne geistesirre Frau gebeugt,
die weinte über den traurigen Dachs.

Da hob der Mann
die starre Gottesstirne zu mir her,
darüber ihm die Haare seidenfein und blond
in langen wirren Wellen lagen,
als ob er eben aufgehört zu fliegen;
und seine scheuen Frauenlippen zuckten.
Ich aber sah hinauf,
wo durch den dunklen Taxuswald
der kalte blaue Himmel strahlte,
klar, weit, hoch,
und sah die Sonne um das Höhlengitter blitzen,
und eine Freude wie im Winter
zerbrannte meine Furcht zu Funken,
die sprühten einen Namen in das Dunkel,
sternhell: Strindberg[19]

Dieser Kreis trinkender Männer und liebender Frauen paßte dem klösterlich erzogenen, gebildeten Mädchen aus Wien nicht. Sie hielt es mit jenem Strindberg, der Monate später über das „Ferkel" schaurig berichtet: „Die berühmte Kneipe ‚Zum schwarzen Ferkel' neben den Linden ist der Stammsitz des Künstler- und Literatenkreises, eine Galerie verdammter Seelen, wenn es je eine gab. Es ist nicht einer unter ihnen, der nicht die Sklavenkugel des Mißgeschickes mit sich zerrt; die Flüche strömen und die Lästerungen hageln hier. Oft hält des Nachts der Vorübergehende den Schritt an. Aus dem mit Flaschen garnierten Schaufenster dringt Heulen und Toben in die Stille der Straße. Dann hastet der Horcher weiter fort und sagt sich: Welche Mördergrube!"[20]

Und doch hält Frida Uhl nach ihrem ersten heimlichen Besuch in der Kneipe, die sie anfangs erschauern läßt, den Schritt an, fast bereit, wieder dorthin zurückzukehren, wo Zigarettenqualm und wirre Stimmen herausdringen, Champagnerflaschen geköpft werden und nur Strindberg „ruhig und gelassen dem ganzen Hexensabbat präsidiert". Neben ihm „wie auf frommen Bildern der Lieblingsjünger neben dem Herrn – der hübsche junge Pole Przybyszewski", als einziger mit einem Wasserglas vor sich. Aber das Glas täuscht, es ist randvoll mit Kognak gefüllt. Völlig betrunken lehnt er sich vor und küßt die Hände Strindbergs, „der sie ihm errötend bestürzt entzieht"[21]. Diese Charakteristik der Szene entspricht der Schleichs, wonach Strindberg bedächtig und viel trank, ungeheure Mengen ungestraft zu sich nehmen konnte und dabei nicht ein einziges Mal der ruhigen Würde seiner gewaltigen und faszinierenden Persönlichkeit entglitt.

Aber Fridas Besuch im „Ferkel" fand erst später statt. Noch wagt das Mädchen nicht, den Meister in der Höhle des Löwen aufzusuchen. Bei ihrem Freund und Gönner, dem feinfühligen Kritiker Dr. Otto Neumann-Hofer und dessen junger Gattin, der gastfreundlichen amerikanischen Pianistin Annie, kommt es zur neuerlichen Begegnung.

Frida überspielt die Tatsache, daß sich Strindberg an sie nicht erinnern kann. Ungeniert lädt sie ihn zu sich in ihre Pensionatswohnung ein, und er nimmt an. Ihre Gesellschaft verwirrt ihn. Jedesmal erscheint ihm diese Frau anders. Bald als kleines Mädchen, das niemand außer ihm ernst nimmt; bald als junge Schriftstellerin, die sich, leger gekleidet, wenig aus Männern macht; bald als Dame der Gesellschaft. Jetzt, auf Besuch in ihrer Wohnung, sieht er in ihr zuerst nur die wohlerzogene, gebildete

Tochter aus gutem Hause. Als sie aber später vor ihm niederkniet und ihm eine Rose überreicht, verwirrt ihn ihre Handlungsweise völlig.

Bald merken die Freunde sein Verliebtsein. Adolf Paul gegenüber beschreibt er Frida als ganz neuen Typus in seinem Leben: „Weich, füllig, dunkel! Und ein Racker!" Dem Besuch folgt der erste Brief Strindbergs an seine neue Bekanntschaft: „Mein Fräulein! Wenn Sie noch hier sind, lassen Sie es mich wissen, ich flehe Sie an! Ich muß Sie für so viele Torheiten um Verzeihung bitten, an denen mein vorübergehendes Unwohlsein die Schuld trägt. Ich muß Ihnen für einen unvergeßlichen Abend danken; ich muß Ihnen sagen, daß ich die Rose nicht vergessen habe, sondern sie mit Absicht zurückließ, um eine Ausrede zu haben, sie tags darauf zu holen, obwohl es mir, als der Augenblick gekommen war, an Mut gebrach. Kurzum, es gibt so vieles, was ich Ihnen sagen muß – auf die Gefahr hin, Ihre Achtung zu verlieren, an der mir weniger liegt als an Ihrer Sympathie. Indem ich ein freundliches Wort erhoffe, verbleibe ich, glauben Sie mir... Ihr sehr ergebner August Strindberg."[22]

Kurze Zeit später führt ihn Frida in eines ihrer Stammlokale im Berliner Westen. Wieder staunt er über die Veränderung ihres Äußeren. Der Pelz, den sie übergeworfen hat, läßt sie viel älter erscheinen, als sie ist. Weder das kleine Wiener Mädel noch die Dame der Gesellschaft geht neben ihm, sondern eine recht durchschnittliche Bürgersfrau. „Im Lokal nimmt sie den Pelz ab und" – so erinnert er sich selbst laut seinem Roman „Entzweit" – „stand mit einem Schlag als die junge Schönheit da. Ein moosgrünes, einfaches Tuchkleid, dicht ansitzend, zeigte die Figur einer Achtzehnjährigen; ... er konnte vor dieser Zauberei seine Bewegung nicht verbergen, sondern fuhr mit den Augen über ihre ganze Gestalt, als wolle er mit einem Scheinwerfer einen verborgenen Feind entdecken. Eros! ‚Jetzt bin ich verloren!' dachte er; und von diesem Augenblick an war er es."[23] Daß hier nicht, wie an anderen Stellen des Romans, die Phantasie des Dichters die Wirklichkeit verdrängt hat, beweist die Parallelität in der Erinnerung der Frau. In ihren Memoiren berichtet Frida: „Ich habe... nur ein Spitzentuch um den Kopf geschlungen und den Leoparden um die Schultern geworfen. Als ich herausschlüpfe, stehe ich in dem grünen Prinzeßkleid da, das ich am Nachmittag angehabt. Ich merke, wie Strindbergs Blicke an mir entlanggleiten. Verdienst des Kleides! Es sitzt mir auf dem Leib wie eine Schlangenhaut und ringelt sich in spitzer

Schleppe hinter mir her... Sein Gesicht ist leicht gerötet. Seine Augen lachen mich an. Etwas seltsam demütig Bittendes ist plötzlich über ihn gekommen. So wenig also braucht's, um die unüberbrückbare Kluft zwischen dem Ewigen und dem Mädchen auszufüllen? Nichts weiter als ein grünes Kleid und eine spitze Schleppe... "[24]

Frida spürt ihren Sieg, den der Mann trotz seiner erotischen Freude als Niederlage erkennt: „Und die Furcht überfiel ihn", berichtet Strindberg weiter, „sie hatte seine Seele in der Tasche ihres Kleides, konnte sie in die Flut oder in den Rinnstein schleudern; darum haßte er sie zu gleicher Zeit."[25]

In dieser einzigen Szene, die beide als Keimzelle ihres gemeinsamen Schicksals empfinden, ist die ganze Tragik ihres Zusammenlebens vorausgeahnt. Strindberg fürchtet nichts so sehr wie Erniedrigung, Unterworfensein. Überall wittert er den Triumph des Untermenschen über den Auserlesenen, des Unvollkommenen über den Vollkommenen. Und das Weib bleibt in seinen Augen das unvollkommene Wesen. Er fürchtet die gebildete Frau, die den Mann mit seinen eigenen Mitteln überlisten will, gar nicht zu reden von der Emanzipierten, die er für eine Verräterin an den Gesetzen der Natur hält. Strindberg und die Frauen, Strindberg, der Weiberhasser, als solcher ging er in die populären Literaturgeschichten ein! Seine Beziehungen zum anderen Geschlecht wurden psychoanalytisch gedeutet und für krankhaft erklärt. Im Grunde war sein ganzes Leben die Suche nach der früh verlorenen Mutter. Ihr Ersatz, die Stiefmutter, war für ihn genau die böse Stiefmutter des Märchens gewesen; seine ersten Lieben scheiterten an seiner Schüchternheit, die ersten intimen Frauenbekanntschaften waren die mit Prostituierten. Die Mutter wird immer mehr zu einer Idealvorstellung, die Reine, die Jungfräuliche, und diese, aus seiner Sehnsucht nach Reinheit und Mütterlichkeit erklärbare Einheit von Jungfrau und Mutter führt ihn später in die Nähe des katholischen Glaubens. Die Frauen, die seinen Weg kreuzen, müssen ihn alle enttäuschen, sobald sie seine Geliebten werden. Dieses Paradoxon steigert sich zur Absurdität, denn seine Sinnlichkeit begehrt leidenschaftlich eben die Frau, die er als Madonna verehren will.

„Die Mutter, siehst du, das war deine Freundin, aber die Frau war deine Feindin, denn Liebe zwischen den Geschlechtern ist Kampf", läßt er Laura in seinem Drama „Der Vater" sagen. Die Liebe als Kampf, als „Maskerade des Urhasses" wird zum

Grundthema seiner Dramatik. Immer wieder muß er die Liebe als Lüge erkennen; hat er keinen Grund dazu, schafft er ihn sich selbst durch sein Mißtrauen. Die Ursachen dieses verhängnisvollen Wandels von Liebe in Haß wechseln in seinen Vermutungen je nach Stimmung. „Die Weiber hassen die Männer, weil sie ihnen nicht gleich sein können", ist die konsequente Feststellung auf Grund seiner von Nietzsche geprägten Einstellung. Aber tiefer, verständnisvoller klingt, was er Jahre später über die Zeit seiner Berliner Liebe sagt: „Der erhabene Kampf zweier Seelen, die ringen, um das Unvermeidliche zu vermeiden. Zwei Zellen, die sich in eine lösen und ihre Individualität verlieren müssen."[26]

Immer ist es vor allem die Angst vor dem Verlust seines Ichs, seiner Persönlichkeit, die Gefahr der Unterwerfung, die ihn schaudern macht. Darum hielt er Laura Marholm, je mehr sie sich für ihn einsetzte, für die Spinne, die ihr Opfer umkreiste, indem sie ihm alle lästigen Geschäfte abnahm, und darum soll es auch bald mit der nicht weniger geschäftigen Frida zu ersten Auseinandersetzungen kommen. Die Widersprüchlichkeit seines Charakters, seine Zerrissenheit, die Psychiater lange Zeit unbedingt als Schizophrenie erkennen wollten – als ob nicht jeder Künstler zumindest schizothym wäre! – , läßt ihn nicht zur Ruhe kommen. Die Angst vor Erniedrigung kontrastiert in seinem Inneren mit der Sehnsucht, verehren zu dürfen. Und als er Gott tot glaubt, ist es die Frau, der er nunmehr alle Verehrung, deren er fähig ist, zukommen läßt: „Die Leere, welche die vertriebene Religiosität gelassen hatte, füllte sich: Das Bedürfnis zu verehren erschien unter einer neuen Form. Gott war abgesetzt, das Weib nahm seine Stelle ein, das Weib, das Jungfrau und Mutter zugleich war... "

Verehrung bedeutet für Strindberg aber mehr als bloße Huldigung, Verehrung ist für ihn, sich opfern, leiden, ohne Hoffnung zu haben, „je etwas anderes zu erringen als den Genuß der Verehrung, des Opfers und des Leidens"[27]. Dieses Bekenntnis zeigt schon früh – obige Sätze sind in Erinnerung an seine erste Frau geschrieben – , daß es der „Genuß des Leidens" ist, der seinen religiösen Weg bezeichnet. Nicht die Religion schreibt ihm diesen Weg vor, sondern er sucht sich die Religion, durch die er diesen Genuß empfinden kann. Auch hieraus ist seine spätere Annäherung an den Katholizismus erklärbar. Strindbergs Stellung zur Frau, ein Thema, über das Bände geschrieben worden sind, ist verworren und vielschichtig, doch hier von psychischer Krankheit zu reden, scheint mir eine zu einfache Erklärung seines komplizierten Verhaltens. Vielleicht hat Adolf Paul recht, wenn er, nicht ganz ohne Gehässigkeit, behauptet, Strindbergs Kampf gegen das Weib sei im Grunde nur ein Kampf gegen das Weibliche seines eigenen Wesens.

Der Abend, an dem er erkannte, daß er „verloren“ sei, endete in Unfrieden. Frida zahlte ohne sein Wissen die Rechnung. Strindberg ist wütend. Was von ihr, der Tochter aus wohlhabendem Haus, dem armen Poeten gegenüber gutgemeint war, faßt er als Beleidigung und Herabsetzung auf. Eine Frau bezahlt für ihn, beweist ihm damit ihr Primat! Er wirft dem Kellner ein Bündel Banknoten zu, mehr als Frida für beide bezahlt hat, und verläßt das Lokal. Frida hat es schwer, ihn wieder gutzustimmen. Aber es gelingt ihr.

Ganz dem Erlebnis der neuen Bekanntschaft hingegeben, wird sie durch ungewohnt herrische Briefe ihres Vaters aufgeschreckt. Der hat Gerüchten zufolge von einer Liebesgeschichte zwischen seiner Tochter und Sudermann gehört – von Strindbergs Auftauchen in ihrem Leben weiß er noch nichts – und fordert sie auf, Berlin sofort zu verlassen und entweder nach München oder zu ihrer Mutter, die bei ihren Eltern in Dornach in Oberösterreich lebt, zu übersiedeln. Auch die Tante, die Frida in Berlin betreut, rät zur Abreise; in der Gesellschaft, in der sie hier verkehrt, gäbe es doch keine Heiratsaussichten!

Aber Frida denkt nicht daran, dem väterlichen Befehl oder dem Rat der Tante zu folgen. Sudermann hat längst Berlin verlassen, von Strindberg weiß der Alte in Wien nichts. Und im übrigen paßt ihr das Bohèmeleben hier in der jungen Weltstadt, wenn es auch mit der wilden Bohème Strindbergs und seiner Freunde nicht zu vergleichen ist.

Wieder treffen sie einander in Gesellschaft, und wieder ist Frida für Strindberg wie verwandelt. Diesmal ganz Dame von Welt, die Kritikerin, die ihre eigene Meinung galant zu servieren versteht. Strindberg begreift weder Frida noch sich selbst: „Viel hatte er in seinem Leben erfahren und viele sonderbare Menschen getroffen, aber etwas so Verrücktes wie dies hatte er noch nie erlebt.“[28]

Aber Eros ist mit im Spiel. Man trifft sich jetzt öfters. Da langen neue Briefe aus Wien ein. Friedrich Uhl befiehlt seiner Tochter – jetzt scheint er auch schon aus Gerüchten über ihre Bekanntschaft mit Strindberg zu wissen, woher bleibt ungeklärt – ihre Übersiedlung nach München. „Wenn Vater als Vater schreibt“, berichtet Frida in ihren Memoiren, „so ist das, wie wenn der deutsche Kaiser im Schloß das Telefon benützt. Jede Mitteilung an einen Untertanen beginnt Wilhelm II. mit den Worten: ‚Ich befehle!' Also befiehlt mein Vater – selbst wenn er das Wort nicht gebraucht, besagt es sein wilhelminischer Ton: ‚Abreise München!'"[29] Zuvor fordert er von ihr noch einige Buchbesprechungen.

Strindberg ist unglücklich. Er fleht sie an, ihn nicht zu verlassen, denn er brauche sie. Doch zugleich fürchtet er immer wieder, ihr „Gefangener" zu werden. „Mein liebes Fräulein", schreibt er, „Ist's wirklich möglich, daß Sie am Mittwoch abreisen wollen? Und ohne Abschied? Was wird aus mir? Oder soll ich meine Vorbereitungen treffen, um Ihnen am nächsten Samstag zu folgen?" Und dann, wissend um die Illusion der Liebe, dennoch ihr Lob: „Fürchten Sie Ihre Seele mit meiner zu verschmelzen? Glauben Sie, ich verschlinge Sie wie ein Kannibale? Sind Sie so bewußt, daß Sie sich nicht mehr dem süßesten Wahn des Lebens hingeben können, der göttlichen Lüge, die uns glücklicher macht als die hehrste Wahrheit?"[30]

Frida bleibt. Sie kann Strindberg nicht allein lassen. Seine Liebe wird immer leidenschaftlicher. „Daß Sie mich lieben sollten", schreibt er in einem Brief, „habe ich nicht verlangt, nur daß Sie mir erlauben, Sie zu lieben. Ist das zuviel? Lassen Sie mich Sie treffen heute, noch vor Nacht, sonst muß ich wahnsinnig werden..."[31]

Aus ihren und seinen Erinnerungen geht hervor, daß Strindbergs Leidenschaft stärker und echter war als Fridas Gefühle ihm gegenüber. Hier scheinen der mädchenhafte Stolz, die Freundin des weltbekannten Dichters zu sein, gewiß aber auch das Mitleid mit einem zutiefst traurigen Menschen überwogen zu haben. Doch ihre Bewunderung ist schrankenlos. Strindberg fühlt es, aber was er begehrt, ist Liebe. Er will mit ihr nach München fahren. Auf Grund von Fridas Memoiren scheint es, als ob Strindberg damals fast nur seiner Liebe gelebt hätte. Nur ab und zu streift sie seine Arbeiten und Forschungen. Aber es war zugleich die Zeit, da der „Antibarbarus" entstand, von dem sich Strindberg eine Revolution der Wissenschaft erwartete, die Zeit, da er völlig überzeugt war, die Elemente transmutieren zu können, aus Schwefel Gold herzustellen; die Zeit, da ihn führende Gelehrte als Ketzer verdammten oder als Irren erklärten. Das Abenteuer mit Frida war demnach nur eine Facette, allerdings eine sehr schillernde im Leben des Mannes.

Aus Wien trifft ein neuer Befehl ein. München ist zu nahe bei

Berlin. Frida soll unbedingt nach Dornach an der Donau kommen. Sie nennt es ironisch das Phäakenland, aber ihr graut davor. „Es erfüllt mich", schreibt sie, „trotz seiner Schönheit mit einer unerklärlichen Angst wie ein drohendes Verhängnis, ein lebendiges Grab, das auf mich lauert. Mir graut vor der breiten Flußschlange. Vielleicht hat mir Großvater als Kind zu viele Sagen erzählt, von Blut, Leid und Verhängnis. Mir graut vor diesem reichen Hause... "[32] Sie weiß nicht, wie sie es dem Vater erklären soll. Da trifft ein Brief August Strindbergs ein, der sie völlig verwirrt. Er bittet um ihre Hand.

Zwei Motive mögen ihn zu diesem Schritt bewogen haben: die Sehnsucht, wieder in einer Familie geborgen zu sein, und der Anstand, da er ein junges Mädchen aus gutem Hause nicht länger durch seine ständige Begleitung kompromittieren wollte. Denn bei allem Chaotischen in seinen Anschauungen hielt Strindberg streng auf traditionelle Formen im Umgang mit Menschen, besonders mit Frauen, weit strenger jedenfalls als seine im Kloster erzogene junge Freundin. Denn „obwohl man ihn Frauenhasser nennt, hat er immer das Weib geliebt; und obwohl man ihn einen Freund der Unsittsamkeit nennt, hat er immer die Ehe gewollt".

Frida findet seinen Brief als den schönsten, den sie jemals erhalten hat. Er will mit ihr zu ihren Eltern in den Bergen fahren. Strindberg weiß nicht, daß diese getrennt leben und im Winter ihr Landhaus leer steht; weiß nicht, daß der Vater laut Frida in der Hofburg der Habsburger wie ein Gefangener, wenn auch in Amt und Würden, ihre Mutter in den Niederungen an der Donau lebt; vor allem aber weiß er nicht, daß Frida, kaum zuhause angekommen, wieder das Schulmädel wäre, „das man zu Bette schickt". Sie verbrennt den Brief und antwortet sogleich. Sie will ihr Leben, das sie als herrliches Abenteuer empfindet, nicht jetzt schon in bürgerliche Bahnen gelenkt sehen.

Ob die Sätze in ihrem Antwortschreiben, wonach sie bei aller Freundschaft „unfähig ist, etwas zu empfinden, was auch nur im entferntesten einer heftigen Leidenschaft gleicht"[33], echt oder erlogen sind, bleibt Geheimnis. Beim nächsten Rendezvous drückt sie ihm den Brief in die Hand. Er steckt ihn lachend in seine Rocktasche, ohne ihn zu lesen. Sie sitzen gemütlich in einer Weinstube. Strindberg ist in bester Laune. Da bemerkt sie, daß er einen Revolver mit sich trägt. Sie fragt ihn, um die Peinlichkeit der Szene zu überspielen, ob er die Waffe noch aus der Zeit besitze, da er in Stockholm als Schauspieler in Schillers „Räubern“ auftrat. Er wird ernst. Den habe er heute gekauft, weil er ihre Antwort noch nicht wisse. Sie kommen auf seine Kinder zu sprechen. Er hat endlich Geld, um es ihnen zu schicken. Das Honorar für die deutsche Ausgabe seines autobiographischen Romanes „Beichte eines Toren“, seiner haßerfüllten Abrechnung mit Siri, seiner ersten Frau, ist eingetroffen. Und so werden die Kinder jener Frau, die in diesem Roman so verführerisch böse geschildert ist, aus dessen Erlös unterstützt! Er wollte nie, daß das ursprünglich französisch geschriebene Buch in deutscher oder schwedischer Sprache erscheine, bis ihn die Not dazu zwang. Er zeigt Frida die Photographien seiner Kinder. Besonders der Knabe begeistert sie. Sie wäre bereit, ihn zu sich zu nehmen. Sie bittet ihn, ihren Brief zurückzugeben. Er steckt ihn lächelnd mit den Photographien wieder ein. Er begleitet sie heim. Zum Abschied läßt sie den Schleier fallen und küßt ihn. Dann läuft sie ins Haus.

Diese Szene – sie konnte fast einem Roman der Marlitt oder der Courts-Mahler entnommen sein – stößt Strindberg völlig vor den Kopf: Ihr Kuß ist ihm ein Versprechen, zugleich aber eine neue Erniedrigung, denn im Kodex einer traditionellen Anstandslehre ist es einfach unmöglich, daß eine Frau oder ein Mädchen aus guter Familie einen Mann zuerst küßt. So fühlt er sich abermals glücklich, geliebt, aber zugleich unglücklich durch das Empfinden, beherrscht zu werden. In seinem autobiographischen Roman „Entzweit“ ist der spontane Kuß Fridas erst der Anlaß zum Heiratsantrag. Er empfindet ihn als Kühnheit, aber zugleich als Siegel ihrer Unterwerfung: „Ich bin also nicht so schlecht, da jemand zu mir hinaufsehen, Gutes von mir glauben kann.“ Und der Brief, den Frida als den schönsten, den sie je von Strindberg erhielt, bezeichnet, endet laut seinem Roman mit den seinen Charakter kennzeichnenden Sätzen: „Jetzt legt der Mann seinen Kopf in Ihren Schoß, zum Zeichen, daß das Gute bei Ihnen Macht über sein Böses gewinnt; aber mißbrauchen Sie Ihre Macht nicht, denn dann haben Sie das gewöhnliche Schicksal der Tyrannen zu erwarten.“[34]

Welche der beiden Versionen, die Strindbergs oder die Frida Uhls, der Wahrheit entspricht, wird nicht mehr festzustellen sein. Psychisch folgerichtiger scheint die Strindbergs. Und es ist typisch für ihn, daß er im Roman, der zweifellos seinen wirklichen Seelenzustand beschreibt, vermutet, auch Frida hätte Angst gehabt, unterjocht zu werden.

Bei ihr aber überwog die Furcht vor einer zu frühen Entscheidung, vor allem aber ihre Ablehnung jeder Form von Konvention. Sie ist stolz auf ihre Unabhängigkeit, fühlt sich als Freundin eines großen Dichters weit interessanter, als wenn sie dessen Frau wäre. Wirkt sie doch durch ihr „Verhältnis" mutig und modern, antibürgerlich und fortschrittlich, was ihr selbst ungeheuer imponiert, wenn es zum Großteil auch nur aus kindlichem Trotz war. Er durchschaut sie, aber seine Liebe bleibt gleich stark. In seinem nächsten Antragsbrief stellt er sie vor die Alternative: „Sagst Du ‚nein', so bleibt Dir die Ehre, daß August Strindberg Dich zur Frau gewollt hat, und Du wirst einmal sagen können: ‚Strindberg wollte mich, aber ich habe abgelehnt.' Das sichert Dir Deinen Platz in der Literaturgeschichte... Sagst Du aber ‚ja', so will ich Dir ein guter Mann sein, der Dich liebt und Dir treu ist."[35]

Frida sagt nicht ja und nicht nein. Sie fordert ihn auf, gleich mit ihr nach München zu kommen – „aber reisen wir doch nicht gleich in die Ehe hinein". Wie würden sie die Münchner Kollegen beneiden, wenn sie als Strindbergs Freundin dort auftauchte! Sie beichtet ihm ihre völlige Untauglichkeit als Frau, sie sei nie und nimmer zur Hausfrau geboren. Strindberg zerstreut alle Bedenken, und so kommt es endlich zum festen Jawort. Allerdings wünscht Frida, daß kein Fremder davon erfahren soll. Sie hat Angst, sollte die „Gesellschaft" von ihrer Verlobung wissen, daß ihr um des guten Rufes willen jeder Rückweg in die Freiheit versperrt bliebe.

Sie reist nach München. Strindberg bleibt aus Gründen des Anstands in Berlin. Aber er bombardiert sie mit Briefen. Trotz Geheimhaltung spricht man in Berlin schon bald von seiner neuen Verlobung. Dem treuen Freund Fridas, Dr. Otto Neumann-Hofer, vertraut er sich an. Der rät ihm, auf keinen Fall Berlin zu verlassen, um Fridas Ruf nicht zu schaden. Denn „solang man über eine Verlobung plaudert, ist alles recht und honett – aber ein Verhältnis, pfui!"[36]

Solche Sätze in einem Brief Strindbergs, den man als unsittlichen Dichter verpönte und der heute als Begründer einer Dramatik des Sexus gilt, überraschen, sind aber deutlich Ausdruck seiner wahren Einstellung: der Nihilist, mehr noch der Chaotiker, dem eine bürgerliche Ordnung als Ideal vorschwebt.

Während Frida in München ein recht fröhliches Leben führt, geht es in Wien und Berlin in Sachen Strindberg recht unruhig zu. Vater Uhl, bei allem Groll gegen seine Tochter und deren Liebhaber, verehrt nach wie vor den Dichter Strindberg und tritt vehement für die Aufführung seiner Werke ein. Der neue Direktor des Burgtheaters, Dr. Max Burckhard, zeigt sich der modernen Dramatik gegenüber aufgeschlossen. Wie bereits bei seinen Vorgängern geht auch bei ihm der Kritiker Friedrich Uhl aus und ein, berät ihn, entscheidet mit über Spielplan und Uraufführungen. Als Burckhard Ibsens „Baumeister Solness" ansetzen will, bemüht sich Uhl, vorher Strindbergs „Geheimnis der Gilde" durchzusetzen. Da die Handlung bestimmte Parallelen zu Ibsens Drama aufweist, fände er es gut, das Werk des weniger bekannten Autors zuerst aufzuführen, damit dieser nicht in den falschen Verdacht der Nachahmung gerate. Burckhard überlegt, welchem Stück er den Vorrang geben soll. Erst Monate später hat er sich für Strindbergs Schauspiel entschieden. Aber es kommt anders.

In Berlin ist es nicht das Werk, sondern der Mensch Strindberg, der für Aufregung sorgt. Fridas Briefe aus München werden immer kühler. Sie schreibt fast nur mehr über Unpersönliches und gibt geschäftliche Nachrichten. „Liebesbriefe, die aus Zahlen und mütterlichen Ratschlägen, praktischen Mitteilungen über Redakteure und Verleger bestanden, waren nicht erhebend für einen literarischen Freibeuter"[37], schreibt er in „Entzweit", und dieser Passus entspricht zweifellos seiner wirklichen Empfindung im März 1893. Frida schlägt ihm aus kindlicher Ahnungslosigkeit sechs Monate geistige Ehe vor. Er, der eben noch seine Liebesbriefe mit „Dein toller August" unterschrieben hat, nennt sich jetzt ihr „himmlischer August", ein Sarkasmus, der aber nicht bös gemeint ist. Bis ihn die alte Angst vor der Unterwerfung wieder befällt.

Denn wie früher Laura Marholm in Berlin nützt jetzt Frida ihren Münchner Aufenthalt, Strindbergs Werk bei Verlegern und in Theatern unterzubringen. Das wird ihm zu viel: „Geliebtes Kind", schreibt er, „Nun ist der Augenblick gekommen, wo ich Dir alles sagen muß, auf die Gefahr hin, mir Deine Ungnade zuzuziehen. Eine ehrbare Liebe, die zur Ehe führt, hat ihre ökonomische Seite, das gebe ich ohne Widerspruch zu, aber die Ehe darf kein Geschäftsabkommen sein. Du hast die Rolle meiner guten alten Tante gespielt, und das Spiel hat mich belustigt, weil alles, was Du tust, Dich kleidet. Du hast Dich aber in dieser Rolle fixiert, Du hast die Macht mißbraucht, die ich Dir gab, und ich bin Dein lächerlicher Sklave geworden.

Vom Mitleid zur Mißachtung ist's nur ein Schritt, und Du verachtest mich bereits. Daß Du mir Dispens erteilst, Dir treu zu bleiben, hat mich verletzt, da es beweist, daß Du mich nicht liebst. Von heute an verbiete ich Dir jede Beschäftigung mit meinen Geschäften, jede! Wir wollen sehen, ob sich unsere Liebe nicht von ihren eigenen Feuern nähren kann, ohne dies grauenhafte Futter... Ich liebe meine Liebe, weil Du meine Liebe bist. Du aber liebst meine derangierten Verhältnisse, weil sie Dir die Oberhand in diesem Kampf der Geschlechter um die Erhaltung der Persönlichkeit geben. Du hast mir Dein Seidennetz über den Kopf geworfen, und ich zapple schon darin. Ich sehe den Moment, wo Dein Herkules zu einer Spindel greifen wird, Omphale, geht es so weiter wie bisher. Du bist überzeugt, daß Dein Beweggrund Deine mütterliche Liebe für mich sei... Was weißt Du, kleines Ding, von dem, was sich unter der Maske der Gefühle in einer Menschenseele abspielt? Die Mächte der Finsternis treiben ihr hassenswertes Spiel, und nur der Seher sieht darin klar... "[38]

Ihre Antwort macht ihn glücklich. „Ich habe den Kleinen, den Schwachen gespielt", schreibt er jetzt, „ohne es zu wissen, damit Du fähig wurdest, mich zu lieben, gleichviel auf welche Art. So habe ich mich in Dein Herz eingestohlen. Und Du, zur Mutter geboren, hast die mütterliche Seite Deines Liebesbedürfnisses entfaltet."[39] Im selben Brief kündigt er ihr an, daß er anläßlich des Gastspiels der „Gläubiger" nach Wien kommen werde: „Nächsten Samstag fahre ich nach Wien, zum Teil Herrn Lauterburgs wegen, zum Teil, um bei der Aufführung der ‚Gläubiger' dabei zu sein – Kaiservorstellung!" Und wenn Frida auch hinkommt – „ist alles gesagt und getan". Und am Schluß dieses Briefes berichtet er voll Zorn, daß die skandinavischen Zeitungen seine neue Verlobung ankündigen, aber ohne Nennung der Braut!

Aus der Wienfahrt wird nichts. Der Krach mit Lauterburg, der ihm statt 30.000 nur 3000 Mark bezahlt, macht es unmöglich, bei dessen Gastspiel anwesend zu sein. Umsonst liefen die Telegraphendrähte heiß zwischen Frida in München und ihrer Mutter in Dornach, die mit ihr gemeinsam Strindberg in Wien erwarten sollte. Frida fürchtete den Bruch mit dem Vater und rief die Mutter zu Hilfe. Diese war sofort einverstanden, war sie doch von Anfang an von der Freundschaft ihrer Tochter mit dem weltbekannten Schriftsteller „entzückt". Nun war die ganze Aufregung umsonst. Frida genießt weiter ihr Bohèmeleben in

München. „Das reinste Jungmädchenidyll!“ erinnert sie sich vierzig Jahre später.

„Die Sonne lachte. Gut saß sich's im getäfelten Erkerstübchen beim Fenster, hoch über dem grünen Isararm... gut schmeckte der Kaffee, im losen Schlafrock mit weichen Pantoffeln an den Füßen und dazu die Liebe in Berlin, die mich mit Schönheit überschüttete und doch kein Band war. Gut war das ganze, volle, reiche Leben.“[40] Die Zwanzigjährige nimmt die Situation nicht ernst. Daß sie selbst als reife Frau in ihren Erinnerungen noch den losen Schlafrock und die weichen Pantoffeln in einem Satz mit ihrer Liebe in Berlin nennt, charakterisiert sie als recht verspieltes, phäakisches Wesen, dem der kleine Genuß über mögliche Sorgen hinweghilft. Den Abgründen des Lebens geht sie aus dem Weg oder läßt sich traumverloren darüber hinwegtragen. Was sie wirklich aufregt, ist nicht die Ungewißheit ihrer Zukunft, sondern die Lektüre jener Anzeige in einer Wiener Zeitung, die ihre Verlobung bekannt gibt: „Es wird die Wiener interessieren... “

Frida hat Angst. Nicht nur vor der Reaktion des Vaters, sondern viel mehr vor der der „Gesellschaft“. Denn nun, wo es schwarz auf weiß gedruckt steht, erscheint ihr die Ehe als unausweichlich. Die Zugbrücke ist hochgezogen, sie erkennt, daß es kein Zurück mehr gibt.

Die erste Reaktion auf die Zeitungsmeldung ist ein Brief von Fridas Schwester aus Wien: „Heute früh wurde ich zu Papa gerufen. Es war erst zehn Uhr, als ich hinkam, aber ich fand ihn bereits bei der sechsten Virginia. Die Strohhalme lagen geknickt umher, und seine Stimmung war entsprechend. Er gab mir die ‚Deutsche Zeitung‘ zu lesen. Den Ausschnitt, der ihn so aufgeregt hat, sende ich Dir anbei. Hermann Bahr scheint der Verfasser zu sein. Gleichzeitig aber bin ich beauftragt, Dir von Papa zu sagen, daß er Dir, gottlob, die Verlobung nicht zu erlauben braucht, da Du um seine Erlaubnis nicht erst lange gefragt hast, daß er Dich aber bitten läßt, nicht noch mehr Skandal und Schande über ihn zu bringen. Er stellt es Dir frei, ob Du die Brautzeit bei Mama in Dornach verbringen willst oder bei Deinem Bräutigam in Berlin, der damit die Verantwortung für Dich übernimmt. Ich würde Dir raten, sofort nach Berlin zu reisen und Strindberg zu veranlassen, daß er unserem Vater schreibt und um Dich anhält, da es Papa wirklich nicht um uns verdient hat, so gekränkt zu werden.“[41] Obwohl sie annimmt, daß Bahr die Meldung nur auf Grund eines Gerüchtes

Frida Uhl

Marie Weyr, geb. Uhl

Aspasia, Lithographie von Edvard Munch

veröffentlicht hat, fleht sie ihre Schwester an, nun nicht mehr rückfällig zu werden, das würde ihren Vater noch mehr treffen. Sie beteuert, wie sehr Friedrich Uhl den Dichter Strindberg schätzt; allerdings hätte er dem Autor des Dramas „Der Vater" lieber einen Dichterpreis als seine Tochter zukommen lassen.

Vielleicht war es auch Friedrich Uhls Verdienst, daß mehrere Werke Strindbergs in der „Neuen Freien Presse" erscheinen konnten. Strindberg selbst gibt in einem Brief an Adolf Paul an, daß er mit Wien gute Beziehungen unterhalte, unter anderen zur Redaktion der „Neuen Freien Presse", zu Mathilde Prager, die jetzt seine Einakter „Das Band" und „Feuerspielen" übersetzen soll, und zu weiteren Bekannten.

Frida folgt unverzüglich der Aufforderung der Schwester und bittet Strindberg, falls er noch immer von seiner Liebe überzeugt sei, ihrem Vater zu schreiben und nach München zu kommen. Da erhält sie aus Berlin recht verzweifelte Briefe. Er sei, schreibt er, an die Stadt an der Spree gefesselt, und – nachdem er ihr neuerlich seine große Liebe gesteht – er leide an schrecklichen Gewissensqualen. Da fährt Frida nach Berlin. Noch am Bahnhof erfährt sie von Neumann-Hofer, der sie abholt, was geschehen ist.

Die – für seine Unrast – lange Wartezeit auf die Braut aus München hatte Strindberg wieder in sein geliebtes „Ferkel" getrieben. Es war ausgerechnet am Tag von Fridas Abreise, daß Edvard Munch zum ersten Mal sein berühmtes Modell, Dagny Juel, am Abend mitbrachte. Munch, der Dagny leidenschaftlich liebte, hat sie auf zahlreichen Bildern verewigt: als seltsam nackte Madonna, umrahmt von stilisierten Spermatierchen und einem armseligen Embryo; oder als Symbol der Sünde auf der bekannten Lithographie „Eifersucht", die angeblich im Vordergrund Przybyszewski als Verzweifelten, im Hintergrund Strindberg mit Dagny darstellt. Die Geschichte zu diesem Bild ereignet sich erst später. Aber angesichts von Munchs Werken scheint Strindbergs eigene Beschreibung der norwegischen Pianistin treffend zu sein. „Sie war", so schreibt er in „Entzweit", „eine lange, körperlose, blonde Schwedin" – die Nationalitäten sind im Roman bewußt verändert – „die durch Krankheit abgemagert zu sein schien; sie hatte Trauer und Verzweiflung in der Stimme, schleppenden Tonfall und hängende Augen."[42] Und Frida gegenüber schildert er sie später als eine Frau „voll feinster Differenzierung,... modernster Typus, zart und fein, mehr geistige Verführerin als körperliche. Ein

Seelenvampir mit Sehnsucht nach Höherem"[43]. Und Frida, als sie Dagny Juel Wochen später zum ersten Mal sieht, findet diese „groß und schlank mit lockigem Blondhaar über den Brauen. Dicht darunter springt ein feines Näschen fürwitzig vor. Die Lippen sind schmal und schlängeln sich lockend rot über weiße Zähne. Das schönste an ihr sind die aristokratischen Hände, der gut beschuhte, schmale Fuß und ihr Mangel an Schwere. ‚Une belle femme' ist sie eigentlich nicht. Auch die traditionelle ‚Femme fatale' ist sie nicht. Sie wirkt durch Adel"[44]. Gefährlicher beschreibt sie Adolf Paul: „Blond, schlank, elegant, mit einem Raffinement gekleidet, das die Geschmeidigkeit des Körpers zu voller Geltung brachte, aber sorgfältig vermied, bestimmte Konturen zu geben. Die robuste Männerkraft also in gleichem Maße anziehend; aber vermeidend, die selbstquälerisch kokettierende Nervenherrlichkeit der Modedekadenten mit zuviel ‚unmotivierter' Fleischlichkeit vor den Kopf zu stoßen! Ein klassisch reines Profil, ein krauses Wirrsal blonder Locken, die bis auf die Brauen niederfielen und es der Phantasie des Beschauers überließen, die Höhe der Stirn nach Belieben einzuschätzen! Ein Lächeln, das zum Küssen verführte, und dabei hinter dünnen Lippen zwei Perlenreihen scharfer Zähne, die nur auf Gelegenheit zu lauern schienen, plötzlich zuzubeißen! Und eine schlangenhaft müde Lässigkeit der Bewegung, die aber einen blitzschnellen Angriff befürchten ließ!"[45]

Aspasia heißt sie fortan im Ferkelkreis, den Männern ist sie die geistreiche Hetäre, die sie zu mannigfaltigstem künstlerischen Wirken anregt. In der Tat sind nicht weniger als vier Schlüsselromane von Mitgliedern dieses Kreises über sie geschrieben worden, „Frau Ester Bruce" von Ola Hansson, „Mit dem falschen und dem ehrlichen Auge" und „Aus der Chronik des Schwarzen Ferkels" von Adolf Paul sowie „Homo sapiens" von Stanislaw Przybyszewski, in dessem ersten Teil der ganze Ferkelkreis verewigt ist, Dagny Juel als Isa und Strindberg als Illerns. Strindberg selbst hat einen Roman über sie begonnen, von dem allerdings nur einige Fragmente erhalten sind. Dafür hat er sie in seinem Drama „Rausch" in der Rolle der Henriette festgehalten und unter dem Namen Lais im autobiographischen Roman „Entzweit".

Aspasia betritt das Hinterzimmer des „Ferkels", von Munch begleitet. Ob sie sich wirklich Strindberg als erstes „Opfer" ausersehen hat, ist schwer feststellbar. Laut Frida Uhls Erinnerungen sah sie am ersten Abend nur ihn. Daß er die Frauen mehr anzog als die meisten seiner Gefährten, ist überliefert. Darum darf man dieser Version Glauben schenken. Aber auch Strindberg war nur einer von vielen, die sich Dagny Juel auserwählte. Unerträglich war es ihr, die niemals verschmäht wurde, betrogen oder verabschiedet zu werden. Deshalb waren alle ihre Liaisons von kurzer Dauer. Ehe ein Mann ihrer überdrüssig werden konnte, verließ sie ihn. So verläßt sie Munch, um Strindbergs Geliebte zu werden.

Erst treffen sie sich nur zu Gesprächen. Strindberg ist glücklich, einen Menschen gefunden zu haben, dem er sein Inneres rückhaltlos anvertrauen kann. Er fühlt sich wie befreit aus der Enge seiner Beziehung zu einem blutjungen Mädchen und den daraus erwachsenden Verpflichtungen. Und Aspasia macht ihrem neuen Namen Ehre. Sie versteht es vorzüglich, jedem Liebhaber sein Ideal vorzuspielen. Sie erkennt, daß Strindberg fürs erste eine seelisch Vertraute braucht. Er spricht mit ihr über nichts anderes als über Frida. Aspasia versucht, sich in seine Situation zu versetzen. Sie redet ihm die Ehe nicht aus, analysiert aber Fridas Charakter nach dem Wenigen, das sie von ihr weiß. Und Strindberg entdeckt zu spät, daß es das Gespräch über seine Braut war, das ihn in die Arme der anderen getrieben hat.

Laut den Memoiren von Adolf Paul war die ganze Geschichte nur von kurzer Dauer. Aspasia wendet sich ganz nach ihrer Gewohnheit sehr bald anderen Liebhabern zu. Ob die an Boccaccios Erzählungen erinnernde Anekdote, die angeblich Strindberg seiner Braut erzählt hat, auf Wahrheit beruht oder gut erfunden ist, bleibe dahingestellt. Dem Seelenzustand Strindbergs entspricht sie auf jeden Fall. Danach soll er nach reichlichem Alkoholgenuß – sie hatten Bier, Wein, Toddy, schwedischen Punsch und Absinth getrunken – Aspasia, „wie es sich schickte", nach Hause begleitet haben. Als er Stunden später in ihrem Bett erwacht und sie spärlich bekleidet neben sich erblickt, packt er sie wütend beim Kragen und befördert sie unsanft aus dem Zimmer. Darauf sperrt er die Tür zu, legt sich wieder zu Bett und schläft seelenruhig bis in den Morgen. Aspasia aber, in einem solchen Zustand auf dem Flur ihrer Pension, muß sich irgendwie herausgelogen haben. Da sie auf keinen Fall die Verabschiedete sein will, schweigt sie über die ganze Geschichte und macht mit Strindberg ein neues Rendezvous aus. Strindberg weiß, daß es eine Falle ist. Sie will ihm den Laufpaß geben. Da überspielt er die Situation. Er kommt nicht allein, sondern bringt seinen Freund, den Arzt Dr. Schleich mit. Schleich, ein begeisterter Sänger, bittet Aspasia, ihn am Klavier zu begleiten. Und während die beiden singen und spielen, empfiehlt sich Strindberg leise mit allen guten Wünschen, und Schleich wird Aspasias nächster Geliebter.

Dagny Juel, aus Bergen gebürtig, hat nach vielen Abenteuern Stanislaw Przybyszewski geheiratet, der ihretwegen seine langjährige Lebensgefährtin und seine beiden Kinder verließ. Daß das Liebesleben der „Ferkelleute" bürgerlichen Sitten widersprach und wie in Strindbergs Stücken zwischen Komödie und Tragödie schwankte, beweist auch die Tatsache, daß Przybyszewski, als er noch mit seiner Freundin zusammenlebte, diese eines Abends Strindberg großzügig als Bettgenossin angeboten hat. Strindberg fürchtet später, beim ersten Besuch Przybyszewskis bei Frida, daß er von ihm Revanche verlange. Aber der Pole küßt nur galant die Hände von Strindbergs Braut. Doch auch ihm ist Aspasia davongelaufen. Gesetzliche Bande galten nicht für sie. Mit einem Norweger reist sie in die Karpaten. Doch auch diesem droht sie untreu zu werden. Da erschießt er sie aus rasender Eifersucht.

Diese Frau, deren Leben ein einziger Roman war, ist für Strindberg zuerst die Seelenfreundin, die er braucht, dann die Ursache verzweifelter Schuldgefühle Frida gegenüber. Aber daß er wieder im „Ferkel" verkehrte, war ja letzten Endes Fridas Schuld. Die Kühle ihrer Briefe und die nicht unberechtigte Meinung, daß sie ihre Verlobung nicht ernst nehme, trieben ihn zu den alten Freunden.

Neben Dagny Juel taucht in diesen Tagen auch die finnische Schauspielerin Gabrielle Tavaststjerna in seiner Umgebung auf, die Frau eines seiner Freunde, des Schriftstellers Karl August Tavaststjerna, zu der er eine leidenschaftliche Zuneigung hegt. Ihr verspricht er die Rolle der Rosa in seinem Einakter „Herbstzeichen". Während er seelisch nur mit Frida verbunden ist, treibt ihn seine sinnliche Leidenschaft von einer Frau zur anderen.

Frida Uhl kehrt aus München zurück und erfährt von Neumann-Hofer, Strindberg spiele zur Zeit den Perikles bei einer gewissen Aspasia. Hier widersprechen sich Fridas und Pauls Berichte. Während laut Frida Strindbergs Abenteuer mit Aspasia zur Zeit ihrer Rückkehr nach Berlin bereits zu Ende war, hätte er nach Adolf Paul ausgerechnet am Tage von Fridas Ankunft ein Rendezvous mit Aspasia vereinbart gehabt. Da trifft das Telegramm ein, das Fridas Kommen meldet. Zu allem Überdruß kommt auch die Tavaststjerna gerade an diesem Tag nach Berlin. Strindberg überlegt mit Freund Paul kurz die Situation. Aspasia und Tavaststjerna werden abgeschrieben, aber statt am Bahnhof seine Braut zu erwarten, legt sich Strindberg zu Bett und bittet seinen Arztfreund Schleich zu sich. Der nimmt Fridas Anruf entgegen und meldet ihr, Strindberg sei krank. Sie kommt ihn besuchen. Täglich! Die Krankheit ist nur vorgespielt. Nach eigenen Worten bringt sie ihm den halben Blumenmarkt mit. Es ist Ostern. Frida nimmt ihm, wie sie es nennt, die Osterbeichte ab. Strindberg erzählt ihr von Aspasia. Und – ist es Koketterie mit der Menschlichkeit oder doch eine unbewußte Distanz zu ihrem Bräutigam – als er die oben erwähnte Anekdote erzählt, kann sie darüber nur herzlich lachen und nach dem weiteren Schicksal der „armen" Aspasia fragen.

Sie verzeiht, verzeiht ihm alles, und es beginnt für beide die richtige Brautzeit.

Jetzt erst schreibt Strindberg an den künftigen Schwiegervater: „Mein Herr! Lebhaftest die Indiskretion der Zeitungen bedauernd, welche die Verlobung Fräulein Frida Uhls veröffentlicht haben, ehe ich die Möglichkeit hatte, Ihnen zu schreiben, gestatte ich mir, Sie um Ihre Einwilligung zur Ehe zu bitten. Ein Unwohlsein hat meine Hoffnung, Sie in Wien persönlich aufzusuchen, vereitelt und mich die letzten Tage über ans Bett gefesselt. Da mich meine Geschäfte an Berlin binden, möchte ich Sie bitten, Ihrer Tochter zu gestatten, hier sobald als möglich wieder Wohnsitz zu nehmen, damit wir gemeinschaftlich alles für die Hochzeit vorbereiten können, die wir im Mai feiern möchten. Ihrer gütigen Antwort entgegensehend, bitte ich Sie, an meine Dankbarkeit und Zuneigung zu glauben. August Strindberg."[46] Offiziöser hätte der Brief kaum ausfallen können. Frida lacht: „... dieser Brief ist so tadellos korrekt, daß ihn Vater getrost in seiner ‚Amtlichen Wiener Zeitung' abdrucken könnte!"

Eines Tages, Strindberg und Frida Uhl sitzen in seinem Zimmer im Lindenhotel in der Kleinen Kirchengasse, bleibt eine Frau in der offenen Tür stehen und starrt die beiden wortlos an. Als Strindberg sich umwendet, flucht er auf gut schwedisch, steht auf und wirft die Tür der Dame vor der Nase zu. Es war Aspasia, die Frida kennenlernen wollte. In seiner abergläubischen Art glaubt er, darin ein böses Vorzeichen erblicken zu müssen. Diese Frau wird sich rächen! Aber erst über ein Jahr später erscheint sie ihm wieder, drohend, beängstigend: in seinen Träumen.

Noch ist alles Frühling. Man wartet auf das Eintreffen der Scheidungsurkunde, die Strindbergs Bruder Oskar aus Stockholm schicken soll. Da Frida katholisch ist, darf sie in ihrer Heimat keinen Geschiedenen heiraten. In Deutschland müßten sie erst ein Aufgebot bestellen, was eine lange Wartezeit bedeutete. So entschließen sie sich für eine Heirat auf Helgoland, damals noch in britischem Besitz, wo kein Aufgebot nötig war. Als Trauzeugin laden sie Fridas Schwester, Marie Weyr, ein. Endlich scheint alles geordnete Wege zu gehen. Aber wer dies annahm, rechnete nicht mit Strindberg.

Ganz im Sinne einer aufgeklärten Moral, wie sie im kommenden Jahrhundert allgemein gültig wurde, lehnte Strindberg zumindest in der Theorie die versteckte Erotik seiner Zeit ab, die Frauenkleidung, die alles zu verdecken heuchelte und mit ihren Falten und Spitzen doch nur der Sinnlichkeit diente. Dagegen hält er die Nacktheit, den Urtrieb, der dem Sündenfall vorausging, für heilig. Frida zögert, bei aller sittlichen Freiheit, die sie als modern wirken wollendes Mädchen selbstverständlich bejaht, dem Urtrieb schon vor der Ehe nachzukommen. Zu sehr scheint ihr noch die moralische Konvention des Elternhauses im Blut zu stecken. Strindberg mißversteht ihr Zögern. Durch die Erlebnisse seiner ersten Ehe mißtrauisch geworden, verdächtigt er Frida, mit nacktem Rücken einem befreundeten Maler Modell gestanden zu sein. Die Szene könnte einem Drama der Jahrhundertwende entstammen. Frida wehrt sich, denn das Modell sei ihre Freundin gewesen, jedoch nicht sie – aber immer wieder wirft Strindberg das Argument seines Wissens um die Frauen auf Grund seiner ersten Ehe in die Waagschale. Das ist Frida zuviel. Tags darauf schreibt sie ihm: „Mein Herr, Sie haben mich gerade, als ich jene Erinnerung völlig aus Ihrem Herzen getilgt zu haben wähnte, daran gemahnt, daß Sie bereits verheiratet gewesen sind, dreizehn Jahre lang. Wenn dieser Schlag ins Gesicht ein Einblick in die Ehe war, so will ich mich nicht mehr verheiraten... Ich nehme meiner Schwester und allen gegenüber jede Schuld auf mich... Frida Uhl."[47]

Strindbergs Antwort ist eine neue Versicherung seiner Liebe. Aber Frida bleibt hart, trotz der maßlosen Blamage, der sie sich ausliefert. Denn ganz Berlin weiß von der bevorstehenden Trauung, zahlreiche Familien haben das Brautpaar bereits eingeladen. Da trifft die ahnungslose Marie Weyr ein. Als sie hört, was geschehen ist, lautet ihre Reaktion: „Ich bin zu deiner Hochzeit gekommen und nicht zu deiner Scheidung." Ihrer gewandten Art gelingt es, die beiden zu versöhnen. Und wenn die Worte, die Strindberg jetzt an Frida Uhl richtet, vielleicht auch nur Wunschdenken der Memoirenschreiberin Frida Strindberg vierzig Jahre später sind, so treffen sie doch sicher seine damalige Auffassung von Liebe und Ehe. Auf ihre Frage: „Warum? Warum?" antwortet er: „Es mußte wohl sein. Wir mußten auseinander, um zu fühlen, daß wir einander unentbehrlich sind. Wir haben einander nur gehaßt, weil wir einander lieben und den großen Schmelztiegel der Persönlichkeiten, die Liebe fürchten. Aber erklären – nein, das kann ich nicht. Die Wirrnisse der Menschenseele kennt keiner. Über Verehrung und Zärtlichkeit zum Hasse, zur Verachtung, dann wieder zurück zum Ausgangspunkt, mit einem Seitensprung und zwei Schritten weiter als zuvor. Gut und Böse, Erhabenes und Groteskes, Untreue neben ewiger Liebe, Küsse und Mißhandlungen, Anbetung und Beschimpfung: Wer sollte da Ordnung schaffen können? Kind, es gibt im Leben nur eines: Nie zurückschauen und weitergehen." Und er bekennt sein Innerstes, wenn er sagt: „Das ganze Leben ist ja nur Dichtung. Weg mit dem Ballast des Grübelns!"[48]

In diesen wenigen Sätzen deutet sich das ganze Chaos in Strindbergs Seele an, seine Zerrissenheit zwischen den Kontrasten und die einzige Möglichkeit einer Synthese, ja einer Harmonie: die Dichtung. Fast berührt es tragisch, daß er diesen Ausspruch zu einer Zeit gesagt haben soll, in der er kaum künstlerisch tätig war, als seine ganze Leidenschaft der Wissenschaft, dem von ihm so gescheuten Grübeln galt.

Aber damit ist die letzte Hürde der Brautzeit genommen. Marie Weyrs resolutem Temperament war es gelungen, die beiden wieder zusammenzuführen, eine Blamage großen Ausmaßes zu verhindern. Strindberg behandelt Marie Weyr als Autoritätsperson, nennt sie, halb scherzhaft, Schwiegermutter, obwohl sie fünfzehn Jahre jünger ist als er. Sie aber hat ihn schon nach kurzer Bekanntschaft durchschaut, ihr Brief an Vater Uhl in Wien zeugt von Menschenkenntnis.

„Strindberg ist im Grunde eine vornehme Natur", schreibt sie, „gut bis zur Schwäche. Was das Herz spricht, ist Gold, aber er hat durch traurige Erfahrungen gelernt, seinem Kopf zu folgen, und der leitet ihn irre, ist voll fixer Ideen." Dann folgt eine nicht ganz zutreffende Angabe: „Er... hat keinerlei üble

Gewohnheiten, soll hier seit seiner Scheidung und lange schon vorher wie ein Mönch leben." Bei ihrer realistischen Einschätzung des Lebens scheint Marie Weyr dies nur zur Beruhigung ihres Vaters geschrieben zu haben. Weiter berichtet sie, daß Strindberg seit zehn Jahren keine Kritik über eigene Werke lese und sich außer Balzac nur wissenschaftliche Werke vornehme. Im Anschluß daran kommt sie auf die finanzielle Lage zu sprechen: „Er kann mit keinem Verleger, keinem Theaterdirektor verhandeln, es macht ihn nervös. Er hat daher bisher fast nichts verdient. Er hat stoßweise Manuskripte liegen, fertige Sachen, denn er ist stets unglaublich fleißig gewesen, aber er weiß nicht, was damit anzufangen... Wenn er nicht schreibt, so malt er, so gut wie er schreibt. Er modelliert auch, spielt reizend die Gitarre, er kann alles, was er anpackt, wäre imstande, auf einer wüsten Insel ein Paradies zu schaffen, aber auch aus Unbehilflichkeit, Menschenscheu, Furcht vor Spott, überhaupt Schüchternheit mitten in der Kultur zugrunde zu gehen. Er versteht keinen Scherz, macht auch nie einen, sieht sich fortwährend verfolgt, verachtet... ein Katastrophenmensch. Er kniet vor einer Blume, hungert, aber kauft sich einen Blumenstock. Kann, wenn er sich etwas einbildet, furchtbar grob gegen Männer sein, nie gegen eine Frau, der er nicht einmal zu widersprechen wagt. Wenn es mit Frida zu Mißverständnissen kommt, sagt er: ‚Das halte ich nicht aus' und läuft weg... Er weiß morgen nicht mehr, was er heute tut, weiß auch nicht mehr, was er jemals schrieb; das ist alles wie in Hypnose geschaffen; sobald es auf dem Papier steht, entschwindet es ihm. Dafür steckt er voll von vollkommen klaren, bis ins kleinste ausgearbeiteten Plänen über Dinge, die er noch schreiben will..."[49]

Dieser Auszug aus Marie Weyrs Brief verrät ein Wissen über Strindbergs Persönlichkeit, das unmöglich in den wenigen Tagen, in denen die künftige Schwägerin Strindberg kennenlernte, gesammelt sein kann. Hier müssen Meinungen Dritter miteingeflochten sein, kaum jedoch Ansichten Fridas, die Marie, wie aus anderen Quellen hervorgeht, als dafür nicht zuständig hält. Ein Brief an ihren Mann, kurze Zeit später, gibt bereits ein kritischeres Bild. An Rudolf Weyr schreibt sie: „Du kannst Dir's absolut nicht vorstellen, so wenig wie ich es früher gekonnt hätte, was für Menschen das sind, unter denen Frida lebt." Bedenkt man, daß Rudolf Weyr selbst Künstler war, so ist dieser Satz seiner Frau bezeichnend für den Unterschied zwischen Berliner und Wiener Künstlerkreisen. „So was Verschrobenes", setzt sie ihren Brief fort, „Unnatürliches, Krankhaftes, lauter Geist und kein Funken gesunder Vernunft, da hört schon alles auf."

Die Österreicherin mit ihrer gesunden Vernunft kann den tierischen Ernst nordischen Forschergeistes nicht begreifen, der so ganz ohne Humor den Dingen auf den Grund gehen will. Oder erregt der Modernismus, der nach Wirklichkeit statt nach Wahrheit, nach Echtheit statt nach Schönheit strebt, das Kopfschütteln der Frau Professor aus Wien, deren Mann und dessen Künstlerkollegen noch immer, wenn auch mit Variationen, am klassischen Ideal vom Schönen, Wahren und Guten festhalten?

„Und Strindberg selbst", schreibt sie weiter, „der könnte unsereinen rein wahnsinnig machen. Ich bin noch nie im Leben einem solchen Typus begegnet." Und dann mit einer deutlichen Reverenz vor der Wiener Kunstszene: „Etwas Ähnliches gibt es eben bei uns nicht. Gott sei Dank! Ich hielte das nicht länger aus..." Und weiter schreibt sie: „Er ist viel hübscher und sympathischer für den ersten Moment als auf der Photographie, sieht auch manchmal jünger aus, dann plötzlich ändert sich das Gesicht zu einem Greisenantlitz, wenn er, wie es oft geschieht, zu grübeln anfängt, mitten in einem Satz ganz vergißt, wer neben ihm ist und eine Viertelstunde kein Wort spricht, gar nicht hört, was man zu ihm sagt. Ich kann fortwährend das Angstgefühl nicht loswerden neben ihm, daß er plötzlich überschnappt; dabei macht er immer mehr den Eindruck eines wirklichen Genies... Es ist rein, als ob das Talent in ihm nicht wüßte, wo überall hinaus. Aber keine Spur von gesundem, fröhlichem Schaffen, eher ein Drang, wie wenn es einen Verbrecher zum Morde treibt. Unheimlich, höchst unheimlich. Ich begreife Frida nicht, daß sie die Courage hat, sich einem solchen Menschen anzuvertrauen... Ich fürchte, daß seine Liebe zu ihr mehr sinnlicher Natur ist, denn geistig kann Frida den Mann nicht befriedigen, überhaupt kein Weib; er scheint das auch nicht zu fordern; seine Meinung von der Frau ist offenbar die denkbar geringste... Fridas Liebe zu Strindberg ist wieder, im Gegensatz zu seiner, rein literarische Bewunderung und abgöttische Verehrung eines Geistes... Wie das enden wird, weiß der Himmel; ich habe mehr Bangen als Vertrauen zu einer Ehe unter solchen Umständen. Frida in ihrer gottvollen Blödheit sieht den Himmel auf Erden in ihm... Strindbergs Gesellschaft ist mir mehr peinlich als erfreulich. Die Rolle einer aufpassenden ‚Schwiegermutter', wie er mich heißt, ist gerade nicht nach meinem Geschmack, ich komme mir unbegreiflich komisch vor...“[50]

In ihrem nächsten Brief an Rudolf Weyr ist sie wieder milder gestimmt. Sie schreibt: „Je mehr ich Strindberg kennenlerne, desto mehr fühle ich, daß er innerlich ein guter Mensch ist, gut im wahren echten Sinne. Das Herz ist auf dem rechten Fleck, aber der Verstand, sein wirklich an Wahnsinn grenzender Hang zum Grübeln führt ihn auf Abwege... Er sagte mir: ‚Ich will nichts als Einsamkeit und Ruhe, um zu arbeiten; so viel zum Leben, daß ich nicht verhungere; und ein Weib, das sich von mir lieben läßt und mich nicht dafür haßt, denn die Weiber hassen die Männer, weil sie ihnen nicht gleich sein können.' Es fällt mir nicht ein, mich mit ihm auf solche Streitfragen einzulassen; das ist Fridas Sache. Ist sie ein gutes und aufopferndes Weib, dann bin ich überzeugt, daß sie es gut bei ihm haben wird. Gibt sie aber nicht jede eigene Individualität auf oder versteht sie ihn nicht, dann kann sie ihn ins Irrenhaus bringen. Der Mann ist von Natur melancholisch, tiefsinnig und hat so viel gelitten, daß er große Aufregungen und Kummer kaum mehr ohne Störung seiner geistigen Kräfte ertragen kann. Im ganzen das Resultat meiner Beobachtungen: er ist durch und durch ehrlich und anständig. Aber leider, leider, verbittert und verschroben und voll fixer Ideen...“[51]

Marie Weyr hat nicht nur nach kurzem Kennenlernen seinen Charakter durchschaut, sondern mit ihrem gesunden Verstand auch die Gefahren, die dieser Ehe drohen, erkannt.

Aber weder Frida noch Strindberg wollen in diesen Tagen etwas von drohenden Gefahren wissen. Sie glauben, das Fegefeuer ihres Zusammenlebens hinter sich zu haben und reif für den Himmel der Ehe zu sein. Am 11. April 1893 verloben sie sich offiziell. Strindbergs Verlobungsgeschenke sind eine riesige, grauschwarze Adlerfeder, buntes Lessebopapier und ein eigenes Gemälde, das ein stürmisches Meer darstellt und das er „Nacht der Eifersucht“ nennt. Feder und Papier symbolisieren den Beruf des Schriftstellers, was er mit der „Nacht der Eifersucht“ meint, bleibt der Phantasie seiner Braut vorbehalten.

„Ersticke mich nicht unter Deiner Liebe“, bittet er auch jetzt noch seine künftige Frau; immer wieder steigt die Angst vor dem Verlust seiner Persönlichkeit in ihm auf, eine bei aller Selbständigkeit und allem Selbstbewußtsein Frida Uhls vollkommen unbegründete Angst. Denn während er gerade die kurze Zeit vor der Hochzeit noch leidenschaftlich zu seiner Forschungsarbeit nützt, sich auch experimentell überzeugen will, daß Stickstoff kein eigenes Element ist, hat seine Braut nur Sorgen um ihre Toilette im Kopf. Von eigener schriftstellerischer Arbeit hört man nichts. Sie zwingt ihren Bräutigam, sich „berlinisch" zu kleiden, das heißt nach der neuesten Mode, was zu seiner legeren Art überhaupt nicht paßt. Und Strindberg, dessen Erscheinung als „fliegender Holländer" bekannt war, der mit hochgestelltem Kragen seines Überziehers und aufrechten Ganges einen geistig repräsentativen Eindruck machte, muß jetzt – so will es Frida – Hosen aus großkariertem Stoff mit breiten Umschlägen, einen blankpolierten Zylinder, der sich auf seiner Mähne seltsam ausnimmt, und in der Hand einen übertriebenen Knotenstock tragen; ein echtes „Berliner Gigerl" hat sie aus ihm gemacht, eine lächerliche Verkleidung des nordischen Dichters. Aber Strindberg fügt sich. Das ist aber auch sein einziger Persönlichkeitsverlust, der innere Strindberg ist sich – möglicherweise zu seinem Unglück – immer treu geblieben.

Die Freunde bezweifeln die Dauer der neuen Verbindung. Selbst der gütigste unter ihnen, der Arzt Karl Ludwig Schleich, bleibt skeptisch. „Wenn Sie Ihr Glück noch unter seinen Fußsohlen finden können", sagt er zu Frida, „so heiraten Sie ihn."[52] Aber Frida zweifelt nicht mehr.

Es muß die weibliche Vorfreude auf das Verheiratetsein gewesen sein, die in kurzer Zeit aus der werdenden Emanze eine kleine Hausfrau gezaubert hat. Denn Frida, obwohl sie sich gut auszustatten verstand, lief bis zu dieser Zeit tagsüber meist recht leger gekleidet herum. Diese Nachlässigkeit in ihrer Kleidung ließ Strindberg anfangs annehmen, sie wolle als Weib nicht gefallen, mache sich zumindest nichts aus den Blicken der Männer. Jetzt aber besorgte sie sich exzellente Toiletten. Der „Gestaltwechsel" dieser Frau, der den Dichter zuerst so verwirrte, schien auf bürgerliche Weise abgeschlossen.

Die Scheidungsurkunde will nicht eintreffen. Wie sich später herausstellt, hatte das Konsistorium der Stadt Stockholm diese vergessen auszustellen, obwohl der königliche Erlaß hiefür bereits am 9. September 1892 erfolgt war. Oskar Strindberg hatte daher alle Hände voll zu tun, die Urkunde endlich zu beschaffen und an seinen Bruder zu senden. Der weiß nichts von diesem Sachverhalt, und in der sicheren Erwartung eines baldigen Eintreffens der Scheidungsurkunde reist er mit Braut und Brautschwester von Berlin nach Cuxhaven. Tags zuvor hatte er durch Zufall Gustav Wrangel getroffen, den Mann, der mit Siri von Essen verheiratet gewesen war, ehe sie Strindberg kennenlernte, ein Zufall, den er sogleich wieder als böses Omen für die zweite Ehe auslegt.

Am Bahnhof treffen zum Abschied Strindbergs Lieblingsjünger Bengt Lidforss und Stachus Przybyszewski mit einem riesigen Blumenstrauß für die Braut ein. Das Geld hiefür hatten sich die beiden Lebenskünstler tags zuvor von Strindberg ausgeliehen, der selbst nur vom Einkommen seiner Frau lebte, so daß die Blumen zur Hochzeit letzten Endes von der Braut selbst bezahlt waren! Am Bahnhof aber taucht wie ein Racheengel auch Gabrielle Tavaststjerna auf: Voll Zorn, daß sie die ihr von Strindberg versprochene Rolle doch nicht erhalten hat! Aber diese Ursache ihres Zorns ist zum Teil nur Vorwand. Die verlassene Geliebte zürnt ihrem Liebhaber bewußt angesichts dessen junger Braut. Strindberg wehrt sie ab, steigt in den Waggon. Der Zug fährt ab. Das Kapitel Berlin ist abgeschlossen. Die Zukunft ungewiß! Der „göttliche Leichtsinn", von dem der Melancholiker immer wieder schwärmt, hat ihn diesmal wirklich ergriffen. Er macht sich keine Gedanken über die Zukunft, dafür ist die verständige „Schwiegermutter" da; denn auch Frida kümmert sich zur Zeit keinen Deut um das „Wie es weitergeht". Jetzt ist sie ganz Weibchen, freut sich, Frau zu werden. Die Überfahrt nach Helgoland ist für Strindberg wie eine Heimkehr. An Bord fühlt er sich wohl, erinnert er sich an seine geliebte Schärenwelt. Und Frida, die nach ihren ersten neun Jahren nur in Internaten gelebt und zu ihren Eltern durch die langen Trennungszeiten nie eine richtige Kindesbeziehung empfunden hat, fühlt sich, ihren Kopf in seinem Schoß, zum ersten Mal wieder geborgen.

„Ich liege wie ein Kind", erinnert sie sich, „und sehne mich nach einem noch früheren Stadium zurück; langsam ist mir, als saugte ich alle meine Kraft aus Strindberg."[53] Und dabei fällt ihr ein Ausspruch Schleichs ein, wonach Strindberg die allerfeinsten kosmischen Zusammenhänge besitze, war doch bekannt, wie intensiv und voll Angst er etwa ein Gewitter erlebte. Diese kosmische Strahlung glaubt Frida während der Überfahrt zur Hochzeitsinsel zu spüren. Später wird es ihr zur Gewißheit werden: Strindberg ist ein „feinstbesaiteter, elektrischer Empfänger"[54].

Sie treffen auf Helgoland ein, warten weiter auf die Post aus Stockholm. Aber der erste Eilbrief, der sie erreicht, ist bereits ein Glückwunschschreiben. Täglich kommen neue Telegramme und Briefe von Theatern, Verlagen und Freunden, aber die Urkunde bleibt aus. Neuerdings droht eine furchtbare Blamage, alle guten Vorsätze über den Haufen zu werfen. Am dritten Tag, nach zweihundert Glückwunschtelegrammen, langt endlich das ersehnte Dokument ein.

Im kleinen Pfarrsaal werden am 2. Mai 1893 August Strindberg und Frida Uhl von Pastor Schröder, einem älteren Geistlichen, getraut. Trauzeugen sind zwei derbe Lotsen, die diese Funktion bereits als routinemäßige Nebenbeschäftigung ausüben, um ihre geringen Einkünfte verbessern zu können, J. Berndt und Fr. Hecht. Nach alter Tradition stellt Pastor Schröder 23 Fragen, die Braut oder Bräutigam beantworten müssen. Die letzte Frage lautet: „Schwören sie, daß sie kein Kind von einem anderen unter dem Herzen tragen?" Frida antwortet wahrheits- und pflichtgemäß mit Ja. Da wendet sich der wahrscheinlich schon etwas verkalkte Pastor an Strindberg und stellt ihm die nämliche Frage. Strindberg, nervös, wie es sich für einen Bräutigam ziemt, antwortet mit vollem Wortlaut: „Ich schwöre, daß ich kein Kind eines anderen unter dem Herzen trage." Da kann sich Frida nicht mehr halten, das österreichische Schulmädel in ihr ist stärker als die nordische Ehefrau, die sie werden soll. Haltlos fängt sie zu lachen an. Strindberg, dem die Situation ebensowenig zu Bewußtsein gekommen ist wie dem Pastor, sieht sie völlig konsterniert an. Sie kann sich nicht zurückhalten, schaut hilfesuchend zu ihrer Schwester, der es ähnlich ergeht, die sich aber, ihrem Temperament und Alter gemäß, besser zurückhalten kann. Geistesgegenwärtig zieht sie ein Taschentuch aus der Tasche und reicht es Frida, die sich damit die Tränen aus ihren Augen trocknet, vorgibt, aus Rührung zu weinen statt zu lachen, was zumindest der Pastor glaubt.

Auch die Hochzeitsnacht wäre nicht eine Nacht Strindbergs ohne bizarres Erlebnis. So beginnt er plötzlich, seine schlafende Braut zu würgen, bis diese entsetzt aufwacht. Da erst kommt es ihm zu Bewußtsein: Er hat von seiner ersten Frau geträumt und angenommen, diese ruhe neben ihm.

In einem kleinen hübschen Haus, das sie gemietet haben, erleben Strindberg und Frida die vielleicht schönsten Tage ihrer Ehe. Drei Wochen dauert das Glück.

„Wetterbericht, ausgegeben in Helgoland, 10. Mai 1893." Unter diesem Titel schreibt Strindberg an seine nach Wien zurückgekehrte Schwägerin: „Jeden Tag Sonne. Temperatur: sehr heiter. Wind unbewegt – mild. Die Atmosphäre weist keinerlei magnetische Störungen auf." Aber bereits zwei Wochen später treten diese ein. Vielleicht waren es wirklich kosmische Störungen, die Strindbergs Sinneswandel hervorriefen. Nach außen hin ist es ein Brief von Bengt Lidforss, der, plötzlich in Geldschwierigkeiten, seinen Meister um Hilfe ruft. Damit endet das Idyll von Helgoland, ein Idyll, in dem Strindberg auch endlich wieder dichten konnte. Er begann den zweiten Teil seines Romans „Auf offener See" und mit Frida zusammen einen Roman über das „Schwarze Ferkel" unter dem Titel „Die Tranfunzel". Beide haben ein Kapitel vollendet. Nie mehr. Nach dem Eintreffen von Lidforss' Brief, in dem dieser mitteilt, falls er nicht zahlen könne, von der Polizei verhaftet zu werden, ist Strindberg völlig verändert. Frida fühlt, daß er jetzt nicht länger auf Helgoland bleiben kann. Sie ergreift die Initiative, schlägt die Abreise vor.

Das Ziel heißt London. Denn Gerüchten zufolge hat man dort eben den Dichter Strindberg entdeckt. Artikel über ihn sind erschienen, und die Freie Bühne Londons, das „Independent Theatre" unter dem jungen holländischen Direktor J. T. Grein, soll die englische Erstaufführung des Dramas „Der Vater" vorbereiten.

3. Kapitel

MONDSEE
oder
„HOFRAT" TRIFFT ANARCHIST

„England ist gut. Das Ale stark, der Gin halbstark. Ich ‚ferkle' nur ein wenig bei den Mahlzeiten, aber ohne Erfolg. Wünsche mir dann und wann einen Riesenrausch mit einem Riesenkater, aber komme nicht dazu. Adieu!"[1]

Der Brief an Adolf Paul, der diese Feststellungen enthält, kommt aus Gravesend, Pelham Road 12, wo Strindberg mit seiner jungen Frau die ersten Tage nach seiner Ankunft in England lebt. Gravesend liegt an der Mündung der Themse ins Meer, etwa 25 km von London entfernt. Und hier beginnt der Leidensweg der Frida Strindberg, oder, besser gesagt, hier hätte ihr Leidensweg begonnen, wäre ihre Jugend und Lebensneugier nicht stärker gewesen als der Schrecken, in den sie ein Buch ihres Mannes versetzte.

Der autobiographische Roman seiner ersten Ehe mit Siri von Essen, französisch verfaßt, mit dem deutschen Titel „Die Beichte eines Toren", war erschienen. Frida nimmt das Paket, das mit der Post kommt, ahnungslos in Empfang, öffnet es und beginnt in dem Buch, das sich darin befunden hat, zu schmökern. Bald kann sie es nicht mehr aus der Hand geben, obwohl sie erkennt, um welches Buch es sich handelt: um die Geschichte der ersten Ehe ihres Mannes, die sie niemals lesen sollte. Das hatte sie Strindberg geschworen. Aber sie kann nicht anders, sie liest das Buch zu Ende. Jetzt hat sie zum ersten Mal Angst vor ihrem Mann. Ob es, wie er selbst in seinem autobiographischen Roman „Kloster" schreibt, die Furcht war, ein gleiches Schicksal erdulden zu müssen, oder Mitleid mit der ersten Frau, was sie vor allem empfand, bleibt ungewiß. Beides, sowohl Identifizierung mit Siri von Essen als auch ein schwesterliches Gefühl ihr gegenüber, werden Frida ergriffen haben. Nicht umsonst hatte sie ihr Vater anläßlich ihrer Verlobung auf seine ironische Art gewarnt: „Erst Fräulein Julchen und dann das Uhlchen!" Und doch:

Muß sich das gleiche Schicksal in der zweiten Ehe Strindbergs wiederholen? Mußte alles, was er gegen Siri schrieb, wirklich nur Frucht seines krankhaften Argwohns sein, konnte Siri nicht auch ein Gutteil schuldig sein? „Ja, es war sehr gut möglich", schreibt Frida später, „daß die Frau im Roman nicht eine der Sünden begangen hatte, die er ihr zum Vorwurf machte, daß alle seine Anschuldigungen in der Welt der Tatsachen unbegründet waren, und doch waren sie vielleicht psychisch begründet. Er hatte einfach erspäht, was in den Tiefen des Unterbewußtseins schlummerte, hatte es ans Licht gerissen."[2]

Aber zugleich mit dieser klugen Erkenntnis überkommt sie die Angst, er könnte auch ihre verborgenen psychischen Möglichkeiten erkennen und ans Licht bringen. Sie weiß, daß er zwischen Vorstellung und Wirklichkeit nicht unterscheidet. Hätte sie damals geahnt, daß er ihr im Roman über seine zweite Ehe den gleichen Namen wie Siri von Essen in „Die Beichte eines Toren", nämlich Maria, geben wird, wäre es ihr vollends klar gewesen: Strindberg schreibt nicht über eine bestimmte Frau, sondern über die „Frau" an sich; über die Frau, an der er leidet.

Das Zusammenleben des jungen Paares gestaltet sich immer schwieriger. Auch als sie nach London übersiedeln, wo ihnen der Theaterdirektor Grein sein Haus, Warwick Street 84, Ecclestin Square, zur Verfügung stellt, findet Strindberg keinen Frieden. In diesem Land kann er nicht arbeiten. Alles, was er auf Helgoland so optimistisch begonnen, bricht hier zusammen. Allein die Tatsache, daß er der englischen Sprache nicht mächtig ist, mehr aber noch, daß ihm Frida durch die Beherrschung der Sprache voraus ist, er von ihrer Hilfe als Übersetzerin abhängt, stört ihn. Und nicht zuletzt sind es die finanziellen Sorgen, die nach und nach ein bedrohliches Ausmaß annehmen. Die Unterstützung, die Frida von ihrer Familie erhalten hat, ist aufgebraucht. Wohl schreibt sie nach wie vor für die „Wiener Zeitung", aber die Honorare treffen nicht ein. Sie versetzt ihren Schmuck, ja sogar ihren Ehering.

Strindberg selbst hat inzwischen wieder neue Pläne. Seine Freunde in Berlin wollen ein eigenes Strindberg-Theater gründen. Nicht Schauspieler, sondern begabte Laien und schöne Frauen sollen spielen, keine realistischen Bühnenbilder sollen

Blick über den Mondsee zum Schafberg

Villa Uhl in Mondsee

gebaut werden, sondern Maler sollen Farbstimmungen entwerfen, die zum inneren Gehalt des betreffenden Stückes passen. Strindberg will nach Berlin zurückkehren. Aber, wie so oft in seinem Leben, das Feuer der Begeisterung verglüht allzu rasch. Statt nach Berlin reist er nach Rügen. Seine Englandfahrt nennt er eine Kateridee. Frida soll noch zwei Wochen in England bleiben, dann nachkommen. Beim Abschied, es ist ihr erster Abschied seit der Hochzeit, sind sie wieder ganz junges Liebespaar. Im Wagen, der ihn zum Bahnhof bringt, küssen sie einander in aller Öffentlichkeit. Fast wäre die Polizei eingeschritten, denn öffentliches Küssen war im England der Königin Viktoria gesetzlich verboten.

Strindberg kommt nur bis Hamburg. Da geht ihm das Geld aus. Er fühlt sich verlassen. Während er die letzten Wochen den leidenschaftlichen Wunsch hegte, endlich allein zu sein, packt ihn jetzt eine ebenso leidenschaftliche Sehnsucht nach seiner jungen Frau. Die setzt inzwischen Gott und die Welt in Bewegung, um die Werke ihres Mannes bei Verlagen oder im Theater unterzubringen. Aber der Direktor des Londoner „Independent Theatre", J. T. Grein, vertröstet sie auf die nächste Spielzeit, erst muß er Ibsen durchsetzen, der in England noch als Avantgardist gilt.

„Wenn der unselige Ibsen uns nun nicht auch hier eine Generation lang im Wege liegt"[3], klagt Frida. Ibsen ist immer im Wege. Auch in Wien. Zur Zeit scheinen dort die Aussichten günstig zu sein. Noch im Juli erreicht Strindberg in London ein Brief seiner Schwägerin, worin diese schreibt: „Papa bittet Dich, ihm recht bald ‚Das Geheimnis der Gilde' zu senden, damit er es gleich mit Max Burckhard vornimmt. Der Direktor will nämlich ‚Baumeister Solness' geben, und das wäre der Ähnlichkeit halber schlecht; so will Papa, daß ZUERST Dein Stück gegeben wird und dann erst Ibsen. So hast Du den ersten Rang und bist im Vorteil. Also bitte, liebster Dachs, beeile Dich, daß Papa DIREKT recht bald eine Abschrift bekommt. Er wird alles Mögliche für Dich tun mit größter Freude, und ich wäre ja auch unbeschreiblich glücklich, Dich hier einen Erfolg erringen zu sehen... "[4]

Und wenige Wochen später fleht Frida, schon allein in London, Burckhard an: „Mein lieber, gütiger Freund, ... So schreibe ich Ihnen heute in Hast, um Sie für die guten, guten Wünsche zahlen zu lassen, die Sie, Bester, mir zur Hochzeit sandten. Sie schreiben, ich sei ein liebes, gutes Mädel gewesen und würde eine gute Frau sein. Ach Gott, ich war kein gutes, liebes Mädel, und deshalb fällt mir wohl das Gute-Frau-Sein schwer. Eine gute Frau ist die, die ihrem Manne die Sorgen fernhält. Das möchte ich ja auch so gerne, bringe es aber nicht zuwege, es sei denn, daß Sie mir helfen. Helfen Sie mir! Ich stehe nicht an – so sehr geht es mir an den Kragen – , von Ihnen das Ungeheuerlichste zu verlangen: Sie sollen mir zuliebe Burgtheaterdirektor sein. Sie müssen – um uns zur Zeit in Deutschland, wo wir wegen der ‚Torenbeichte' scheel angesehen werden, wieder zu rehabilitieren – Strindberg spielen! Schreiben Sie nicht: ‚Unmöglich!' Ich kenne Ihre literarischen Neigungen, ich weiß, Sie möchten ihn gerne spielen, Sie fürchten nur, er habe lauter zu moderne Stücke und keines, das wohlerzogen und fromm genug für die fromme Wiener Hofgesellschaft wäre und für die wohlerzogenen Komteßchen im Parkett. Irrtum! Strindberg hat ein Stück, ‚Das Geheimnis der Gilde', das ist unerhört fromm und predigt den Glauben. Den ganz richtigen Glauben – an das eigene Werk. Dem Stück ist nur eins vorzuwerfen, daß es vor lauter Gottesglauben für die Wiener vielleicht zu fromm ist. Nehmen Sie es an; und wenn Sie es gar nicht annehmen können, so verbreiten Sie umso heftiger die Nachricht in den Zeitungen, Sie hätten es angenommen, denn dann nimmt es sicher ein anderer an, und Sie kann man dann leichter entbehren."[5]

Frida kennt die Listen und Schliche der Journalisten. Und sie kennt, wie sich aus diesem Brief herausstellt, auch die Fadenscheinigkeit einer höfischen Frömmigkeit, der sie den leidenschaftlichen Glauben des Künstlers an sein Werk gegenüberstellt. Es bleibt natürlich die Frage offen, ob es sich bei ihrem Verhalten um eine wirkliche innere Haltung oder um ein bloßes Mitläufertum handelt, um zu zeigen, daß sie eine moderne Frau ist, die Regierungsratstochter aus Wien, die den angeblich sittenlosesten Dichter ihrer Zeit geheiratet hat! Weiter schreibt sie an Burckhard über Strindbergs Theaterpläne in Berlin und ihre Aktivitäten in London: „Strindberg will in Berlin Umstürzlerisches gründen; Amateurismus, der übers Professionelle hinaus ginge, verständige Studenten, unverstandene Künstlerfrauen, Maler, die nicht mit Farben, sondern mit Lichtern und Vorhängen hantieren... So seltsam es klingt, ich meine, hier gedeihe das besser, und ich möchte es hier in die Wege leiten."[6]

Es paßt ihrem Ehrgeiz nicht, daß das Strindberg-Theater nicht ihr Werk sein soll. Und so beginnt ein Konkurrenzkampf zwischen den Freunden in Berlin und der Gattin in London. Die Freunde geben bald auf, Frida arbeitet weiter. „Wir wohnen hier im Hause eines jungen Theaterdirektors", berichtet sie Burckhard, „der will das Neue, ist aber erst bei Ibsen angelangt. Ein paarmal wöchentlich lunche ich mit einem jungen Verleger, der will auch das Neue, und ist auch erst bei Ibsen angelangt... Die beiden Männer wären eine Kraft, wenn man ihnen August Strindberg beigesellen könnte. Dann hätte London ein Ereignis, und wir hätten ein Stück Brot... Ich sitze also hier", schließt sie ihr Schreiben, „während der mir angetraute Gatte in Rügen sitzt... und schwöre mir jeden Morgen im Bade, daß ich lieber in der Wanne hier ersaufen will, als unverrichteter Dinge ans Meer reisen... "[7]

Heinemann, der junge Verleger, mit dem sie ein paarmal wöchentlich „luncht", was ihrer Meinung nach einer jungverheirateten Frau gestattet ist, hat große Sympathien für sie. Gewiß bespricht man geschäftliche Angelegenheiten, aber die Zusammenkünfte haben darüber hinaus ihren besonderen Reiz. Jedenfalls schaden sie ihrem Ruf in der Londoner Gesellschaft.

Längst sind die vierzehn Tage vorbei, nach denen sie ihrem Mann nach Rügen folgen soll. Sie aber fühlt sich an London gebunden, solange sie dort nichts Definitives ausgerichtet hat. Das Endergebnis ist allerdings Null. Frida hat weder in einem Verlag noch auf einer Bühne ein Werk Strindbergs in London durchsetzen können.

Inzwischen ist dieser nach mehreren Abenteuern auf Rügen gelandet. Dort erwarten ihn seine Freunde Adolf Paul und Karl August Tavaststjerna. Paul ist wenig glücklich, wieder die Rolle des Famulus spielen zu müssen. Er fuhr nach Rügen, um endlich selbständig arbeiten zu können. Tavaststjerna, halb taub, lächelt zu allen Ausbrüchen Strindbergs, da er den Wortlaut nicht versteht. Strindberg selbst ist unglücklich. Der Briefwechsel mit seiner Frau bedeutet ein zweifaches Chaos: Einerseits trifft die Post völlig ungeordnet ein – neuere Briefe oft früher als alte – , anderseits wechseln ihre und seine Stimmungen ununterbrochen – bald schreiben sie einander leidenschaftliche Liebesbriefe, teils sind die ihren kühl und sachlich, seine überhäuft mit Vorwürfen. Er fühlt sich wie ein Gefangener, der nicht weiß, warum er verurteilt ist. Er erleidet eine Strafe und weiß nicht, was er verbrochen hat. Später wird er einen solchen Zustand positiv erklären: „Jeder Mensch hat das Recht, unverschuldetes Unglück zu erleiden"[8], schreibt er im Roman seiner zweiten Ehe.

Mit der Dichtung hat er Schluß gemacht. Auch sein Versuch, eine Geschichte des schwedischen Volkes zu schreiben, in der es wirklich zuerst ums Volk und dann erst um die Herrschenden geht, bleibt Bruchstück. In diesem Werk wollte er das Dasein eines bewußten Willens in der Weltgeschichte beweisen, Historie als Auswirkung der Naturgesetze auslegen. Es entsprach dem Zug der Zeit, daß er die Hegemonie der Naturwissenschaft über die Geisteswissenschaft anerkannte, doch blieb sein Materialismus immer gewollt, durchsetzt von Ahnungen und Ideen, die dem Rationalismus der führenden Naturwissenschaftler widersprachen.

Ernst Haeckels „Monismus", im Deutschland der neunziger Jahre nicht nur eine geniale wissenschaftliche Spekulation, sondern, ähnlich dem Existenzialismus um 1950, auch Mode unter den Intellektuellen, war für Strindberg der Ausgangspunkt seiner wissenschaftlichen Experimente, in die er sich nun vollends wirft.

„Also adieu Literatur und guten Morgen, Wissenschaft!"[9] schreibt er. Nicht Romanfiguren suchen jetzt zu erkennen, was die Welt im Innersten zusammenhält, sondern er selbst. Da Haeckel Jahre vorher die Ansicht vertreten hatte, alle Elemente seien durch Verbindungen von Uratomen entstanden, glaubt Strindberg seine Ahnungen bestätigt. Der alchemistische Traum von der Verwandlung eines Stoffes in einen anderen stehe vor der Verwirklichung! Auf Rügen beginnt Strindberg zuerst mit Schwefel zu experimentieren. Er will nachweisen, daß Schwefel herstellbar sei. In einem Brief bittet er Dehmel, ihm Apparate zu schicken. Und Adolf Paul beschreibt den Forscher auf Rügen nicht ohne leichte Ironie: „Frühmorgens um sechs war er schon auf den Beinen und streifte allein durch Wälder und Wiesen. Dann stand er den ganzen Tag, auch in der schlimmsten Julihitze, bei seinen Tiegeln, gewöhnlich nur mit einem langen Nachthemd bekleidet, einen Gürtel um den Leib und einen Strohhut am Kopfe. Heiß war's bei ihm wie in der Hölle, und es roch nach Pech und Schwefel."[10] Und Strindberg selbst schreibt in einem Brief über sein Leben auf Rügen: „Lese, grüble, koche! Lebe in Dämpfen von Schwefel, Schwefelkohlenstoff, Äther, Terpentin..."[11] Freilich, die Zerlegung des Schwefels gelingt ihm nicht. Sein einziger Erfolg ist vorerst ein negativer: Man nimmt ihn noch weniger ernst. Gerüchte, daß er nicht ganz normal sei, verdichten sich. Der schwedische Nobelpreisträger, der Chemiker Theodor Svedberg, lehnt seine Arbeiten kategorisch ab. „Strindberg war in seinem innersten Wesen jede wirkliche Forschung fremd“, stellt er fest und fährt fort: „Darum wurden auch seine Bemühungen und Bestrebungen auf diesem Gebiet zu Nichtigkeiten und Scheingefechten.“[12]

Daraus spricht die Arroganz des Fachmannes dem Laien gegenüber; in diesem besonderen Falle aber auch des Wissenschaftlers gegenüber dem Künstler. Ein Mann wie Theodor Svedberg faßt nur, was er fassen kann; Strindberg phantasiert – eine für Wissenschaftler nicht nur zu verachtende, sondern auch gefährliche Tätigkeit. Aber Künstler sind auch Propheten, und was ein Fachmann der Chemie von 1893 auch beim besten Willen noch nicht wissen konnte, der Künstler von 1893 ahnt es. Und so dilettantisch und verrückt Strindbergs Forschungen im Detail auch sind, in der Idee, an die er glaubt, ist er seinem Jahrhundert voraus.

Als ihm sein Schwefelexperiment nicht gelingt, will er Gold machen: aus Eisensulfat mit Hilfe von Ammoniak. Die Freunde schütteln die Köpfe. Privat ist er durchwegs schlecht gelaunt, immer verdrossen und verärgert.

Adolf Paul schreibt an Frida, bittet sie zu kommen. „Aber ich kann nicht fort“, schreibt sie zurück. „Denn hier in London ist ein Theaterunternehmen im Gange, das uns ein Vermögen einbringen kann.“[13] Inzwischen tröstet sie Paul: Strindberg wird aus Wien 240 Mark erhalten – wahrscheinlich für seinen Romanabdruck in der „Neuen Freien Presse“ –, die ihm, zusammen mit den von Berlin und der österreichischen Übersetzerin Mathilde Prager zu erwartenden Honoraren, seine Abfahrt von Rügen ermöglichen werden. Sie will ihn in London haben. Aber Strindberg glaubt nicht an das Londoner Wunder: „Offen gesagt“, schreibt er an seine Schwägerin nach Wien, „ist es mir gleichgültig, ob ich in England oder sonstwo lebe, aber ich fürchte, daß Frida in die Hände geschickter Abenteurer gefallen ist.“[14] Hätte er Fridas heimlichen Wunsch, selbst auf der Bühne zu stehen, Schauspielerin zu werden, gekannt, sein Mißtrauen wäre ins Unermeßliche gestiegen.

Aus den vierzehn Tagen, die er geplant hatte, in Sellin auf Rügen zu bleiben, sind inzwischen sechs Wochen geworden. Schon will er nach Wien fahren, um Frida mit Hilfe ihrer Eltern zurückzuholen. Aber Fridas Mutter wohnt in Mondsee. „Es scheint bald an der Zeit, daß die Freunde in Mondsee zwei Rettungsexpeditionen aussenden – eine nach London, eine nach Rügen“[15], schreibt er an seine Frau. Da soll zu allem Überdruß

Tavaststjernas Frau auf Rügen auftauchen. Strindberg weiß, daß es an der Zeit ist, die Insel zu verlassen. Frida erwartet ihn in England. Schon sucht sie nach einem geeigneten Quartier in der schwedischen Kolonie. Da erfährt sie von Neumann-Hofer aus Berlin, Strindberg sei unterwegs nach Mondsee. Ein Brief von Mutter Uhl hat seinen Entschluß, nach Österreich zu fahren, bekräftigt. Freundlicher hätte sie ihn nicht einladen können. Sie schreibt:

„Liebes, aus dem Herzen meines Kindes entsprossenes Sohnerl! Bekreuze Dich zwar, aber erschrick nicht, es ist nur Deine neue Mama (Schwiegermutter ist ein häßlicher Name und darf nicht ausgesprochen werden), die Dich grüßt; und zwar zu dem besonderen Zweck Dich grüßt, um mit der allerliebenswürdigsten, allerfreundlichsten und allerglücklichsten Miene Dich zu Deinem neuen Elternpaar ehrerbietigst einzuladen. Sie, Deine Gemahlin, unsere Tochter, hat Dich in überwallender Liebe uns angetragen: ‚Nehmt ihn', sprach sie, ‚Ihr könnt ihn jetzt haben!' Mit welcher Wonne haben wir dies vernommen. Lieber, geliebter August Strindberg, komm in unser wie auch Dein Heim, erweise uns die hohe Freude und Ehre. Dein neuer Papa hat Sehnsucht nach Deinem Genie, ich nach Deinem so blutig zerschlagenen Herzen, wir wollen unser Eigentum in Besitz nehmen, jeder nach seiner Weise. Komm und bleib so lange, wie Du willst, und solange es Dir gefällt. Es ist wunderschön hier, und Dein Natur- und Kunstsinn werden Befriedigung finden. Du brauchst kein weiteres Gepäck, nur einige Werke Strindberg nimm mit – und komme sofort! Am 1. August vermutlich trifft Papa Uhl hier ein, das könntest Du auch, so Du nur wolltest. Nun pack ein und glückliche Reise und freudige Ankunft im Hause Uhl. Mama."[16]

Es mag sein, daß die überschwengliche Art dieses Briefes, die bei einem österreichischen Adressaten eher Mißtrauen hervorgerufen hätte, dem Nordländer schmeichelte, ja mit Freude erfüllte. Sie rief und er kam.

In Berlin unterbricht er die Reise. Neumann-Hofer schreiben, er sei in bester Stimmung. Der Kummer von Rügen ist fort. Aber schon bei der Weiterfahrt beginnt er wieder zu grübeln. Warum treffen einander Fridas Eltern, die doch getrennt leben, ausgerechnet an dem Tag, da er in Mondsee eintreffen soll? Hofft man durch seine Anwesenheit auf eine Familienversöhnung? Dann wieder kommt er sich wie ein Erbspekulant vor. Und zu alledem beschäftigt ihn die bange Frage, ob Frida wohl vor ihm eingetroffen sei. Denn dies hält er für den wesentlichen Grund seines Besuches: das Wiedersehen mit seiner jungen Frau.

Nach alldem, was er selbst schon erlebt hat, mißtraut er der Möglichkeit einer großen Familienversöhnung. Je näher er dem Ziel seiner Reise kommt, umso mehr wandelt sich das ersehnte Idyll, als welches ihm Mondsee von Rügen aus erschienen ist, in eine Schlangengrube. Er hat Angst vor der unmittelbaren Zukunft. „Aber im letzten Augenblick", so schreibt er selbst, „stärkte ich meinen Mut wie gewöhnlich mit der Auffassung des Schriftstellers: ‚Wenn ich keine Ehre dabei gewinne, so bekomme ich doch ein Kapitel für meinen Roman!'" Ob er sich damit wirklich Trost zugesprochen hat, bleibt allerdings dahingestellt, wenn er es auch vier Jahre später, als er seinen Roman „Kloster" schreibt, behauptet. Aber damals, 1893, wollte er ja von Dichtung nichts wissen! Treffender scheint hier der „zweite Gesichtspunkt für alles, was mit ihm geschah", wonach er sehen wollte, „wie weit das Schicksal in seiner Gemeinheit geht, wieviel er ertragen kann."[17]

Mondsee wirkt aber trotz aller anfänglicher Zweifel auf ihn sympathisch: „Ein hübsches, weißes Dorf, in dem die Häuser hohe zeltförmige Dächer und grüne Fensterläden hatten, lag in einem Talkessel zwischen niedrigen Alpen und einem reizenden See."[18] Die Villa Uhl steht am Rande des Dorfes auf einem Hügel oberhalb der flachen Wiesen, die das Seeufer vorbereiten. Von dort führt eine Lindenallee ins Dorf. In dieser Allee kommt Mutter Uhl ihrem Schwiegersohn entgegen. Eine weißhaarige Frau, obwohl sie nur vier Jahre älter als Strindberg ist. Sie umarmt ihn, und „in diesem Augenblick fühlte er, welche wunderbare Übertragung von Gefühlen der einfache Akt der Hochzeit hervorgebracht hatte. Sie war seine Mutter, und er war ihr Sohn!"[19]

Ob die seltsam beschwörenden Begrüßungsworte, die Strindberg sie in seinem Roman „Kloster" sagen läßt, authentisch sind, mag man anzweifeln. Bei aller Sympathie nennt er sie jetzt schon eine religiöse Fanatikerin. Sicher ist, daß der Inhalt ihrer Begrüßungsrede ihre religiöse Gesinnung verrät. Sie befürwortet seine Einstellung gegenüber der Frau. Sie weiß, daß er Böses geschrieben hat, aber „seine Gottlosigkeit" ist nicht sein Fehler. Denn nicht der Mensch kann Gott finden, sondern Gott bestimmt die „Bekanntschaft". Und Strindberg, das ist Mutter Uhls Überzeugung, wird diese sehr bald erleben. Diese Stelle läßt vermuten, daß die Begrüßungsrede erst Jahre später rekonstruiert, wenn nicht konstruiert ist, zu einer Zeit, da Strindberg wieder zur Religion gefunden hat. Denn noch ist er konsequenter Materialist, für den auch der Geist den Naturgesetzen gehorcht. Was allerdings auch umgekehrt aufgefaßt werden kann, wonach die chemischen Verbindungen „ebenso geistig wie die Sympathien der Seele" sind.

Am merkwürdigsten empfindet er Mutter Uhls Warnung vor ihrer eigenen Tochter. Daß das Verhältnis zwischen den beiden Frauen nicht so schlecht gewesen sein kann, wie es Strindberg in seinem Roman behauptet, beweist etwa der erwähnte Briefwechsel vor Strindbergs beabsichtigtem Besuch in Wien, in dem Frida ihre Mutter als Helferin anruft. Auch hier gilt aber zweifellos Fridas kluge Erkenntnis, daß der Dichter wohl Zustände oder Ereignisse erfinden kann, die niemals Tatsachen waren, daß er aber niemals Zustände oder Ereignisse erfinden wird, die bei der Psyche der handelnden Personen nicht möglich gewesen wären. So auch Mutter Uhls Meinung über die Tochter und ihr Verhältnis zu Strindberg: Wenn sie es vielleicht in Wirklichkeit auch nicht ausgesprochen hat, sie warnte ihn vor ihr. Daß sie schon durch sein Werk und erst recht nach der persönlichen Bekanntschaft eine große Sympathie dem Schwiegersohn gegenüber empfand, steht fest, eine Sympathie, die sie in religiöse Fürsorge umsetzte.

„Du hast Dich mit einem Weltkind verheiratet" – so ihre Rede in „Kloster" – „aber Du wirst es nicht lange mit ihr aushalten, wenn Du siehst, wie sie Dich in die Banalitäten des Lebens hinabzieht. Wenn Du dann allein bleibst, wirst Du der ersten Berufung Deiner Jugend wieder folgen."[20] Auch diese Prophetie schreibt Strindberg, nachdem sie in Erfüllung gegangen war. Es lag ihm wohl daran, das Mystische dieser Frau zu unterstreichen. Er nennt seine Schwiegermutter eine Sibylle, durch die ein anderer spricht; ihre Stellung zur Tochter findet er „originell". Völlig abstreiten, daß Frau Uhl prophetische Gaben besaß und nicht alles, was Strindberg über ihren Empfang in Mondsee schreibt, Dichtung ist, kann man allerdings nicht; war doch ihre Beschäftigung mit religiösem Okkultismus bekannt.

Auch die Schwägerin begrüßt ihn, aber zum Unterschied von der Berliner und der Zeit auf Helgoland erscheint sie ihm jetzt kühl und abweisend. Der Schwiegervater ist noch nicht eingetroffen. Man erwartet ihn für den kommenden Tag. Die Villa macht auf Strindberg einen starken Eindruck, und hier entspricht seine Beschreibung im Roman der Wirklichkeit. Er schreibt: „Es war ein prächtiges steinernes Haus mit zwei Stockwerken und unendlich vielen Zimmern, die angefüllt waren mit antiken Möbeln, Fayencen und kostbaren Nippsachen.“[21] (Sein Gastzimmer) „hatte Fenster nach drei Seiten. Rollgardinen fehlten, und die anderen Gardinen konnte man nicht zuziehen.“[22] Ausführlicher beschreibt Frida das Gästezimmer: „Es ist ein schönes, großes, lichtdurchflutetes Zimmer mit einem drei Meter breiten Mittelfenster, südlich nach See und Bergen hin. Nach Osten und Westen schauen gleichfalls breite Fenster, eine 8 1/2 m breite Veranda liegt westlich hinter einer Glastür. Dahin kommen winters über Hunderte von Vögeln auf Besuch. Und der Götterbaum neben dem Wildbach steckt die gefiederten Blätter herüber.“[23]

Zum Ärger des Vaters reißt Strindberg, ohne zu fragen, die schweren Segeltuchvorhänge von den Fenstern. Er braucht das Licht, das schwüle Halbdunkel Makartscher Wohnzimmer bedrückt ihn. Allerdings muß der Vater zugeben, daß kein Dienstmädchen die Vorhänge so schön gefaltet zur Seite gelegt hätte wie der „komische Mensch“ Strindberg. Unter seinem Kopfpolster aber hatte er einen Spitzenunterrock Fridas versteckt, den er in einer Schublade entdeckt hatte.

Den ersten Tag verbringt Strindberg in Gesprächen mit der Schwiegermutter. Ihre religiöse Gesinnung beeindruckt ihn immer mehr. Trotz seiner entgegengesetzten Ansichten ist sie ihm sympathisch. Oder war es eine unterschwellige Seelenverwandtschaft, die er sich selbst noch lange nicht zugestehen wollte, die ihn mit Mutter Uhl von Anfang an verband? Jetzt beschreibt er sie als eine Frau, die „das Gespräch jederzeit auf letzte Fragen lenken konnte“, eine religiöse Mystikerin, die überall die leitende Hand der Vorsehung sah. Gerade dies aber „gab ihrer Weltanschauung eine gewisse Toleranz“, da der Mensch danach nicht für seine Handlungen verantwortlich war.

Strindberg versucht auf sie einzugehen, indem er vor ihr Erinnerungen auffrischt, die als Vorahnungen seines österreichischen Schicksals gelten könnten. So sein erster Blick auf nebelgraue Berge während seines Schweizer Besuchs: nebelgraue Berge jenseits der Grenze – sein erster Eindruck von Österreich. Aber er kommt auch auf harmlosere Erlebnisse in diesem Zusammenhang zu sprechen, etwa auf seine ersten Schritte auf österreichischem Boden.

„Ein halbes Jahr lang ging ich bei meinem Morgenspaziergang immer bis zu einer Brücke, die auf der einen Hälfte weiß und blau und auf der andern Hälfte gelb und schwarz angemalt war. Ich begriff bald, daß es die Grenze war, und als ich heimkam, wurde ich gefragt, wo ich gewesen wäre. ‚Ich bin in Österreich gewesen.' Da wollten die Kinder mit mir hingehen und sehen, ‚wo der Kiebitz wohnt'. Wir haben nämlich in Schweden einen Kinderreim:

‚Wo wohnt der Kiebitz?
In Österreich!
Was tut er da?
Legt Eier!
Wieviel Würfe?
Ganze Scheffel!'

Ich ging also mit den Kindern hin zu der Brücke, die sie im Sturm nahmen. Sie stellten sich mit je einem Bein in jedes der beiden Länder: ‚Nun bin ich in Bayern; nun bin ich in Österreich!' Aber weiter als bis zur Grenze kam ich damals nicht. Jetzt weiß ich, wo der Kiebitz wohnt, ich bin ja sozusagen Österreicher, einer von den Kaiserlichen, gegen die die Schweden im Dreißigjährigen Krieg gekämpft haben!"[24]

Daß er diese kleinen Begebenheiten der Mutter, nicht zuletzt aus Höflichkeit oder Verlegenheit, am ersten Tag erzählte, beruht sicher auf Wahrheit, ebenso wie sein Romanbericht über die erste Nacht in Mondsee, wo er sich angesichts der Büste des Schwiegervaters, die er von seinem Bett aus immer betrachten mußte, wie in Quarantäne fühlte.

Noch am selben Tag erhält Frida in London ein Telegramm mit dem kurzen Text: „Gruß vom Schafberg!"[25] Der Schafberg, der mit seinem markanten Profil den Blick über den Mondsee abschließt, macht auf Strindberg einen besonderen Eindruck. Frida denkt aber nicht daran, nach Mondsee zu kommen. Sie ist zutiefst darüber enttäuscht, daß ihr Mann nicht London vorgezogen hat. Sie flüchtet ins Kloster der Englischen Fräulein in Maiden Lane, wo sie vor vier Jahren im Internat gewesen war. Damals hatte sie den Glauben gesucht, heute sucht sie die Liebe. Im Garten hört sie dem Orgelspiel der Schwester Theresa zu, das aus der Kapelle dringt. Sie will nichts denken, nichts wollen, hat ein Bedürfnis nach Ruhe. Aber sie wäre nicht Frida Strindberg, hielte sie diese Stimmung lang aus. Ihr unruhiger Geist läßt sie nicht weiterträumen. In Gesprächen mit ihrer ehemaligen Oberin erkennt sie, daß ein genialer Mensch eine

Doppelnatur ist. Ein Mann wie Strindberg braucht nicht nur eine Geliebte, sondern ebenso eine Mutter. Kann sie Mutter und Geliebte sein? Sie weiß es nicht, erkennt aber die Ursache, die ihn nach Mondsee gedrängt hat. Die Mutter hat gerufen! „Was August Strindberg ein Leben lang entbehrt, was der früh Mutterlose in schmerzlichen Jahren ersehnt hatte, das ist ihm begegnet: Eine Mutter hat nach ihm verlangt!“[26] Und auf seinen entsetzten Brief, in dem er annimmt, sie sei ins Kloster gegangen, antwortet sie fast übermütig telegraphisch: „Sei ruhig. Habe noch nicht den Schleier genommen. Grüße den Schafberg. Voll Liebe!“[27]

Zweifellos hat sie Sehnsucht nach ihm, aber die Londoner Geschäfte, oder vielmehr die Londoner Geschäftigkeit, lassen sie nicht los, und darüber hinaus ist es ihr nicht sehr angenehm, ihren Mann ausgerechnet im Hause der Eltern wieder zu treffen. So schiebt sie, sehr zu seinem Leidwesen, ja zu seiner großen Enttäuschung, das Wiedersehen hinaus. „Liebes böses Tierchen!“ schreibt er ihr voll Zärtlichkeit. „So sitze ich hier in Deinem Zimmer und schaue den Schafberg an, aber mein Schaf ist nicht da.“[28]

Die Ursache, weshalb sie nicht nach Mondsee kommt, glaubt er zu kennen. Sie fürchtet sich, wieder Kind zu sein, sich vor der elterlichen Autorität ducken zu müssen. Auch er fürchtete sich vor der elterlichen Autorität, aber fühlte sich zugleich durch das unerwartete Kindsein geborgen.

Der Vater kommt erst am zweiten Nachmittag. Zu Mittag steht der Stuhl des Patriarchen noch leer und drohend beim gedeckten Tisch. Mutter Uhl verwöhnt ihren Schwiegersohn auch mit lukullischen Genüssen, so daß er Angst hat, dick zu werden, „was“, wie er schreibt, „Frida ganz gewiß nicht gefallen wird“. Am Nachmittag wird er aus seinem Zimmer, in das er sich zurückgezogen hat, gerufen. Regierungsrat Uhl ist angekommen. In seinem Roman nennt ihn Strindberg Hofrat, wohl nicht nur wegen des wohlklingenderen als auch wegen des typischeren Titels. Hofrat – das war für den Revoluzzer aus dem Norden kein Beamtentitel, sondern eine Charakterbezeichnung!

Die Begegnung zwischen Friedrich Uhl und August Strindberg ist mehr als eine Begegnung zwischen Schwiegervater und Schwiegersohn. Hier treffen zwei Welten, zwei Maxime aufeinander: die patriarchalische Ordnung einer vergangenen und das anarchistische Experiment einer zukünftigen Zeit; das alte Österreich, zwanzig Jahre vor seinem Untergang, und das junge

Schweden, ein halbes Jahrhundert bevor es zum sozial bestorganisierten Staat Europas wurde.

Friedrich Uhl kommt von einem Mittagessen bei Kaiser Franz Joseph, August Strindberg, aus seiner Heimat verstoßen, aus der Fremde. Aber stärker als alle weltanschaulichen Divergenzen, stärker als alle Generationsunterschiede sind die menschlichen Sympathien. Vom ersten Augenblick an stehen sich die beiden Männer nicht als Feinde gegenüber. Und wenn es später auch zu Auseinandersetzungen gekommen ist, im Grunde ihrer Herzen waren sie niemals Gegner, wußten sie einander zu schätzen. Es mag bei Friedrich Uhl die Erinnerung an seine Sturm- und Drangzeit sein, an die wilden Tage der Revolution des Jahres 1848, was ihn Strindberg gegenüber so aufgeschlossen macht. Hat er doch selbst Freiheitslieder geschrieben, freilich von ganz anderer Art als die aufbegehrenden Schriften des Jüngeren.

Seine Freiheit hatte nichts mit Anarchismus zu tun, war idealistischer Traum und realpolitisches Ziel gleichermaßen, kein grundsätzliches Verneinen aller konventionellen Werte, keine Erschütterung von Grund auf, basierend auf weltverändernden, wissenschaftlichen Erkenntnissen. Doch ist es nicht nur seine politisch liberale Gesinnung, die ihn dem Fremden gegenüber tolerant sein heißt, sondern auch sein typisch österreichisches Wesen, das Radikalismus zwar ablehnt, aber im Grunde niemals ernst nimmt. Friedrich Uhl findet Strindberg komisch, weder böse noch irr. Selbst seinen Atheismus duldet er, war doch für ihn, den national-liberalen Großbürger, Religion Privatangelegenheit, die jeder mit sich selbst auszumachen hatte. Heute würde man ihn einen Agnostiker nennen.

Und August Strindberg empfindet dem Schwiegervater gegenüber nicht viel anders. Im Grunde ist er ihm sympathisch, seine Loyalität gegenüber Kaiser und Reich schreckt ihn nicht ab, ja er empfindet diese ebenso komisch wie Uhl seine anarchistischen Ideen. Skurril erscheint es Strindberg nur, daß ausgerechnet er, der sich noch wenige Wochen vorher begeistert über Wiener Anarchisten, die Geldschränke gesprengt hatten, geäußert und deren Tüchtigkeit bewundert hat, heute Gast bei einem persönlichen Freund des österreichischen Kaisers ist. Seine Sympathie für den Schwiegervater ist aber nicht nur eine persönliche. Bei allem Aufbegehren, bei aller Progressivität verbindet ihn eine unterschwellige Verwandtschaft auch mit Friedrich Uhl. Ein, wenn auch unter Schmerzen anerzogener Sinn für Ordnung und Tradition ist unausrottbar in seinem Herzen verankert. Strindberg wollte dies niemals wahrhaben, aber immer wieder, im täglichen Leben ebenso wie in seinem Werk, bricht diese Grundgesinnung durch. Gerade deshalb gebärdet er sich radikaler als viele seiner gleichgesinnten Zeitgenossen, sein Kampf gegen Konservativismus und Reaktion ist zuallererst ein Kampf gegen sich selbst. Es scheint eine menschliche Schwäche zu sein, daß Meinungen, die der Verstand ablehnt und bekämpft, zugleich uneingestandene Ziele einer heimlichen Sehnsucht sind. Auch der unstete Strindberg sehnt sich nach alten Ordnungen, nach der Welt, in der sein Schwiegervater zu Hause ist.

So treffen sich beide in Bezirken ihrer Seelen, die sie glaubten, längst verlassen zu haben. Der Ältere in der Erinnerung an die Revolutionstage von 1848, der Jüngere an vergangene Kinderzeiten. Über alles Trennende hinweg aber verbindet die beiden Männer von allem Anfang an ihre Liebe zur modernen Literatur. Dieser Einsatz eines Hofredakteurs für neues Schrifttum wäre kaum in einem anderen Staat als in Österreich-Ungarn möglich gewesen.

Friedrich Uhl empfängt Strindberg unerwartet freundlich. Er begrüßt den geschätzten Dichter, dessen Dramen er selbst am Wiener Burgtheater seit langem, wenn auch bisher vergeblich, durchsetzen möchte. Er kommt unmittelbar von einer Audienz beim Kaiser in Ischl, was Strindberg fast paradox anmutet. Denn auch die devote Art, mit der Uhl von „Seiner Majestät" spricht, ist für einen Mann wie Strindberg, der seit früher Jugend, nicht zuletzt aus eigener leidvoller Erfahrung, in seinem König immer nur einen unangenehmen, herrischen Widersacher gesehen hat, unbegreiflich. Aber er widerspricht mit keinem Wort und hört sich die Berichte des Hofrats höflich, aber schweigend an. Und dieser behandelt den Rebellen und Anarchisten aus dem Ausland nicht weniger tolerant. Er versichert ihn seiner Achtung, ja Begeisterung der modernen skandinavischen Literatur gegenüber und beendet das Gespräch mit dem vielsagenden Satz: „Du hast alles geschrieben, was ich hätte schreiben wollen."[29]

Die äußere Erscheinung Friedrich Uhls überrascht Strindberg. Hat er einen siebzigjährigen Greis erwartet, so steht er jetzt einem vitalen Mann gegenüber, den er bestenfalls für Mitte der Vierzig geschätzt hätte. Noch am selben Tage wird man per Du und geht miteinander fischen, wozu der Vater einen weißen Sommeranzug aus Kaschmirwolle anzieht, der ihn noch jünger erscheinen läßt. Daß seine Hose eine alte Uniformhose ist, was an den verblaßten Lampassen ersichtlich wird, gefällt Strindberg. Kleine Höflichkeiten, die der österreichischen Lebensart entsprechen, imponieren dem Bohémien aus Schweden ganz besonders, so etwa, wenn Uhl ihm Zigarren anbietet, die er vom Kaiser geschenkt bekommen hat.

Sosehr sich der Vater über die Abwesenheit seiner Tochter wundert, am ersten Abend spricht man über sie nur Gutes. Die Mutter erzählt über Fridas Kindheit, und dann geht die ganze Familie in den ersten Stock, um sich ein Holzrelief Franz Wengers, das die junge Frau darstellt, anzusehen.

Strindberg selbst aber ist trotz der freundlichen Aufnahme zutiefst beunruhigt. Die ersten Tage hofft er noch auf Fridas Ankunft und schreibt auch noch recht gut gelaunt an seinen Freund Adolf Paul: „Hier sind Alpen und Alpenseen und alles Gute! Hoffe mich zu erholen und wieder ins Geleise zu kommen!“[30] Auch spricht er in diesem Brief vom 7. August 1893, drei Tage nach seiner Ankunft in Mondsee, bereits von seinem Plan, eine Dozentur an der Berliner Humboldt-Universität anzunehmen. Das ist nicht uninteressant, da er nur wenige Tage später in einem Brief an Frida diesen Plan als Repressalie ihr gegenüber ausgibt. Falls sie nicht kommt, gehe er eben seinen eigenen Weg.

Aber noch ist es nicht soweit. Begeistert berichtet Strindberg seiner Frau über den Empfang bei den Eltern: „... Jetzt ist der Vater gekommen! Aber! Er ist ja ein junger, schöner, braver Kerl, der Dir so ähnlich ist... Und er war so freundlich, daß meine ganze Angst verschwunden ist. Und die Mutter scheint mich zu lieben, so daß ich mich wie ein alter Sünder geschämt habe.“[31] Aber schon in den nächsten Tagen bekommt dieses Familienidyll Flecken. Strindberg ärgert sich über die schroffe Art, wie sich alle im Hause der Mutter gegenüber verhalten. Zwar teilt auch er nicht ihre Gesinnung, aber er sieht darin keinen Grund, sie so hart zu behandeln, wie dies im Hause üblich scheint. Aber noch immer imponiert ihm die familiäre Atmosphäre. Außer den Eltern sind noch Fridas alte Kinderfrau Resi, Caesar, der kleine Sohn Marie Weyrs – sie selbst ist am ersten Tag nach Strindbergs Ankunft wieder abgereist – und – nicht zu vergessen – Schweizer, der Bernhardiner, anwesend. Resi hat Strindberg mit größtem Mißtrauen, deutlich feindselig empfangen, aber schon nach kurzer Zeit ist sie freundlicher geworden. Das gleiche gilt für Schweizer, der ihn zuerst gebissen, aber dann liebgewonnen hat. Mit Vater ist er noch immer gut Freund: „Er ist mürrisch, wie es einem Ehemann ansteht, aber lieb."[32]

Die Stimmung verschlechtert sich: Frida schreibt, daß sie auf keinen Fall kommen werde, obwohl der Vater versicherte, daß er sie wie die Frau seines Gastes, aber nicht wie seine Tochter behandeln würde. Ein Mißverständnis in einem der Briefe erweckt beim alten Uhl den Verdacht, seine Tochter schwindle die Londoner Geschäftigkeit nur vor. Denn, so behauptet er, in London gäbe es keine Opéra comique, sie aber schreibt, daß ihre Freunde beabsichtigen, dieses Haus als Strindberg-Theater zu mieten. In Wirklichkeit gab es ein kleines, abseits gelegenes Theaterchen dieses Namens, was Uhl jedoch nicht wußte. Immerhin – der Zorn des Vaters der Tochter gegenüber steigerte sich. Strindberg fürchtete für sie, seine Briefe werden immer zärtlicher: „... und so habe ich in Deinem Badehaus gebadet und bin in Deinem See geschwommen und habe den Schafberg ohne Schaf von unten geschaut."[33]

Inzwischen scheint Frida in London am Ende ihrer Kräfte zu sein. Sie schreibt an Adolf Paul: „August ist bei meinen Leuten angekommen, nachdem er mich acht Tage ohne Nachricht ließ. Ich bin recht müde; sehe keine Hoffnung, keinen Ausweg für ihn – denn ich verstehe nichts mehr."[34] Und wohl aus dieser Stimmung heraus folgt ein Brief an ihre Mutter, der bei Strindberg und Uhl Entsetzen hervorruft. Sie behauptet, daß er sie verlassen wolle. Strindberg schreibt ihr wütend zurück: „Wenn Du in acht Tagen nicht hier bist, so gehe ich nach Berlin. Kommst Du nicht in vierzehn Tagen dorthin, so suche ich um Ehescheidung an."[35] Auch der Vater zürnt; er will sie nicht mehr sehen. Denn was er, der Regierungsrat und Villenbesitzer in dem kleinen Ort Mondsee, mehr als alles fürchtet, ist der Skandal. Hier weiß jeder, daß wohl der junge Ehemann bei den Eltern ist, aber nicht die junge Frau. „Blüht der Skandal erst", schreibt Strindberg an Frida, „gibt es keine Hilfe mehr." Und gleich darauf folgt ein Bekenntnis, das er sich schwer abgerungen hat. „Ich liebe Dich, aber das Leben hat auch noch einen anderen Zweck als nur die Liebe."[36]

Der andere Zweck wird auch im Hause Uhl nicht vergessen. Der „Hofrat" spricht auch mit dem Dichter, nicht nur der Vater mit dem Schwiegersohn. Er erzählt ihm von seinen Bekanntschaften mit Dichtern wie Hebbel, Malern wie Makart und Komponisten wie Brahms und Wagner. Die beiden waren sogar in Mondsee und haben auf seinem Flügel ihre eigenen Werke gespielt! Mehr als alle anderen Begegnungen aber interessieren den Forscher Strindberg die skurrilen Geschichten um den legendären Baron Reichenbach, der das Schloß Kobenzl bei Wien gekauft hatte, was ihm den Namen eines Zauberers vom Kobenzl eintrug. Reichenbach entdeckte das Od – eine angeblich vom menschlichen Körper ausgestrahlte, das Leben lenkende Kraft – und war auch ein häufiger Gast bei Friedrich Uhl.

Wesentlicher für Strindberg ist jedoch das Interesse des Hofrats für sein Drama „Ritter Bengts Gattin". Er beabsichtigt, dieses Stück, falls Burckhard „Das Geheimnis der Gilde" wegen der Ähnlichkeit mit „Baumeister Solness" nicht annehmen will, als Ersatz vorzuschlagen. Vor allem aber bittet Uhl um ein Manuskript von Strindbergs Werk „Die Schlüssel des Himmelreichs", woraus er selbst ein Ballett mit dem Titel „Doktor Eisenbart" machen möchte. Die Wiener Oper würde das Werk sofort annehmen. Allerdings müßte die zentrale Figur des St. Peter gestrichen werden. Obwohl es sich durchaus um keine blasphemische Darstellung handelt, sondern lediglich um eine märchenhafte, weiß Uhl genau, daß das Stück damit die klerikale Zensur nicht passieren könnte. Doktor Allwissend, die zweite Hauptfigur des Stückes, müßte dann auch die Funktionen von St. Peter übernehmen.

Es beweist die besondere Sympathie Strindbergs zu seinem Schwiegervater, daß er gegen diese Änderung keinen Einspruch erhebt, was seiner gewohnten Eigenwilligkeit, ja Dickköpfigkeit widerspricht.

Aber Strindberg kommt eines Tages auch auf das leidige Geld zu sprechen. Er gesteht offen seinem Schwiegervater, daß er zur Zeit recht mittellos dastehe. Darauf erzählt ihm Uhl von seiner Jugend, und wie er das Leben praktisch gemeistert habe. Man muß eben für die Zeitung schreiben lernen, wenn die Dichtung zum Unterhalt nicht ausreicht! Auch er habe früher einmal Lieder und Romane geschrieben, aber sie brachten ihm nicht das nötige Geld, das er für sich und seine Familie brauchte. Darum schlug er den Weg zur Zeitung ein. Strindberg schüttelt den Kopf: Seine Artikel druckt keine Zeitung ab. Dann muß man eben, so meint der erfahrene Redakteur, auch gegen seine Gesinnung schreiben können, so wie es den Herausgebern, aber auch dem Durchschnittsleser gefällt. Strindberg ist empört. Nie im Leben wäre er dazu imstande. Uhl erinnert sich an seine eigenen inneren Kämpfe, aber gerade die Tatsache, daß er hier einem Mann gegenübersteht, der sich nicht wie er von der Not

Allee der ersten Begegnung zwischen August Strindberg und Mutter Uhl

Friedrich Uhl in vorgerückten Jahren

unterkriegen läßt, reizt den Choleriker, der er ist. Sein eigenes schlechtes Gewissen will er niederschreien. Es kommt zur ersten schweren Auseinandersetzung mit dem Schwiegersohn, der sich durch diesen Vorfall gedemütigt fühlt.

Ob die Geschichte um einen Artikel Fridas, die Strindberg in seinem Roman „Kloster“ an dieser Stelle einflicht, sich wirklich ebenso und gerade zu diesem Zeitpunkt zugetragen hat, ist anzuzweifeln. Daß etwas Wahres daran ist, scheint dagegen, bei Kenntnis von Fridas geschäftstüchtiger Art, nicht von der Hand zu weisen. Strindberg hat demnach – gegen sein Versprechen, nie einen Artikel seiner Frau zu lesen – zufällig und in der Meinung, Friedrich Uhl hätte es geschrieben, ein Feuilleton der „Wiener Zeitung“ überflogen, dessen Stil ihm imponierte, dessen Inhalt ihn dagegen empörte. Der Artikel war ein einziger Angriff gegen die moderne, insbesondere gegen die skandinavische Literatur. Mit Entsetzen bemerkt er, daß er von Frida gezeichnet ist. Er weiß, daß dies niemals ihre wirkliche Gesinnung sein kann, aber erfährt nun zum ersten Mal, daß auch sie um des Verdienstes willen so schreibt, wie man es von höherer Stelle verlangt: Die Anarchistin aus der Berliner Bohème verfaßt stockkonservative Artikel in einer amtlichen österreichischen Zeitung!

Diese Passage im Roman widerspricht allerdings völlig dem Wortlaut eines Briefes, den Strindberg zu gleicher Zeit an Frida in London schreibt. Dort heißt es: „In meinen Mußestunden mache ich mir Vorwürfe darüber, daß ich Dich selbst und Deine Karriere zu wenig ernst genommen, Dich unterdrückt habe. Aber ich kannte den Wert Deines Talentes nicht, hatte ja noch kein Wort von Dir gelesen. Jetzt, seit ich Deine Artikel las, mit Deinem Stil voll Geist und Farbe, bin ich mir bewußt, daß Du jemand bist und daß es Unrecht von mir war, Dich zu necken.“[37] Ganz anders sein Urteil über die Schriftstellerin Maria im Roman „Kloster“: „Und diese Routine! Diese Weltklugheit, dieser Stil, der auf einen alten Mann mit kahlem Kopf und Brille schließen ließ, statt auf ein junges, schönes, lachendes Mädchen, das auf dem Sofa liegen und Konfekt naschen konnte wie eine Odaliske!“ Jetzt war ihm auch klar, warum sie und ihr Vater nicht begriffen, „daß er untätig sein konnte, da es doch Papier und Federn in der Welt gab“[38].

Aber es wäre nicht Strindberg, wenn sein Zorn gegen die Frau, die ihm vorwarf, er hätte sie verlassen wollen, nicht bald wieder geschmolzen wäre, und tiefe Traurigkeit den Haß verdrängte. „Zu Ende“, schreibt er in demselben Brief, in dem er ihren Stil gelobt hat. „Ist das möglich? Ich bedauere nur, daß ich mir nicht in Deinen Armen, das Haupt auf Deinem Busen, den Tod gegeben, unlängst in London. Der Gedanke war mir gekommen, aber die schmutzige Umgebung hielt mich ab. Hier träume ich vom Tod mitten im Mondsee. Im Wasser – das ist so rein – oder auf dem Bett im Badehause – Du kennst es. Aber im letzten Augenblick steht Dein Bild vor mir, und die Hoffnung lächelt mir zu.“ Und hierauf die Warnung, die beweist, wie treffend er den Charakter seiner Frau durchschaut hat. Er schreibt: „Du wirfst die Liebe für den Ruhm weg, ich aber kann Dir sagen, es kommt der Augenblick, da hast Du den Ruhm erlangt und möchtest ihn anspucken, da ist es leer und öde um Dich herum, und Du würdest gern die Lorbeeren für einen Kranz von Rosen tauschen. Wenn das Leben so freigiebig ist und Dir beides bietet, warum verzichtest Du auf eins und auf das Süßere? Ich könnte Dir erzählen, daß der Lorbeer schärfere Dornen als die Rose hat.“[39]

Bei allem Zorn, den der „Weiberfeind“ immer wieder gegen seine Frauen empfindet, setzt sich zuletzt doch immer seine Menschenfreundlichkeit durch. Aus momentanem Haß wird Trauer, wird wieder Liebe. Bezeichnend die widersprechende Einstellung von Vater und Gatte Frida gegenüber: Als sie nicht nach Mondsee kommen will, fordert Uhl seinen Schwiegersohn auf, ihr die Reise hierher zu befehlen. Das entspricht aber nicht Strindbergs Verhalten einer Frau gegenüber. Er lehnt die Forderung des Vaters ab, worauf dieser erwidert: „Dann befehle ich es!“

Und doch zeigt sich gerade in den Schilderungen des Mondseer Aufenthaltes sowohl in Fridas Memoiren als auch in Strindbergs Roman, wie sehr Friedrich Uhl bei aller, vielleicht oft nur gespielten Strenge seine Tochter schätzte. Zu zeigen, daß er sie auch liebte, widersprach seinem Charakter; denn so sentimental er in seinen Schriften sein konnte, so rauhbeinig war er im Leben. Umso mehr lobt er die Arbeiten seiner Töchter, die er beide als Schriftstellerinnen anerkennt. Auch daß Strindberg jetzt die Begabung seiner Frau entdeckte, war zu einem großen Teil Friedrich Uhls Verdienst. Von ihm hat er erfahren, daß sich Frida als Schriftstellerin einen Namen in Wien erworben hat, daß ihre Arbeiten sehr gut sind, ihr Stil vollendet ist, ja daß sie bereits einen persönlichen Stil besitzt; daß der Vater sie eine „geistreiche Eselin“ nennt, entspricht seiner Art.

Strindberg beendet einen Brief an Frida mit dem Ausspruch: „Daran ist das Leben schuld, das schöne und grausame Leben."[40] Besser könnte er seine eigene Stimmung nicht kennzeichnen. Schönheit und Grausamkeit, das sind die beiden Pole seines Daseins: Schönheit als Dichtung, Grausamkeit als Wirklichkeit. Zur Zeit aber, da er der Dichtung vorübergehend Lebewohl gesagt hat, verdrängt die Grausamkeit die Schönheit.

Vater Uhl wird ihm gegenüber immer abweisender. Seine totale Naivität in Geldsachen kann er, will er nicht begreifen. So läßt er sich verleiten, den Schwiegersohn Dummkopf zu schimpfen. Mehr hat es aber nicht gebraucht. Wieder glaubt sich Strindberg unterdrückt. Er weiß nun, daß sein Aufenthalt in Mondsee zu Ende gehen muß. Vater Uhl weiß es auch. Bei aller Sympathie konnten diese beiden Charaktere nicht auf die Dauer in Frieden zusammenleben. Dazu kommt wieder einmal ein verhängnisvolles Spiel der Post, Briefe und Telegramme aus Mondsee und Berlin kreuzen sich. Täglich erwartet die Familie Fridas Ankunft. Das ist der einzige Grund, weshalb Strindberg noch beim zürnenden Vater ausharrt. Der verlangt immer noch: „Tu, was ich tun mußte!" und meint damit den Weg von der Dichtung zur Zeitung. Strindberg schweigt, was den Alten noch zorniger macht. In seinem Mißtrauen nimmt Strindberg an, Uhl glaube, in diesem Schweigen, in diesem geduldigen Ertragen das listige Verhalten eines Menschen zu erkennen, der nichts anderes im Sinn habe, als auf das Erbe zu warten. Es ist höchst zweifelhaft, ob Vater Uhl wirklich solche Gedanken hegte, viel eher sind sie ein Produkt Strindbergscher Phantasie. Zugleich weiß er aber, daß ihn Uhl nach wie vor als Genie anerkennt und daß es ihm weh tut, ihm durch seine Familie neues Leid zufügen zu müssen. Aber warum mußte sich Strindberg auch in ein zwanzigjähriges Mädel verlieben? „Ich habe schon viele Menschen gesehen", sagt Uhl später einmal zu seiner Tochter, „von Hebbel bis zu Makart und Brahms, von Richard Wagner bis zum Zauberer auf dem Kobenzl... aber einen Menschen wie August Strindberg habe ich noch nie gesehen... So ein Mann gehört auf einen Sockel. Den heiratet man nicht!"[41] Er hätte den gleichen Satz auch Strindberg gegenüber aussprechen können mit dem Schlußwort: „Der soll nicht heiraten!"

Als es feststeht, daß Frida doch nicht kommt, oder zumindest als man annimmt, daß sie nicht kommt, ist Strindbergs Aufenthalt in Mondsee zu Ende. Bei Nacht und Nebel verläßt er das erst so gastfreundliche Haus. Da der Zug bereits abgefahren ist, als er am Bahnhof ankommt, geht er zu Fuß weiter. In einem Wirtshaus kehrt er ein und unterhält sich fröhlich mit dem Wirt. Trinkt Wein und raucht Tabak. Irgendwie hat er das Gefühl einer neuen Freiheit. Seinen Koffer hat er in der Villa zurückgelassen. Nach anderen Berichten soll ihn Vater Uhl gleichsam vor die Tür gesetzt haben, aber zu dieser Version scheint wieder Strindbergs mißtrauische Phantasie Pate gestanden zu sein; ebenso wie zu seiner unseligen Meinung, Vater Uhl wollte ihn wegen seiner Armut nicht mehr im Hause haben. „Treibe den Sohn der Magd hinaus, klang es in seinen Ohren“[42] – so endet das Mondseekapitel in seinem Roman „Kloster“.

Strindberg fand ein fast masochistisches Vergnügen daran, sich immer wieder seine arme Herkunft vorzuhalten, was jedoch mehr seiner Phantasie als der Wirklichkeit entsprach. Wie er wirklich von Mondsee nach Salzburg gelangt ist, ob mit der Bahn oder tatsächlich zu Fuß, wissen wir nicht. Die Gerüchte darüber – viele Ortsbewohner behaupteten, ihn gesehen zu haben – widersprechen sich. Authentisch dagegen ist ein Abschiedsbrief aus Salzburg an die Mutter. Dort schreibt er: „Liebe, gute Mutter! Wie ein verlorener Sohn bin ich in Dein Haus gekommen, und als solcher bin ich weggelaufen, ohne Dank, ohne Abschied. Ich hatte nicht die Absicht abzureisen, aber am Bahnhof wurde ich von dem Gedanken gepackt, daß ich fort müsse, hinaus in die Welt, irgendwohin. Ich war nicht bös, nur verzweifelt, zerrissen von den Erlebnissen der letzten Monate. Und nun bitte ich Dich, alles zu verzeihen, wenn das möglich ist, und dem Vater zu sagen, daß ich nicht im Zorn gegangen bin, dazu bin ich zu sehr schuldbeladen, da ich nur Sorge und Unruhe mitgebracht. Leben Sie wohl, und möchte ich Ihnen bald gute Nachrichten geben können. August.“[43]

Vater Uhl und August Strindberg haben sich nie wieder gesehen. Einen Tag nach Strindbergs Abreise trifft Frida in Mondsee ein. Sie findet ihren Vater in höchster Erregung, denn noch ist von Strindberg keine Nachricht da. Vater Uhl fürchtet das Ärgste. Gerüchte von Selbstmord beunruhigen ihn, bis nach zwei Tagen bangen Wartens endlich Neumann-Hofer aus Berlin telegrafieren: „Alles in bester Ordnung. Frida nach Mondsee abgereist. Strindberg in Berlin angekommen.“[44] Um den Skandal abzuschwächen, verlangt Uhl von seiner Tochter, sie solle sofort nach Berlin zu ihrem Mann reisen. Eine einzige Nacht bleibt sie im elterlichen Hause. Dann folgt sie dem „Befehl“ ihres Vaters, reist zu ihrem Mann nach Berlin.

Die Beziehung zwischen Friedrich Uhl und Strindberg hat sich trotz der Auseinandersetzungen im Grunde nicht geändert. Durch die persönliche Bekanntschaft war das Bild, das sich Strindberg von seinem Schwiegervater entworfen hatte, nur äußerlich anders geworden. Statt eines alten, aber immer noch willensstarken Herrn sieht er ihn nun als rührigen Zeitungsmann in voller Aktivität. Uhl aber empfindet jetzt nicht nur Hochachtung vor dem Dichter, sondern auch Mitleid mit dem Menschen Strindberg. Sein Eintreten für Strindbergs Werk auf der Bühne bleibt unverändert.

Wesentlicher als die Bekanntschaft mit dem Vater scheint für Strindbergs innere Entwicklung die Begegnung mit der Mutter. Es ist nicht unwesentlich, daß er diese Frau zu einer Zeit antrifft, in der er sich ganz dem Materialismus verschrieben hat, besser gesagt, sich ganz dem Materialismus verschrieben glaubt. Er lehnt ihre fanatische Frömmigkeit ab, zugleich imponiert ihm aber die Kraft ihrer Religiosität. Ihr Glaube an die Vorsehung beeindruckt ihn. Auch in seinem Sprachgebrauch wechselt er den Begriff Schicksal mit dem der Vorsehung aus. Ob er tatsächlich bereits nach dieser ersten Begegnung wieder Ansätze zu einem Gottesglauben gefunden hat, kann nicht mit Gewißheit gesagt werden. Er anerkennt eine höhere Macht, eine grausame, die züchtigt, ob diese aber – wie Berendsohn meint – als „böser Gott“[45] angesprochen werden kann, ist anzuzweifeln. Denn auch Strindbergs späterer positiver Gottesbegriff ist der von einem strengen Gott, der den Menschen um seines Heiles willen züchtigt.

Strindbergs Mondseer Tage waren mehr als ein Kapitel für seinen Roman. Sie waren – ohne daß es ihm bewußt wurde – Keimzelle einer neuen geistigen Entwicklung. Sein Weg nach Damaskus beginnt in Mondsee.

DORNACH I
oder
FLUCHT VOR DER ARMUT

Salzburg – München – Berlin. Strindberg steht vor dem Haus der Neumann-Hofer, wagt sich aber nicht hinein, obwohl er annimmt, Frida wohne bei den Freunden. Er schickt eine Visitenkarte mit der seltsamen Frage: „Wo ist meine Frau?" und erhält zur Antwort, sie sei früh am Morgen nach Mondsee abgereist. Er hat Mitleid mit ihr, die jetzt allein ihrem strengen Vater und ihrer skurrilen Mutter ausgeliefert ist. Aber so launenhaft auch das Schicksal mit ihm spielt, Fridas Fahrt nach Mondsee beweist ihm, daß sie zu ihm wollte. Es wird nicht lange dauern, und sie wird nach Berlin zurückkehren. Er rechnet mit drei bis vier Tagen.

Die Stadt beunruhigt ihn. Er zieht aufs Land hinaus, nach Pankow, das damals noch ein Dorf war. Dort wohnt er in der Nachbarschaft seines Freundes Dehmel und dessen Familie. Und hier trifft er auch Przybyszewski wieder, erschrickt aber über die unerwartete Kälte, mit der ihm sein ehemaliger Lieblingsjünger begegnet. Er weiß noch nicht, daß dieser und Aspasia während seines Englandaufenthaltes geheiratet haben. Als er es erfährt, bedauert er die arme Muschka, Przybyszewskis verlassene Geliebte und Mutter seiner Kinder. Den polnischen Freund nennt er in einem Brief an Adolf Paul aber immer noch den „guten", ungeachtet des Mißtrauens, das ihm dieser – voll Eifersucht gegen alle, die einmal zu Aspasia Beziehungen hatten – entgegenbringt.

Trotz der Hoffnung auf ein baldiges Wiedersehen mit Frida, trotz des Umgangs mit dem ihm so liebenswerten „wilden Mann", wie er Dehmel nennt, bedrängen ihn bald wieder dunkle Gedanken. Er spürt hinter jedem Fenster der Dorfhäuser die Fratzen der Bewohner, die ihn beobachten. Und hatte er noch kurz nach seiner Ankunft an Adolf Paul einen recht fröhlichen Brief geschrieben, in dem er feststellte, Pankow sei viel besser als sein Renommée, so scheint er jetzt durch eine unüberlegte Bemerkung Dehmels völlig verwirrt. „Pankow", hatte Dehmel lachend gesagt, „ist ein großes Irrenasyl, wo die Einwohner davon leben, daß sie in ihren Wohnungen Irre bewachen."[1] Sicher war dieser Ausspruch nur ein Scherz, aber der mißtrauische Strindberg, der vor nichts mehr Angst hatte als vor dem Irrenhaus, fürchtete, etwas Wahres könnte daran sein. Auch Adolf Paul war sich dessen nicht sicher, wenn er in seinen Memoiren schreibt: „Ob da in der Nähe ein Irrenhaus war oder er sich nur einbildete, in der Nähe einer solchen, für seine Gemütsruhe gefährlichen Stätte zu weilen, gleichviel! Die alten Wahnvorstellungen bemächtigten sich seiner wieder mit voller Gewalt."[2]

In einem Schreiben aus Mondsee erfährt Strindberg, was er durch seine plötzliche Abreise angerichtet hat; wie besorgt man im Hause Uhl um ihn war, welche Angst selbst der alte Hofrat um ihn ausstand. In den Wäldern der Umgebung, ja selbst im See hatte man nach ihm gesucht.

In seinem Roman „Kloster" fragt er sich, warum er nicht wirklich seinem Leben ein Ende gemacht habe. Zwei Kräfte sind es, gibt er sich selbst zur Antwort, die uns immer wieder am Leben festhalten lassen. Die eine heißt Hoffnung, die andere Neugierde. Aber beide hält er letzten Endes für Selbsttäuschungen, denn „irgendeinen Zweck des Lebens hatte er nicht entdeckt"[3]. Mag sein, daß seine Ängste zumindest vorübergehend einer Apathie wichen, einer merkwürdigen Form von Toleranz, die er selbst eine moralische Schlappheit nennt; auch den Mitmenschen gegenüber, die er weder liebt noch haßt, sondern einfach „aushält". Doch scheinen solche Gedanken nur das Produkt einer seelischen Ermüdung, gleich dem Bedürfnis eines von Arbeit geschwächten Körpers nach Schlaf. Was ihn wirklich immer wieder vor depressiver Not rettete, war seine Überzeugung, daß „das Leben keine volle Wirklichkeit, sondern ein Traumstadium sei und daß unsere Handlungen, auch die schlechtesten, ausgeführt würden unter dem Einfluß einer außerhalb stehenden, sehr suggestiven Macht"[4]. Damit glaubte er – vielleicht bereits beeinflußt von der Gesinnung seiner Schwiegermutter – zumindest einen Gutteil eigener Verantwortung abschieben zu können, mehr noch, über seine eigenen Gewissensqualen lachen zu dürfen.

Immer tiefer verfällt er ins Grübeln. Daneben nimmt er längst abgebrochene botanische Studien wieder auf und versucht vor allem auf experimentellem Wege, die Existenz von Nerven in Pflanzen festzustellen. Daß derartiges Gehaben, wie etwa das Injizieren von Äpfeln, die guten Dorfbewohner wirklich mißtrauisch machen mußte, ist einzusehen. Schließlich hält er es in der neuen Umgebung nicht mehr aus. Da kommt gerade rechtzeitig die Nachricht, Frida sei in Berlin eingetroffen.

Das Wiedersehen läßt alles vergessen; alle Grübeleien und Ängste der letzten Tage, aber auch allen Groll und Ärger wegen der langen Trennung. Strindbergs Gemüt ist dem Augenblick gegenüber aufgeschlossen: So sehr und so lange er über sein Elend nachdenken kann, so schnell kann ihn ein Glücksgefühl erfüllen, das alle Bedenken vergessen läßt. Und Frida ist bei allem emanzipatorischen Gehabe so sehr Frau, daß sie in solchen Augenblicken auch nichts anderes als die Freude des Wiedersehens empfindet.

Sie ziehen in die Stadt, in eine Pension Müller von der Werra in der Albrechtsstraße, mit Blick auf den Schiffbauerdamm und die Spree. Sie nehmen den Kontakt mit alten Freunden wieder auf, und es beginnen, wie Strindberg selbst gesteht, zwei der glücklichsten Monate ihrer Ehe. Geld haben sie wenig, aber sie machen sich erst einmal keine Sorgen. Ein kleines Honorar, das Frida für einen Artikel in einer italienischen Zeitung erhalten hat, wird für die Wiedersehensfeier ausgegeben; auf Fridas Wunsch in einem italienischen Lokal, denn dieser „armen Nation" muß man doch jedes Honorar zurückzahlen!

Ins „Ferkel" geht Strindberg selten, Frida nie. Strindberg behandelt seine Frau mit Galanterie. Wer ihn jetzt sieht, kann es nicht begreifen, daß man ihn einen Weiberfeind genannt hat. Auch aus Wien kommen gute Nachrichten. Burckhard hat Fridas Bitte, die bevorstehende Aufführung des Dramas „Das Geheimnis der Gilde" in den Zeitungen zu verbreiten, erfüllt: „Ein bißchen Reklame für das Burgtheater schadet nichts. Ich tue es fürs eigene Haus!"[5] schreibt er mit Anspielung auf Fridas Bitte. Daß es ihm aber nicht nur um ein Scheinmanöver ging, beweist sein Vorschlag, den Schluß des Stückes zu ändern. Seiner Meinung nach wirke hier das Bekenntnis zum Glauben allzu predigerhaft, was der Dramaturgie des Werkes schade. Frida wagt es nicht, ihrem Gatten diesen Vorschlag zu unterbreiten, denn sie weiß, wie eigensinnig er sein Werk verteidigt. So antwortet sie dem Burgtheaterdirektor etwas zögernd: „Ich will versuchen, mit ihm zu sprechen. Sie erhalten die neue Fassung von mir, wenn er dreinwilligt, eine zu machen – wenn?“[6] Strindberg, der von diesem Briefwechsel nichts weiß, wird ungeduldig und schreibt selbst an Burckhard. Er will endlich den Termin der Premiere wissen. „Gewiß“, antwortet dieser, „alles sei auf dem besten Wege... Man warte nur mehr auf die neue Fassung – Frau Strindberg wisse schon.“[7] Frida schreibt in ihren Memoiren, zum Glück hätte Strindberg geglaubt, es handle sich nur um eine neue Übersetzung. Aber auch darüber ist er erzürnt, schließlich hatte er mit dem alten Übersetzer Brausewetter einen Vertrag. Diese Version der Frida Strindberg widerspricht allerdings einem Brief Burckhards, worin dieser mitteilt, er habe von Regierungsrat Uhl Strindbergs Wunsch nach einer anderen Übersetzung erfahren. Obwohl die Rollen bereits ausgeschrieben sind, erklärt er sich gerne bereit, den Wunsch des Autors zu akzeptieren, allerdings sei Eile nötig, wenn das Stück noch in dieser Saison herauskommen soll. Zudem beweist dieser Brief vom 18. September 1893 Burckhards feste Absicht, das Werk aufzuführen, beginnt doch sein Schreiben mit seinem verbindlichsten Dank „für die freundliche Übersendung des Tantiemenreverses“[8].

Über die Gründe, weshalb es dann doch nicht zu der erwarteten Premiere kam, gibt es keine festen Anhaltspunkte. Strindbergs angeblicher Zorn über Fridas angeblichen Mut, selbst eine neue Übersetzung zu verfassen, muß auch aus der Verstimmung her verstanden werden, in die ihn ganz andere Ursachen versetzt hatten.

Mitten in das eheliche Glück dieses zweiten Berlin-Aufenthaltes schlägt die Nachricht von der gerichtlichen Beschlagnahme der „Beichte eines Toren“ wie eine Bombe ein. Zumindest Strindberg empfindet dies so, für Frida kommt es wenig überraschend. Die deutsche Ausgabe des Buches ist auf den Markt gekommen, aber der erwartete Erfolg bleibt aus. Nur wenige Exemplare werden verkauft, nur wenige Kritiker besprechen das Werk. Da regt sich wieder Fridas Geschäftsgeist. Aufgrund von Annie Neumann-Hofers Feststellung, ohne Trommelwirbel sei in der Literatur kein Weiterkommen, überlegt sie einen Propagandafeldzug. Und wieder ist es Annie Neumann-Hofer – Frida spricht zwar nur von der Gattin eines wichtigen Journalisten, worunter kaum jemand anderer als Annie gemeint sein kann –, die den auch Frida überraschenden Vorschlag macht, das Buch an die Staatsanwaltschaft zu schicken, damit es als unsittlich verboten werde. „Das weckt den Appetit“[9], meint die Gattin des routinierten Journalisten. Daß Strindberg bei diesem Gespräch, wie Frida berichtet, dabei war, scheint ein Irrtum oder eine bewußte Erfindung zu sein. Zum einen hätte er, seinem eigensinnigen Charakter gemäß, eine solche Vorgangsweise niemals geduldet, zum andern beweist ein Brief an Adolf Paul seine totale Ablehnung des Plans.

„Hier gibt's bald Skandal!“ schreibt er. „Diese verfluchten Weiber – er meinte seine Frau und ihre Freundin – haben mit Schering einen Plan ausgeheckt, um das ‚Plädoyer‘ vorwärtszubringen! Sie haben dem Staatsanwalt ein Exemplar geschickt – mit den gefährlichen Stellen rot unterstrichen – und einen anonymen Brief: ‚Wie lange noch sollen wir's dulden, daß unsere Jugend usw. von den Modernen vergiftet wird‘ und ‚deutsche Mutter‘ unterschrieben!... Für solche Scherereien habe ich keine Zeit!“[10]

Das Buch wurde beschlagnahmt, Strindberg aufgrund der Lex Heinze angeklagt. Dieses neue Gesetz, § 184, richtete sich gegen alle, „die unzüchtige Schriften usw. zur Verbreitung herstellen, ankündigen oder anpreisen; sowie Schriften, Darstellungen und Abbildungen, welche, ohne anrüchig zu sein, durch gröbliche Verletzung des Schamgefühls, Ärgernis zu erregen imstande sind“[11]. Seinen Namen hatte das Gesetz nach einem Ehepaar Heinze, einem Kuppler und einer Dirne, denen wegen Beihilfe am Mord eines Nachtwächters der Prozeß gemacht worden war. Auch Tolstoj und Gerhart Hauptmann hatten die Macht dieses Paragraphen spüren müssen, doch war es in Deutschland Sitte geworden, Künstlern, die in Gefahr waren, aufgrund dieses Gesetzes verurteilt zu werden, eine Warnung zukommen zu lassen und ihnen eine vorübergehende Auslandsreise nahezulegen. Auch Strindberg will man auf diese Weise loswerden. Aber man rechnet nicht mit seinem Starrkopf. Er bleibt und sendet am 26. September 1893 dem königlichen Landgericht seine Verwahrung. Als Verteidiger wählt er den Rechtsanwalt Dr. Richard Grelling. Doch der Prozeß läßt auf sich warten.

In Berlin hat Strindberg das Erscheinen des Buches geschadet. Die allgemeine Strindbergbegeisterung, mit der er vor einem Jahr in der deutschen Hauptstadt empfangen worden war, flaut ab. Wer nicht an der angeblichen Unsittlichkeit des Werkes Anstoß nimmt, verzeiht es dem Dichter nicht, daß er seine erste Frau damit gleichsam an den Schandpfahl stellt und intimste Geschehnisse preisgibt.

Nur Frida und der engste Freundeskreis erkennen den künstlerischen Wert des Buches. Über jedes private Geständnis hinweg hat Strindberg darin die Unnatur der Zeit anklagen wollen. „Eine sittliche Tat“[12], nennt es Frida, nachdem es ihr nach schweren inneren Kämpfen gelungen war, das Buch objektiv zu betrachten, und Adolf Paul wendet sich voll Wut gegen die falsche Auslegung des Werkes als „Befreiung Strindbergs von der Knechtschaft der Geschlechtlichkeit“[13]. Diese Deutung stammt von keinem Geringeren als dem autorisierten Strindbergübersetzer Emil Schering.

Zweifellos hat Adolf Paul Strindberg besser gekannt als Schering, der seit der deutschen Erstaufführung von „Fräulein Julie“, nach der er sich entschlossen hatte, die Übersetzung von Strindbergs Werk zu seiner Lebensaufgabe zu machen, ein enthusiastischer Anbeter des Dichters war. Doch scheint seine wirkliche Kenntnis von dessen Wesen lückenhaft gewesen zu sein, und es bleibt bis heute rätselhaft, warum Strindberg dessen sehr ungenaue und schon zu Lebzeiten von vielen Kennern scharf verurteilte Übersetzung autorisierte.

Von einer Knechtschaft der Geschlechtlichkeit bei Strindberg zu sprechen, mußte den Widerspruch seiner wirklichen Freunde hervorrufen. Es mag Stellen in seinem Werk geben, die eine solche Meinung zu rechtfertigen scheinen, aber es sind bei näherem Studium, wie so oft bei Strindberg, nur Augenblicksstimmungen. Wehrlos einer leidenschaftlichen Erotik ausgeliefert, mag er diese auch als bedrängend empfunden haben. Aber er wußte sehr wohl, daß seine schöpferische Kraft ohne sie nichts wäre, daß sie es war, die seine Phantasie förderte und ihn immer wieder aus tiefen Depressionen ans Licht führte. Seine Abrechnung mit Siri von Essen in „Die Beichte eines Toren“ ist keine Schrift gegen den Sexus, geschweige denn gegen den Eros, auch nicht, wie Schering weiter interpretiert, ein Testament an seine Kinder, um diese vor dem Schrecken der Geschlechtlichkeit zu bewahren. „Die Beichte eines Toren“ ist eines der leidenschaftlichsten Bekenntnisse zur Liebe, das jemals geschrieben wurde. Denn aller Haß gegen die Frau ist bis zuletzt als unterschwellige Liebe erkennbar.

„Mein Lieber“, läßt Strindberg selbst in einem erdachten Gespräch den Autor des Buches sagen, „die Sympathie, die man überall für die Heldin des Buches empfunden hat, als es zum erstenmal veröffentlicht wurde, spricht mich vor mir selbst frei. Sie können daraus ermessen, von welch unerhörter Kraft meine Liebe gewesen ist: Sie hat so viel Rohheit überleben können, hat sich sogar den Lesern mitgeteilt."[14]

Mehr als ein solches Bekenntnis beweist Strindbergs Leben die Kraft dieser Liebe. Denn in welcher Situation er auch immer sich in Zukunft befindet, ob unter Freunden oder einsam, ob mit einer anderen Frau verheiratet oder verliebt, wenn Siri von Essen sich meldet, und sei es auch nur, um Zahlungen zu verlangen, vergißt er alles Gegenwärtige. Sie bleibt die größte, vielleicht die einzig wirkliche Liebe seines Lebens. „Wer ‚Die Beichte eines Toren' liest", schreibt Adolf Paul, „wird auch sicherlich den Eindruck haben, daß er das eine Mal und nie wieder so stark von einer Frau gefesselt war und daß da die Trennung nur äußerlich sein konnte. Innerlich verknüpft eine solche Ehe sicherlich mit Banden, die nie zu lösen sind."[15] Nicht „Weiberhaß" spricht aus dem Buch, sondern Haß gegen das „entweibte" Weib, das, seinen natürlichen Aufgaben als Geliebte und Mutter entfremdet, sich einer Welt zuwenden möchte, die bisher dem Manne vorbehalten war. Es wäre aber viel zu einfach, wie dies heute oft üblich scheint, Strindberg als einen Gegner jeder Form weiblicher Emanzipation hinzustellen. Er lehnte weibliche Bildung durchaus nicht ab – sonst hätte er nie eine so intellektuelle Frau wie Frida Uhl geheiratet. Was ihn aufbrachte, war nicht die Zuwendung der Frauen zu neuen Tätigkeiten, sondern ihre Absage an die natürliche Bestimmung. Denn gerade diese war es, die der Mann Strindberg verehrte. Wo die Frau – in seinen Augen – ihr Geschlecht verraten hatte, begann er sie zu hassen. Siris angebliches Verhältnis mit ihrer Freundin war für ihn der symbolische Abschluß einer konsequenten Abkehr von ihrer natürlichen Bestimmung. Damit bedeutet „Die Beichte eines Toren" zugleich eine Abrechnung Strindbergs mit seiner Zeit, einer Zeit der Décadence, in der aus dem Naturweib die „Kunstfigur der Dame"[16] wird, wie Frida diesen neuen Typ Frau in ihren Memoiren bezeichnet.

Neben diesem Hauptargument ist das Buch zugleich ein Roman der Eifersucht – auch sie letzten Endes nichts anderes als ein Beweis von Strindbergs ungebrochener Liebe – und ein Roman der Angst vor Erniedrigung: Der Sohn einer Magd kann nie vergessen, daß er eine Baronin geheiratet hat. Und er bildet sich ein, daß auch sie es nicht vergessen kann. In „Fräulein Julie" rechnet er mit ihr endgültig ab.

So erschrocken Frida nach der ersten Lektüre der „Beichte eines Toren" war, sosehr spielt sie jetzt seinen Verteidiger. Aber

Strindberg mißtraut ihr. Er glaubt, es gehe ihr nur um die Popularisierung des Werkes. Neue Wolken ziehen am Horizont der jungen Ehe auf. Niemand weiß um die Ursachen. Das Unbekannte ist es, das Strindberg sich selbst und anderen nur durch das Dasein einer dritten Macht erklären kann. Mehr als einmal spricht er von einem Unbekannten, der Schuld trägt. Dieses Es, diesen Unbekannten, kann er noch nicht definieren. Er spürt sein Dasein, ohne es erklären oder beweisen zu können.

Beim Nachdenken über seine Ehe kann ihm keine Wissenschaft helfen. „Hier scheitern Physiologie und Psychologie“, schreibt er in „Kloster“ und setzt fort: „Daher können zwei Eheleute, die sich lieben, in Ewigkeit sitzen und fragen, warum sie sich hassen, das heißt, warum sie einander fliehen, obwohl sie sich nach einander sehnen. Eheleute mit elementaren Kenntnissen der Physik Ganots können wohl zum Vergleich die elektrisierenden Holundermarkkugeln heranziehen, werden aber dadurch weder klüger noch glücklicher.“[17] Am meisten beunruhigt ihn die Vorstellung eines gegenseitigen Ausspionierens. „Ehepartner“, schreibt er, „haben einen Richter an ihrer Seite, der schon die keimende böse Begierde verurteilt.“ Die Ehe erhebe strengere Ansprüche als das gewöhnliche Leben. „Darum erhob auch die christliche Kirche die Ehe zu einem Sakrament und betrachtet sie als ein kleines läuterndes Feuer und nicht als ein Lager der Lust.“[18] Diese Sätze schrieb Strindberg allerdings erst vier Jahre später in Erinnerung an die Krisen von 1893, aber geläutert durch eigene Erfahrung und das Studium Swedenborgs. Noch quält er sich mit Grübeleien, bis ihn eine Mitteilung seiner Frau aller Sorgen enthebt: Frida erwartet ein Kind.

Sie selbst fühlt sich elend und müde. Ihre Tatkraft scheint über Nacht erlahmt. Noch will sie kein Kind. Sie fühlt sich zu anderem berufen, als nur Amme zu sein. Vor allem aber sieht sie keinen Ausweg aus der miseren finanziellen Lage. Wohl drängt Strindberg seinen Verleger, das Bibliographische Büro, zur Herausgabe seines chemischen Werkes, des „Antibarbarus“, von dessen Erscheinen er sich eine wissenschaftliche Revolution erwartet, aber Frida weiß, wie lange er noch daran arbeiten muß und wie langsam der Betrieb ist. Die Hoffnungen ihres Mannes sind wenig aussichtsreich.

Zögernd spricht sie zu Strindberg von der Möglichkeit einer Abtreibung. Härter hätte sie ihn nicht treffen können. Er stürzt aus allen Himmeln der Freude. Denn, von seiner Liebe zu

Kindern abgesehen, dieser Vorschlag entlarvt Frida als die emanzipierte Frau, die gegen die vermeintliche Ungerechtigkeit der Natur aufbegehrt. Er kann nicht begreifen, daß eine Frau, statt unendlich dankbar zu sein, sich vor der Mutterschaft drücken will. Soziale Einwände anerkennt er überhaupt nicht. „Furcht vor Kindern ist eine schlechte Ökonomie"[19], lautet sein Einwand. Sie erkennt, daß sie einen Fehler begangen hat. Auf keinen Fall hätte sie ihn das fragen dürfen. Aber für sie gilt nun einmal sein Frauenideal nicht.

Abtreibung war für sie keine Frage des Gewissens. Schuldig fühlte sie sich nicht, sie hatte nur Angst; Angst vor der Mutterschaft und Angst vor der sozialen Not. Die liberal erzogene Tochter aus „gutem Hause" empfand das Muttersein nicht mehr als Erfüllung ihres Frauendaseins, so wie der Materialist aus pietistischem Elternhaus dies für selbstverständlich hielt.

Zwar gibt sie sehr bald den Gedanken an eine Abtreibung auf, aber Strindberg kann ihn nicht vergessen. Fridas Zusammenleben mit ihm wird immer unerquicklicher. Für ihn ist sie jetzt ein boshaftes, verwöhntes und unvernünftiges Kind.[20] Schließlich verkehren sie nur mehr schriftlich miteinander.

Da hält sie es nicht länger bei ihm aus, sie flieht zur Schwester nach Wien. Von dort aus soll sie einen Scheidungsantrag wegen körperlicher Mißhandlung eingereicht haben. Sie selbst erwähnt davon in ihren Memoiren nichts, auch nichts von einem angeblichen Brief Strindbergs an ihre Schwester, worin er Fridas Beschwerden als Phantasiegebilde einer Schwangeren bezeichnet. Dagegen bringt sie wörtlich die Texte von Telegrammen, die er aus Berlin an Marie Weyr schickte, als Beweis, daß seine Liebe, ja seine Leidenschaft für die junge Frau die böse Zeit überdauert hatte. „Ist Frida angekommen? Wie geht es ihr? Was will sie?" Und Marie Weyr antwortet: „So kann es nicht weitergehen. Aber was Du mir über ihre Angst vor der Mutterschaft schreibst, ist eine bereits erledigte Sache. Sie hat das natürliche Gefühl der Frau und Gattin wiedergefunden und ist, wie ich ja schon sagte, nunmehr resigniert und bereit zu tragen, was ihr das Schicksal nicht erspart. Ich habe ihr offen meine Meinung in diesem Punkte gesagt, und sie hat mir unter Tränen beteuert, daß sie auf diese finstere Idee nur aus Verzweiflung verfallen ist, weil sie nicht mehr sah, wie sie bei Eurer Lage ein Kind würde ernähren und großziehen können, da ja weder Geld da ist noch irgendwie eine Aussicht. Frida bleibt bei mir in guter Hut, bis

Du beschlossen haben wirst, was jetzt geschehen soll... Frida ist entschlossen, sich scheiden zu lassen, wenn Du von ihr verlangst, daß sie die eheliche Gemeinschaft mit Dir in Berlin wieder aufnehmen soll unter den bisherigen Verhältnissen. Aber sie ist ebenso bereit, mit Dir irgendwo auf dem Lande ruhig zu leben, bis sich Eure Vermögensverhältnisse gründlich gebessert haben werden. Sie folgt Dir überall hin, sobald Du ihr nur versprichst, daß Du sie nicht mehr brutalisieren und nicht mehr mit Deinem Mißtrauen verfolgen willst... Im Falle einer Scheidung ist sie bereit, die ganze Schuld auf sich zu nehmen. Sie verlangt nur das eine, daß Du auf alle Rechte auf das Kind, das sie erwartet, verzichten sollst und daß Du Dich in aller Form verpflichtest, niemals ein Buch über sie und Eure Ehe zu veröffentlichen."[21]

In einem Telegramm kündigt ihr Strindberg seine baldige Ankunft in Österreich an. Sie unterschlägt in ihren Memoiren die kurze Reise ihres Mannes nach Schweden, über die er in seinem Roman berichtet. Daß dort Axel – Strindbergs Pseudonym im Roman „Kloster" – mit einem Revolver in der Tasche, das heißt mit Selbstmordgedanken, diese Reise antritt und dann ausgerechnet in Lund landet, in der Stadt, „in der die Verwandten und Freunde von Lais – das ist Aspasias Deckname in ‚Kloster' – wohnten und den Ton angaben"[22], wirkt fast wie eine romanhafte Erfindung; und wäre nicht in einem späteren Brief an Adolf Paul dieser Aufenthalt kurz erwähnt, der Zweifel an der Wirklichkeit des Kurzbesuchs in der Heimat wäre berechtigt. Auch ein Brief Marie Weyrs mit dem Vorschlag, Frida in Brünn zu treffen, wird sonst nirgends erwähnt. Doch es mag stimmen, daß der Aufenthalt in der mährischen Hauptstadt ein Vorschlag der Schwägerin war. Die Uhls hatten dort tschechische Verwandte.

Der Gedanke an eine Scheidung wird verworfen. Im Oktober treffen sich die Eheleute „zwischen Berlin und Wien", aber nur zwei Eisenbahnstunden von Wien entfernt, in Brünn. Das Wiedersehen ist voll Leidenschaft, obwohl Frida sich zurückhält. Immer wieder schämt sie sich, Gefühle zu zeigen. Die Stimmung entspricht der Jahreszeit. Ein nebliger Herbst liegt über der Stadt. Wo sie wohnen – Maria-Theresien-Glacis 9, in einer Zweizimmerwohnung, wovon der eine Raum fast völlig dunkel ist; durch die Fenster blickt man in einen schäbigen Lichthof –, wirkt die Situation noch drückender. Strindberg hätte wieder die Kraft zu dichten, will die Geschichte von Axel Borg, die er in

Helgoland abgebrochen hat, fortsetzen, aber sehr bald verwirft er den Plan: „Was für eine Beschäftigung", sagt er sich, „dasitzen und seine Mitmenschen abhäuten und dann die Häute ausbreiten und verlangen, daß sie sie kaufen! Wie ein Jäger, der in der Hungersnot seinem Hund den Schwanz abhaut, selbst das Fleisch ißt und dem Hund die Knochen gibt, seine eigenen Knochen! Umhergehen und die Geheimnisse der Menschen ausspionieren, das Muttermal seines besten Freundes verraten, seine Frau als Versuchskaninchen benutzen, hausen wie ein Kroat, niedermetzeln, schänden, brennen und verkaufen! Pfui Teufel!"[23] Er stürzt sich wieder in die Wissenschaft, jeden Tag diktiert er seiner Frau ein neues Kapitel des „Antibarbarus". Adolf Paul meint ironisch, Brünn war die richtige Stadt für dieses Werk.

Frida teilt nicht ganz die Antipathie ihres Mannes der Stadt gegenüber. „Die sonst so schmucke, rege, ehrgeizige Stadt zeigte sich aber im Herbstkleide wie eine nachlässig gewordene Witwe", schreibt sie. „Sie war schön, hatte aber kein Lächeln für uns... Tagsüber starrten uns die trübselig entlaubten Bäume in grauweißem Herbstreif an. Abends spiegelten sich matte Lichter im feuchten Straßenschmutz."[24] Zudem waren sie arm. Sie hatten nur eine Lampe, in deren Schein Strindberg bis spät in die Nacht arbeitete. Aber selbst die intensivste Arbeit konnte ihn nicht die öde Umgebung vergessen lassen. Öde waren aber nicht nur die Stadt und die Jahreszeit, öde empfand er auch sein Leben in Zweisamkeit. Das Auf und Ab von Liebe und Haß der ersten Monate war einer geduldeten Langeweile gewichen, die weder er noch sie sich zugestehen wollten. Fern von Freunden und Bekannten, fern vom Wirbel der Großstädte waren sie jetzt nur auf sich angewiesen. Und sie erkannten, daß dies nicht genügte. Sie brauchten die Gesellschaft, Freunde und Feinde. Aus Strindbergs Briefen erfährt man, wie die Unruhe in ihm immer unerträglicher wurde. „Die Situation etwas dunkel"[25], schreibt er an Adolf Paul. Und in den folgenden Briefen an den Freund erkundigt er sich ständig über alles, was in Berlin und anderswo vorgeht, ob „Die Beichte eines Toren" schon freigegeben sei, aber ebenso nach dem Schicksal seiner Ferkelbrüder, nach Lidforss und Przybyszewski, und er kann es nicht lassen, immer wieder bissige Bemerkungen über Aspasia einzustreuen.

„Erzähl einiges von den letzten Tagen in Berlin!" bittet er in einem Brief vom 16. November 1893 seinen Freund Paul und

Herrenhaus der Reischls
Photographie von A. Strindberg mit selbstgebautem Apparat

Das „Häusel"
Photographie von A. Strindberg mit selbstgebautem Apparat

setzt hinzu: „L(idfor)ss schreibt sehr mystisch aus Wittenberg! Aber bittet mich zu schreiben! Ich glaube, er liegt da mit Aspasia.“[26] Vor allem aber fragt er ständig nach seiner ersten Frau und den Kindern, besonders seit Adolf Paul in Helsingfors lebt, in derselben Stadt wie Siri. Nicht nur die Liebe zu ihr, auch seine Eifersucht scheint noch zu leben: Denn weshalb sonst erkundigt er sich, ob Fräulein David, deren angebliche Beziehung zu Siri die letzte Ursache seiner Trennung war, auch in Helsingfors lebe?

Die einzige Abwechslung, die sich die Eheleute gönnen können und worauf sie sich tagsüber freuen, ist ein gemeinsames Reisen auf der Landkarte. Sie wissen, daß sie von hier fort müssen, aber sie wissen nicht wohin und mit welchem Geld. So träumen sie.

Nach Fridas Meinung waren die Monate in Brünn zwar keine vergnügliche, aber eine friedliche Zeit. Strindberg arbeitet an seinem chemischen Werk, und sie war ganz für ihn da: seine Helferin, seine Assistentin. Ihr gegenüber scheint er den wachsenden Groll gegen die Stadt nicht gezeigt zu haben, der in seinen Briefen an Freunde zum Ausdruck kommt: „Das ist ein Scheißwinter und eine Rauchfangstadt“, schreibt er. „Ich frage mich immer noch: Wie zum Teufel bin ich hierhergekommen? Und was mache ich hier?“[27] Das klingt nicht mehr nach Langeweile, sondern bereits wieder nach Zorn; ein Zorn, der trotz aller äußeren Zurückhaltung auch Frida gilt, wenn er feststellt: „Ich lebe unbeschreiblich, ob gefangen oder frei, weiß ich nicht, nur daß ich einen Gefängniswärter habe.“[28]

Die Stadt, die Ehe, alles um ihn ist ihm zu eng, er sehnt sich nach Freiheit, nach der großen Welt, nach Abenteuern. Bei aller Liebe zu Weib und Kind ist er nicht zur Ehe, nicht zum Familienleben geboren. Seine Versuche mußten immer wieder scheitern. Daß er jetzt mehr Rücksicht auf seine Frau nimmt, da sie ein Kind, sein Kind erwartet, entspricht seiner Einstellung zur Natur. Aber diese Rücksicht ist nur eine äußerliche. Er begreift nicht, was er in Brünn soll. Hätte er Geld, wäre er längst in Wien. So deuten die Wiener – nach Strindbergs Meinung – seinen Brünner Aufenthalt als Exil.

Mit dem literarischen Geschehen in der Welt bleibt er trotz seiner augenblicklichen Verachtung der Schriftstellerei ständig verbunden. Einer Einladung nach Berlin zu einer Hauptmann-Aufführung unter André Antoine kann er nicht Folge leisten. Er erkundigt sich, ob es nicht möglich wäre, in Helsingfors eine

Freie Bühne zu gründen. Ob hier nicht auch die Sehnsucht nach seiner finnischen Frau, mehr freilich noch die Sehnsucht nach seinen Kindern mitspielt? Sein „Vater“ wird in Rom gespielt. Er fragt nicht nach dem Erfolg. Wahrscheinlich aus Angst vor einer Enttäuschung. Schließlich hat er die graue Fabriksstadt satt. In einer Vision – er berichtet selbst darüber – sieht er Kymmendö vor sich, seine geliebte Insel in den Schären vor Stockholm, grün und frisch, ein Zeichen der Hoffnung und Erfüllung.[29] Aber Schweden bleibt ihm noch versperrt.

Da faßt Frida den vernünftigen Entschluß, die alte Einladung, zu ihren reichen Großeltern nach Dornach zu kommen, anzunehmen. Und Strindberg willigt ein. Frida denkt nur an ihr Kind und glaubt an Strindbergs Heimkehr zur Dichtung. Ermüdet von den Sorgen der letzten Monate, eine bei ihr bisher unbekannte Erscheinung und sicher nur auf ihre Schwangerschaft zurückzuführen, wird sie fast zur Fatalistin: „Das Kind wird zur Welt kommen, wann ES will“, schreibt sie, „er wird wieder dichten, wann ES will. Man muß sich darein fügen und einstweilen ES hegen und pflegen.“[30]

Mitten im rauhen November brechen Frida und Strindberg ihre Zelte in Brünn ab. Das spärliche Geld, das sie noch besitzen, reicht nur für zwei Fahrkarten dritter Klasse. Zum ersten Mal in seinem Leben fährt der große schwedische Dichter in einem österreichischen Arme-Leute-Waggon. Für einen Bürger, der etwas auf sich hielt, war eine Fahrt mit der Eisenbahn dritter Klasse und noch dazu im Winter eine Zumutung. Strindberg war kein Bürger. Er schämte sich nicht.

Da saßen nun der Dichter und seine intellektuelle Frau, Tochter eines Wiener Regierungsrates, mitten unter dem einfachsten Volk, eng aneinandergedrängt und in warme Decken gehüllt. Für das noch standesbewußte 19. Jahrhundert eine Kuriosität. Wahrscheinlich waren sie die einzigen im Waggon, die ihr Gepäck in Koffern verstaut hatten. Wer sonst noch mitfuhr, trug nur Bündel mit sich. Kleinkinder preßten sich an ihre Mütter, Männer rauchten ordinären Tabak, aber die Stimmung war passabel. Strindberg, „ewig lüstern nach neuer Menschenkunde“[31], hier konnte er sie nach Herzenslust betreiben.

Eine alte Bäuerin bietet ihm einen Apfel an, er verzehrt ihn mit Genuß. Frida fühlt sich weniger behaglich. Sie findet ihre Landsleute durchaus nicht so exotisch wie ihr schwedischer Gatte, dem die neue Gesellschaft Vergnügen bereitet. Im niederösterreichischen Amstetten steigen sie aus. Ein Träger nimmt ihnen das Gepäck ab. Das bringt sie in große Verlegenheit, sie können ihn nicht bezahlen. Aber Frida weiß: Wenn sie ihr Ziel, das Herrenhaus ihres Großvaters, angeben, vertraut ihnen hier jeder. Vor der Station bieten Kutscher ihre Wagen an. Sie wählen einen aus, und der Kutscher bezahlt den Träger. Während der Fahrt durch den nebligen Wald wird es Abend. Zigeuner lagern am Straßenrand und betteln sie an. Wieder ist Strindberg begeistert. Eine neue, abenteuerliche Welt scheint sich ihm aufzutun. Er liebt das Ursprüngliche, Naturverbundene. Die Fabriksstadt Brünn ist vergessen, aber auch das hektische Treiben von Berlin. Ein neues Leben beginnt. Als sie an der Donau ankommen, bricht die Nacht herein. Drüben, am oberösterreichischen Ufer, flammen im Herrenhaus die Lichter auf. Das ist der Wohnsitz von Fridas Großvater, des ehemaligen k. k. Notars Dr. Cornelius Reischl und seiner Gattin Maria. Nur undeutlich erkennt Strindberg die Konturen des Hauses in der Dämmerung. Ein Fährmann steht bereit.

Der Uferwirt bezahlt den Kutscher. Da das Wasser des Stromes einen ungewohnt tiefen Stand hat, muß bei einer Sandbank inmitten der Donau das Boot gewechselt werden. Ein Fährmann zahlt dem andern. Drüben – so weiß Frida – wird die Großmutter alles begleichen. Ein kleines Satyrspiel, gegen die Regel, vor der Tragödie. Sie kommen als Flüchtlinge. Als Flüchtlinge vor der Armut. Fünf Jahre später wird diese Ankunft in Dornach als Dichtung wieder lebendig werden. Aber noch ist sie Wirklichkeit, Gegenwart.

Die Großeltern nehmen sie auf, wie sie schon so viele arme Verwandte immer wieder aufgenommen haben. Das ist Sitte im Hause Dr. Reischls, der zu den reichsten Männern des Landes Oberösterreich zählt. Durch Fleiß und Spekulationen hat er sich nicht nur das stattliche Herrenhaus, sondern vor allem ein riesiges Areal an Wald und Feld erwerben können. Eine Stunde im Umkreis des Hauses ist alles sein Eigentum. Außerdem besitzt er in Wien ertragreiche Zinshäuser. Sein einziges Vergnügen ist die Jagd. Jeden Tag streift er durch die Wälder und Auen und bleibt nur dann zu Hause, wenn ihn die Gicht plagt. Um die Viehwirtschaft kümmert er sich wenig. Er hat das Gut gekauft, um auch noch im Alter „beschäftigt“ zu sein. Abends studiert er die Börsenberichte aus Zeitungen, die ihm sein Schwiegersohn aus Wien schickt. Dieser Schwiegersohn, Regierungsrat Uhl, hat das Herrenhaus an der Donau nie betreten. Die Spießerwelt des alten Reischl war nicht sein Geschmack.

Eigentliche Herrscherin im Haus ist die Großmutter. Sie geht am Stock, aber jeder achtet oder fürchtet ihre Autorität; auch die Tochter, die zur Zeit bei den Eltern wohnt, Fridas Mutter. Maria Reischl stammt aus der besten Wiener Gesellschaft. In ihrer Jugend galt sie mit ihrem pechschwarzen Haar und kornblumenblauen Augen als auffallende Schönheit. Der Kreis ihrer Bewunderer war groß. Josef Kriehuber hat sie porträtiert. Von ihren Angehörigen wird sie Urline genannt.

Beide Eheleute sind schon über siebzig. Sie haben keine Angst vor dem Sterben, sie erwarten den Tod, wie Strindberg feststellt, „mit der heiteren Resignation gutmütiger, sorgenfreier, rechtgläubiger Katholiken“[32].

In den Ställen befanden sich siebenundzwanzig Kühe, jede von einer eigenen Magd betreut. Reischl besaß vierzehn Jagdhunde, zudem gab es zwanzig Katzen im Haus. Vom ästhetischen Gesichtspunkt aus war dieses Haus keine Schönheit. Es war nach praktischen Rücksichten gebaut, ein solides Haus, das seinen Einwohnern einschließlich der großen Dienerschaft genügend Raum für ein bequemes Leben bot. Ursprünglich einstöckig, hatte es Dr. Reischl aufstocken lassen, einfach, schlicht und nach strenger Symmetrie, als wollte er mit dem Hausbau seinem Charakter ein Denkmal errichten; acht Fenster jeweils nach vorne mit einem schmiedeeisernen Balkon davor, je sechs Fenster zur Linken und zur Rechten. Spätere Besitzer haben ein Zierschloß der Jahrhundertwende daraus erstehen lassen, so daß der heutige Eindruck ein völlig anderer ist. Aber trotz seines in den letzten Jahren recht bedauerlichen Schicksals, in denen das Schlößchen zu einem Dornröschenschloß wurde – zur Zeit wird es endlich adaptiert –, beherrscht das alte Herrenhaus auch in veränderter Gestalt die Landschaft, und jeder, der am anderen Ufer vorbeifährt, fragt unwillkürlich, was dies für ein Bauwerk sei und wem es gehöre. Daß es einige Monate lang der Wohnsitz des größten schwedischen Dichters war, wissen nur wenige.

Nur ein schmaler Streifen Landes trennt das Haus vom Ufer, dem entlang der sogenannte Treppelweg führt. Heute sind Straße und Eisenbahn zwischen Herrenhaus und Strom. Im Norden liegt das Machland, im Westen breiten sich um die Mündung der Naarn in die Donau Auwälder aus, aus der Ferne erblickt man das Schloß Wallsee, wo die Kaisertochter Marie-

Valerie wohnte, die, wie Frida spöttisch bemerkte, ihrem Vetter und Gemahl alljährlich ein Kind zu schenken hatte. Von drüben aber, von der anderen Seite des Stromes, grüßt vom Kolmützberg das uralte Kirchlein, und dieser Blick sollte für Strindbergs Leben und Werk noch von Bedeutung werden.

Sein erster Eindruck vom Haus gleicht dem von einem Gespensterschloß. Ein Treppenhaus mit weißgekalkten Wänden sowie dunklen Ölgemälden in schwarzen Rahmen nimmt ihn auf. Aber dann tritt er in den hell erleuchteten Salon und wird von den Großeltern und der Schwiegermutter empfangen. „Hier in diesem Hause“, schreibt er in „Kloster“, und diese Stelle ist zweifellos reine Autobiographie, „hörte sein Recht, über sich selbst zu bestimmen, auf, und er mußte sich nach der Meinung, dem Willen und den Gewohnheiten der anderen richten. Um sich Unannehmlichkeiten zu ersparen, hatte er von vornherein beschlossen, nicht länger irgendwelche eigene Meinungen zu vertreten, sondern alles hinzunehmen, was man ihm bot, wie fremd oder zuwider es ihm auch vorkommen mochte.“[33] Daß ein Mann wie Strindberg auf die Dauer nicht fähig war, dieses Spiel des Unterworfenseins zu spielen, war zu erwarten.

Anfangs geht alles gut. Man wohnt im zweiten Stock, hat genügend Zimmer zum Arbeiten und zum Ausruhen, ja sogar für die chemischen Experimente wird ein eigener Raum zur Verfügung gestellt. Nur zum Mittagstisch trifft man sich im großen Speisesaal mit den Hausherren, sonst bleibt man unter sich, es sei denn, Großvater lädt den Mann seiner Enkelin zu einer Schachpartie ein. Strindberg hat bald erkannt, daß er seinen Partner wie ein Kind behandeln, das heißt, auf jeden Fall gewinnen lassen muß. Sonst kann der „Alte“ böse werden. Was das äußere Leben betrifft, fühlen sich die beiden Flüchtlinge wie im Schlaraffenland. Alles, was sie monatelang entbehrt hatten, wird ihnen hier reichlichst zuteil. Große Wohnräume, ein herrliches Stück Landschaft und Speis und Trank in einer Menge und Vielfalt, wie sie der „Sohn einer Magd“ nie gekannt hat.

„Das geschieht uns recht“, schreibt er, „weil wir uns über das Manna beklagt haben; nun bekommen wir, wie die murrenden Kinder Israels, Wachteln bis zum Überdruß.“[34] Strindberg, mit seinem sozialen Gewissen, muß es schwergefallen sein, hier zu schlemmen und angesichts der Massen übriggebliebener Speisen, die in den Schweinetrog wanderten, ruhig Blut zu bewahren. Aber noch ist alles in Ordnung.

Seine zur Zeit größte Sorge sind die Kinder in Finnland, da er ihnen kein Geld schicken kann. Er bestürmt Adolf Paul in Briefen, ihm beim Verkauf seiner Bilder zu helfen. In einem Schreiben an ihn vom 3. Dezember 1893 berichtet er aber zugleich sehr zufrieden über sein neues Domizil: „Ich wohne jetzt so nahe an der Donau, daß ich das Wasser rauschen höre, wenn ich im Bett liege. Arbeite viel. Denke mehr, lese unglaublich viel. Die Landschaft ist schön. Fluß mit Steyrer-Alpen im Hintergrund. Das Haus groß, fünfzehn Zimmer usw. Freundliche Menschen, viel zu essen und früh zu Bett. Also ich bin gerettet, aber die Kinder!!“[35]

Noch fügt er sich den Gewohnheiten des Hauses. Aber schon zwischen den Zeilen dieses Briefes an Adolf Paul kann man trotz aller äußerlichen Zufriedenheit eine wachsende innerliche Unzufriedenheit merken: Das alles ist schön und gut, aber es kann doch nur ein Übergang sein. Frida ist dankbarer. Ihre Schwangerschaft zwingt sie zum Ausrasten. Zweifellos wäre sie sonst in diesem Phäakenheim, wie sie es nennt, ebenso unruhig wie ihr Gatte gewesen. Er arbeitet viel, vor allem in seinem Laboratorium. Wieder ist es der Schwefel, der es ihm angetan hat. Jetzt behauptet er, Schwefel sei eine fossile Holzgattung. Zu seiner Freude bestätigen seine Analysen und Synthesen seine früheren Hypothesen und Berechnungen.[36] Eine Bibliothek, die der Großvater einem alten Sonderling abgekauft hat und die merkwürdige seltene Bücher enthält, begeistert ihn, was der „Alte“ aber nicht begreifen kann.

Weihnachten wird im Hause traditionell gefeiert. Der 24. Dezember ist der einzige Tag des Jahres, an dem die Dienerschaft die Herrschaftsräume betreten darf, um ihre Geschenke in Empfang zu nehmen. Strindberg will hinter dem Hausherrn an Großzügigkeit nicht zurückstehen. Er drückt jeder Magd einen Silbergulden in die Hand, und jeder Knecht erhält von ihm eine Packung bosnischen Tabaks. Dafür hat er die Hälfte seines Vermögens ausgegeben. Für ihr Zimmer haben Frida und er heimlich aus dem Wald einen Christbaum beschafft, und nach der üppigen Tafel im Salon feiern sie nun allein im Oberstock. Die alte Resi hat aus Mondsee Christrosen geschickt, und Strindberg wird reich beschenkt mit allen Utensilien, die er für seine verschiedenen Arbeiten braucht: Tinte und Federn zum Schreiben, Rahmen und Ölfarben zum Malen, Retorten, Lampen, Mörser und Tiegel zum Experimentieren. Weyrs schicken Schwedenpunsch aus Wien. Frida fühlt sich überglücklich. Und die Legende, die er ihr an diesem Abend erzählt haben soll, zeigt in ihrer Schlichtheit und Poesie den anderen Strindberg, den Märchendichter, der im Gegensatz zum Weiberhasser und Geschlechterkämpfer allzu gerne und immer wieder vergessen wird. Er erzählt ihr: „Den Menschen auf der Erde ging es jämmerlich schlecht. Und besonders eine arme Frau weinte und sehnte sich nach etwas, das sie hier nirgends finden konnte. Das aber sahen die kleinen Engel Gottes im Himmel, die mit den Armen und Betrübten Mitleid haben – und da liefen sie vom Thron Gottes fort in die finsteren Wolken hinein, die den Menschen den Himmel verbergen, und sie stampften mit ihren kleinen Füßen so lange, bis sie Löcher in die Wolken gestampft hatten – die nennen die Menschen jetzt ‚Sterne', und durch sie können sie den Himmel sehen."[37]

Der erste Brief, den Strindberg im neuen Jahr 1894 an Adolf Paul schreibt, endet mit der Aufforderung: „Laß jetzt bald etwas hören und rekommandiere im schlimmsten Falle!"[38] Erst einige Zeit später begriff der Freund, weshalb Strindberg einen rekommandierten Brief verlangt hatte. Aus unerklärlichen Gründen war sein Mißtrauen Frida gegenüber wieder erwacht. Da vom Bibliographischen Büro noch immer keine Nachricht eingetroffen war, ob mit dem Druck des „Antibarbarus" endlich begonnen werden konnte, bildete er sich ein, seine Frau unterschlage die Post. Er war auch überzeugt, daß sie auf seine alten Freunde eifersüchtig sei und seine Verbindungen abbrechen wolle.

Es kommt zu einer schweren Auseinandersetzung. Strindberg sperrt sich drei Tage in seinem Zimmer ein und läßt niemand zu sich. Der Großvater will die Polizei, die Großmutter den Arzt, die Schwiegermutter den Priester holen. Aber Frida hält durch, bis sie am dritten Tag einen Schuß im Zimmer hört und einbricht. Strindberg empfängt sie höflich, tröstet sie. Er hätte über ein Problem nachdenken müssen und sich zu diesem Zweck eingesperrt. Nun habe er eine Lösung gefunden, und alles sei wieder in Ordnung. Aber der Friede im Haus war erschüttert. Und die große Auseinandersetzung mit den Gastgebern bleibt nicht aus.

Dr. Reischl zitiert einen Artikel des Philosophieprofessors Ludwig Stein über Nietzsche, den er eben gelesen hatte, und versucht ihn zu interpretieren. Es war nämlich Brauch geworden, nach den Mahlzeiten Gespräche zu führen, in denen der „Alte" seine Bildung beweisen konnte. Strindberg hatte sich dabei immer zurückgehalten; auch dann, wenn er weit mehr wußte, hatte er dem Gastgeber recht gegeben. Reischls Meinung über Nietzsche widerspricht aber seiner eigenen derart, daß er offen dagegen opponiert. „Hast du Ludwig Stein gelesen?" fragt der Großvater. „Nein, aber ich habe Nietzsche gelesen"[39], ist Strindbergs Antwort. Das ist für den „Alten" zuviel. Jetzt läßt er den Jungen seine finanzielle Überlegenheit spüren. Wo er kann, reizt er Strindberg durch Sticheleien. Seine wissenschaftliche Arbeit nimmt er nicht ernst. Den Versuch, auf einer Platte aus Bromsilber den Mond zu photographieren, belächelt er. Voreilig und zu Unrecht allerdings, denn der Versuch hatte Erfolg. Noch härter urteilt die Großmutter: Was ihrer Schulweisheit widerspricht, kann nur Unsinn sein.

Noch läßt sich Strindberg in seinen Forschungen nicht stören. Er entdeckt eine neue Moosart, befaßt sich mit Geologie – das unweit von Dornach gelegene Granitwerk der Familie Schlipitzka bietet ihm hiefür praktische Möglichkeiten – und glaubt sogar, einen neuen Himmelskörper entdeckt zu haben. Bis die Vorladung zur Gerichtsverhandlung nach Berlin eintrifft. Damit endet jäh das erste Kapitel der Dornacher „Idylle".

Noch nie hatte ein Gerichtsbote das Herrenhaus der Reischl betreten. Schon dessen Erscheinen war ein Schock für den alten Juristen. Aber erst als sich Strindberg wehrte, vorerst in dem benachbarten Städtchen Grein dem Gericht Rede und Antwort zu stehen, da er als Schwede einem österreichischen Gericht gegenüber keine Verpflichtungen hätte, kam es zum Krach.

Großvater Reischl beruft den Familienrat ein. Es darf keinen Skandal geben! Strindberg muß aus dem Haus. Frida darf bleiben, da sie, wie sich ihr Großvater als Jäger ausdrückt, Schonzeit habe. Aber sie denkt nicht daran zu bleiben. Da macht Großmutter den Vorschlag, sie solle mit ihrem Mann in das kleine Nachbarhäuschen ziehen, das „Häusel", wie es genannt wird, das sie erst vor kurzem gekauft hat, um dort einen störrischen Esel unterzubringen. Und was die „Alte" vorschlägt, geschieht auch. Frida berichtet es begeistert ihrem Mann. Die Vertreibung aus dem Herrenhaus macht beide glücklich. Jetzt haben sie endlich ihr eigenes Domizil, wenn es auch nur ein einfacher, kleiner, strohgedeckter Bau ist. Aber die Zimmer sind weder dunkel noch feucht. Möbel und Wäsche bekommen sie von Mutter und Tante. Hier können sie in Frieden das Kind erwarten! Besonders freut sich Strindberg über die Lage des Häuschens auf einem kleinen sonnigen Hügel über dem Strom, mit schönem Blick auf das andere Ufer. Ein kleiner Acker gehört ihnen obendrein. Ein alter Pumpbrunnen und ein mächtiger Birnbaum vor dem Haus sowie eine zahme Dohle am Dach: Sie waren glücklich. Aber noch am gleichen Tag verläßt Strindberg Dornach und reist nach Berlin: zu Gericht und Verlag. Er will sein Recht, und er will sein Buch.

Ob tatsächlich die Post ausgerechnet an diesem Tag das neu erschienene „Buch über Strindberg" aus Karlstadt in Schweden brachte, in dem sich alle bedeutenden Dichter Skandinaviens zu ihm bekannten, oder ob dieser Termin nur ein hübscher Einfall Fridas für ihr Memoirenwerk war, bleibe dahingestellt. Ihre Erzählung, sie hätte der skeptischen Großmutter daraus vorgelesen, muß nicht authentisch sein; authentisch sind aber auf jeden Fall die Artikel von Björnson, Hamsun, Drachmann, Lie, Brandes und anderen, die Strindbergs Ansehen in der Welt beweisen.

„August Strindberg ist seines Landes, vielleicht seiner Zeit bedeutendster Schriftsteller", schreibt Knut Hamsun, „... Er fordert die Welt heraus und ist überall zu Hause... Ein Heide ist er voll frommer Glut... ein Anbeter der Schönheit, doch der sie ohne Zaudern dem Wohl der Menschheit schlachtet..." Hamsun deutet den Zwiespalt in Strindbergs Seele, der ihn zum Leiden verurteilt, als Ursache seiner Größe. Er erkennt das Zukunftsweisende nicht nur im Werk, sondern auch im Ideenreichtum Strindbergs, wenn er weiter schreibt: „Ein Kämpfer gegen des Daseins böse Mächte ist er, möchte das Leid aus der Welt schaffen... ein Seher der Wissenschaft, der in die Zukunft leuchtet und zeitliches Dunkel durchdringt... Ein Beobachter mehr denn ein Klügler... Ein Wegweiser, der den Irrweg enden und zurück zum Ursprung will... der nicht in die Ausläufer schwächender Verfeinerung will, sondern zurück zum Urtrieb, zurück von der Hyperkultur zur Natur. Zurück... Bis die gerade Bahn wieder frei vor dem Auge liegt."[40]

Nach einer unruhigen Nacht in Prag kommt Strindberg am Ostermontag in Berlin an. Er muß Uhr, Ring, Reisedecke und Schal für hundert Mark versetzen, um seinen Aufenthalt in Friedrichshagen bezahlen zu können. Rechtsanwalt Grellig ist über sein Kommen angenehm überrascht, denn ohne seine Anwesenheit hätte der Prozeß eine bedrohliche Entwicklung nehmen können. Jetzt wird rasch verhandelt. Gegen die Meinung des Staatsanwaltes, das Buch sei in der Absicht geschrieben, die Sinnlichkeit des Lesers aufzureizen,[41] legt

Strindberg einen Brief seines Vetters Oscar vor. Darin bestätigt dieser, das Manuskript des Romans „Die Beichte eines Toren" schon vor fünf Jahren mit der Bitte erhalten zu haben, es im Familienarchiv zu deponieren. Nach Strindbergs Tod sollte es zu dessen Rechtfertigung den Verwandten vorgelegt werden. Wenn es trotzdem früher der Öffentlichkeit zugänglich gemacht werden würde, dann nur als notwendiger Widerruf böser Gerüchte, welche die Verwandten Siris in die Welt setzen könnten.

Der Übersetzer Schering gibt im Nachwort zur Ausgabe von 1910 die verstümmelte erste Übersetzung als Hauptgrund der Anklage an: „Von der ordinären Sprache der Übersetzung irregeführt, hielt der preußische Staatsanwalt das Buch für unsittlich und machte dem Dichter, nicht etwa dem (anonymen) Übersetzer, einen Prozeß."[42] Daß sich Schering damit für seine eigene Übersetzung entschuldigt, wie Adolf Paul behauptet, gibt er nicht an. Der Prozeß wird vertagt.

Aufgrund von Briefen und Zeugnissen scheint es, daß Strindberg während seines kurzen Aufenthaltes in Berlin die Drucklegung seines „Antibarbarus" weit wichtiger war als der Prozeß. Schon am ersten Tag seiner Anwesenheit bedrängt er das Bibliographische Büro. Lidforss, der das Werk übersetzt, nimmt sich den damals noch völlig unbekannten deutschen Schriftsteller Paul Scheerbart als Helfer. Der Verlag scheint vor dem Konkurs zu stehen. Aber Strindbergs Hartnäckigkeit gelingt es, den Druck seines Werkes durchzusetzen. Da kommt es zum Bruch mit Lidforss, den er als seinen wissenschaftlichen Erben einsetzen wollte. Die Ursachen, weshalb Strindberg nicht nur mit ihm, sondern mit vielen seiner alten Freunde bricht, bleiben ungewiß. Die Meinungen der Beteiligten sind höchst unterschiedlich. Sicher sind es zu einem Gutteil sein chronisches Mißtrauen, das er auch, und gerade den engsten Vertrauten gegenüber, immer wieder hervorkehrt, aber auch sein jähes Temperament, das ihn heute „Hosianna" und morgen „Kreuziget" schreien läßt, oft aufgrund unkontrollierter Ahnungen oder konstruiert aus Verdachtsmomenten, die sich bei ruhiger Überlegung als grundlos hätten feststellen lassen.

Das Verhältnis zu seinen Freunden entspricht dem zu seinen Frauen. Er kennt keine Liebe ohne Haß und keinen Haß ohne Liebe. „Haß und Liebe", sagt er selbst, „Alles ist eins. Dieselbe Kraftquelle. Bald positive, bald negative Elektrizität."[43] Er liebt seine Freunde über alles. Fern von ihnen will er immer Näheres über ihr Schicksal erfahren. Seine Briefe an Adolf Paul sind zum Großteil Berichte über die Freunde. So schreibt er am 2. Jänner kaum etwas über sich selbst, nur über Ereignisse im Freundeskreis: daß Dehmel wegen seines Buches „Aber die Liebe" wie er einen Prozeß wegen Unsittlichkeit zu erwarten habe, daß sich Lidforss literarisch betätigen wolle, vor allem aber immer wieder von Aspasia. Ihretwegen wäre Przybyszewski unglücklich, da sie wieder Munchs Geliebte sei. Lidforss habe sich von ihr trennen müssen, aber Tavaststjerna schreibe ein Buch über „seine" Aspasia. Die Nachrichten klingen oft wie Tratschspalten aus Magazinen, aber für Strindberg sind alle diese Geschichten hintergründige Ereignisse. Ihre Personen wandeln sich in Dämonen.

Tatsache ist, daß Aspasia jetzt in Berlin einen eigenen Salon führt. Es ist zwar nur ein bescheidenes Zimmer in einem Mietshaus mit wenigen Möbelstücken, das ihr zur Verfügung steht, aber wenn Przybyszewski Klavier spielt und sie tanzt, bezaubern sie alle Gäste. Das junge literarische Berlin liegt ihr zu Füßen. Im ganzen Raum gibt es nur zwei Sessel, nämlich für Munch und Lidforss, die ältesten und intimsten Freunde des Hauses. Wortführer der Gäste ist Otto Julius Bierbaum, den Strindberg Birnbaum nennt, ob absichtlich oder irrtümlich, läßt sich nicht nachweisen, auf jeden Fall ein junger Autor mit den besten Beziehungen. Man plant die Gründung einer Zeitschrift „Pan". Laut Fridas Meinung sind es dieselben Ideen, die Strindberg einst im „Ferkel" verkündet hat, die jedoch jetzt als große Neuheiten in diesem Kreis kolportiert werden. Es scheint dort noch wilder zuzugehen als dereinst in der alten Kneipe. Mit Pappendeckel versucht man das Klavier zu dämpfen, um die Nachbarn nicht noch mehr zu erregen. Der Toddy fließt in reichen Strömen.

Mit Dr. Schleich, einem der wenigen, die Strindberg oder, besser gesagt, denen Strindberg treu geblieben ist, besucht er das „Ferkel". Das Lokal hat sich verändert. Es ist in der Zwischenzeit zu einer Berliner Sehenswürdigkeit geworden. Statt des einen hängen jetzt drei bessarabische Weinschläuche als Wahrzeichen über dem Eingang, und im ersten Stock hat das Ehepaar Türk, geschäftstüchtig wie es war, zwei Zimmer zusätzlich gemietet, vornehmer ausgestattet als die Räume im Parterre und für feinere Leute reserviert.

Was Strindberg mit Schleich besonders verbindet, ist dessen Anerkennung seiner wissenschaftlichen Experimente. Schleich war es, der Strindberg überredete, seine Goldschuppen den bedeutendsten Professoren der Stadt vorzulegen.

Obwohl sich der endgültige Bruch mit den Freunden erst im Laufe der nächsten Monate zugetragen hat, als Strindberg längst wieder in Österreich war, scheint hier der richtige Platz, darüber zu berichten. War doch sein kurzer Berlin-Aufenthalt im Jänner 1894 gleichsam die Exposition zu dem Kommenden.

Damals wollte er noch seine drei liebsten Freunde, Munch, Lidforss und Przybyszewski aus den Banden Aspasias befreien, aber es gelang ihm nicht. Diese Frau war die Stärkere.

Lidforss und Scheerbart arbeiten an der Übersetzung des „Antibarbarus". Lidforss ist voll des Lobes, was Strindberg in seiner Hoffnung bestärkt, damit wirklich ein revolutionäres Werk geschrieben zu haben. Denn Lidforss ist Biologe, studierter Fachmann. Trotzdem kommt es wegen einer Lappalie zum Streit. Die Situation ist unklar, und Genaueres wissen wir nur aus den Memoiren von Adolf Paul, die dieser in einer Zeit geschrieben hat, da er selbst mit Strindberg bereits in Unfrieden lebte. Aufgrund von Briefen wirft er Strindberg vor, Lidforss wegen einer Lächerlichkeit fallengelassen zu haben, ja mehr noch, ihn, den er einst geliebt, mit tödlichem Haß zu verfolgen. Dabei handelte es sich angeblich um den Betrag von wenigen Mark, die Lidforss Strindberg vorenthalten habe, um eine dumme Klatschgeschichte, die sich in einem Wirtshaus zugetragen hat. Stimmt sie, so kann man wieder einmal Fridas Stoßseufzer verstehen, daß ihr Mann fliegen könnte, „aber anstatt zu fliegen, muß er unablässig die Straße von Insekten säubern und von winzigem Gerölle; immerzu, bis die Riesenkraft verbraucht ist und die Flügel zerbrochen sind – an Insekten und an winzigem Geröll"[44].

Tatsächlich verfolgten die kleinsten Ärgernisse Strindberg wie ein Fluch. Nicht an den großen Leiden scheiterte er immer wieder, sondern an den kleinen Hindernissen, die das Leben so beschwerlich machten. Es fehlte ihm die Kraft, über den Dingen zu stehen, im Gegenteil, er empfand den harmlosesten Nadelstich als dämonischen Dolchstoß. „Viele Bagatellen haben im Leben Strindbergs eine Rolle gespielt"[45], stellt auch Adolf Paul fest.

Aber der Brief, in dem Strindberg Paul die Geschichte aus dem Wirtshaus ausführlich mitteilt und in dem er schreibt, daß er während seines Berlinbesuches wie ein Asket gelebt hat, „während Lidforss mein Geld vertrank und verhurte"[46], ist erst nach dem Erscheinen des „Antibarbarus“ geschrieben. Hier aber muß der eigentliche Grund des Bruches zwischen den Freunden gesucht werden. Nach Strindbergs Briefen zu urteilen, stellt seine Erwartung eines – im vollen Sinne des Wortes – Bombenerfolges seines Werkes alles andere in den Schatten. Selbst die bevorstehende Geburt seines Kindes scheint er darüber wenigstens im Augenblick zu vergessen.

Das Buch „Antibarbarus“ erscheint. Ungeduldig wartet er auf die Reaktionen der Wissenschaftler, vor allem der chemischen Autoritäten. Doch Deutschland schweigt. Die Fachleute ignorieren das Werk eines Dilettanten, die Rezensenten der Zeitungen wollen, wie es scheint, den Dichter nicht beleidigen, indem sie den Wissenschaftler als Phantasten ablehnen. Schwerer aber als das Schweigen in Deutschland treffen ihn die Besprechungen in den führenden schwedischen Zeitungen „Dagens Nyheter“ und „Aftonbladet“. Und es ist weniger der Inhalt als der Rezensent, der ihn maßlos enttäuscht. Kein anderer als sein Jünger und Übersetzer selbst, Bengt Lidforss, der während der gemeinsamen Arbeit seinen „Meister“ immer wieder emphatisch gelobt hat, vernichtet ihn in seiner Besprechung im „Dagens Nyheter“. Einleitend anerkennt er noch Strindbergs Größe, wenn er schreibt: „Es liegt über Strindbergs Ideenwelt eine brutale Großartigkeit, die einen an die ausgestorbenen Riesentiere der Juraperiode denken läßt; es ist, als sähe man fossile Riesengedanken ringen und die Erde aufreißen.“[47] Die weitere Kritik bringt jedoch eine totale Absage an den Wissenschaftler. Lidforss bezichtigt seinen Freund und Meister des Barbarismus, spricht von Steinmetz-Materialismus und intellektueller Brutalität, ja gebraucht sogar, was Strindberg als besonders gehässig empfindet, das Vokabel Wahnsinn.

Nun war es mit der Freundschaft endgültig vorbei. Daß er trotz dieser begreiflichen Ursache des Konflikts immer noch die dumme Wirtshausgeschichte als Mitgrund angibt, erscheint kleinlich. Was Lidforss betrifft, dessen Doppelzüngigkeit von niemand begriffen wurde, hat wohl Lagercrantz recht, der in dieser Rezension eine Rache für Aspasia erblickt. Lidforss war in diese Frau rasend verliebt, konnte sie aber, da er an einer venerischen Krankheit litt, nicht erreichen. Wütend über Strindbergs gehässige Ausfälle gegen die Geliebte, bedeutet diese Kritik des „Antibarbarus“ zugleich Revanche des Kavaliers. Lidforss’ Angst, sein Ansehen als professioneller Biologe durch eine schonende Besprechung des Werkes zu beeinträchtigen, mag bei der Abfassung des Artikels aber auch eine Rolle gespielt haben.

Für Strindberg existiert er nicht mehr: „Und jetzt streiche ich L(idfor)ss aus der Zahl der Lebenden“[48], schreibt er an Adolf Paul, an dessen Freundschaft er noch glaubt, während er auch an der aller andern ihm gegenüber zu zweifeln beginnt. So nennt er Tavaststjerna einen hinterlistigen, falschen Finnen – völlig zu Unrecht, wie Paul kommentiert; glaubt er, daß Przybyszewski ihn hasse, argwöhnt auch gegen Munch, da er Przybyszewskis Hausfreund war, und zweifelt selbst an dem treuen Schleich, da er diesem eine aus Schwefel hergestellte, „angebliche“ Kohle zur Untersuchung geschickt, aber noch keine Antwort erhalten habe. Mit einem Wort: Für Strindberg bricht eine Welt zusammen. Das Urteil über den „Antibarbarus“ trifft ihn mehr, als jede schlechte Rezension über eines seiner Stücke ihn hätte treffen können. Der Wissenschaftler Strindberg ist der empfindlichste Strindberg.

In Italien findet er einen Übersetzer für das Buch, der seine Meinung teilt. In französischen Zeitungen gibt man ihm die Möglichkeit, sich zu verteidigen. Cherbouliez, der Kanzler der Französischen Akademie, schreibt in der „Revue de deux Monde“ einen positiven Artikel über ihn. Das muntert ihn auf, gibt ihm Kraft, seine schwedischen und deutschen Freunde noch schärfer zu verurteilen. Vor allem richtet er seine Angriffe gegen den Kreis um Aspasia. Seine Leidenschaft für diese Frau muß stärker gewesen sein, als er es jemals Frida oder anderen gegenüber zugegeben hat. Sonst wäre dieser abgrundtiefe Haß gegen sie und ihre Liebhaber nicht zu verstehen. Oder ist es sein Gewissen, das er mit Schimpftiraden gegen sie zum Schweigen bringen möchte, sein eigenes schlechtes Gewissen, das ihn daran erinnert, mit Aspasia seine Braut hintergangen zu haben? Sie und ihre Freunde, so nimmt er an, hätten auch das Gerücht, er sei wahnsinnig, wieder ins Leben gerufen. Diese Meinung stützt sich auf die Tatsache, daß der Rezensent im „Aftonbladet“, Helge Bäckström, der noch schärfer als Lidforss mit dem „Antibarbarus“ ins Gericht ging, Aspasias Schwager war.

Strindbergs Briefe an Adolf Paul werden immer ausfallender. „Der Pole ist ungefährlich“, schreibt er etwa in einem der letzten Briefe über die Antibarbarus-Angelegenheit, „denn wenn er lügt, hört er auf, spirituell zu sein. Folgendermaßen ist sein Status. Das Luder Aspasia fing Birnbaum ein, den Redakteur der Freien Bühne. Der Pole lobte in der Zeitschrift die

Malereien des Freundes Munch in solch idiotischer Weise ‚Rückenmark und Neuroglia, Gebärmutter und mein altes Sonnengeflecht', daß Birnbaum verabschiedet wurde und die ganze Blase platzte. Was hilft es, daß sie sich gegenseitig loben, wenn kein Mensch sie liest?... Daß Frau T(avaststjerna) mir bei Lautenburg geschadet hat, glaube ich,... Daß der Pole mich haßt, weil ich seine Aspasia hatte, ehe er sie kennenlernte, verstehe ich. Aber ich konnte anderseits nicht mein Beiwohnen mit Rücksicht auf seine künftige Ehe einrichten. Nicht mal L(idfor)ss ist gefährlich, denn er ist pathologisch und sucht sich schon einen Nagel oder einen Ast nach seiner Großtat, denn solche Taten bringen Disharmonie nach sich. Er schilderte ihr Zusammenleben mit Polen, als sie zu dreien in einem Zimmer wohnten, der Pole betrunken einschlief, und er und sie auf dem Bettrande ohne weiteres saßen... Dann kam der Schwager B(äckström) mit Millionen. Der Pole verteidigte sich damit, daß Aspasia in einem Monat vier Nationen gehabt hatte..."[49] So wirr wie die Verhältnisse wirkt auch der Brief, der mit der bangen Frage nach der Stellung seiner letzten Getreuen endet: „Aber Asch und Schleich?"

Von diesen beiden Arztfreunden hofft er auf Rehabilitierung. Hatte ihn Schleich nicht bei allen wissenschaftlichen Experimenten bisher unterstützt? Von ihnen erbittet er sich ein Attest, worin sie seine volle geistige Gesundheit bestätigen und ein positives Zeugnis über den „Antibarbarus" ausstellen sollen. „Gut wäre es", so schreibt er, „wenn im Attest angeführt werden könnte, daß ‚Antibarbarus' keine Dilettantenarbeit ist..., und daß es nichts als der konsequente Transformismus und Monismus ist, zum ersten Male auf die Chemie angewandt."[50] Sollten Schleich und Asch Angst haben, eine solche Bestätigung zu unterschreiben, mögen sie sich an Ernst Haeckel wenden, der Strindbergs Ansichten bestimmt anerkennen werde. Zum Glück, so meint Adolf Paul, wurde aus der ganzen Sache nichts. Sie hätte Strindberg vor den Augen seiner Gegner nur noch lächerlicher gemacht.

Haeckel hatte das Buch unmittelbar vom Autor zur Begutachtung erhalten und antwortete diplomatisch, er habe in der Schrift nichts gefunden, was als wahnsinnig bezeichnet werden könnte. Strindberg jubelt: „Hei! Soeben Brief von Haeckel in Jena, wo er nach der Lektüre des ‚Antibarbarus' erklärt, daß er keine Spur von Verrücktheit findet, sondern daß ein verstorbener Freund, Chemiker, dieselben Ideen im Leben verfochten hat!“ Und gleich in der nächsten Zeile folgt ein Fluch gegen Lidforss: „Hiermit den Strick für B. L.! Sonst hat er sich dazu verurteilt, sein Leben lang als ein altmodischer Esel herumzulaufen! Ich verzeihe ihm niemals! Er hat die Steinigung begonnen, aber ich pflege die Schläfe zu treffen, wenn ich werfe.“[51] „Krampfhafte Brutalität aus verschämter Schwäche“[52] hat Richard Dehmel einmal Strindbergs Versuche, berserkerhaft zu erscheinen, genannt. Anders ist wohl diese Härte bei einem so weichen Herzen wie dem Strindbergs nicht zu verstehen. Seine letzte Drohung aber ist die Rache des Dichters: Er kündigt einen neuen Roman an: „Unser aller Aspasia.“ Geschrieben hat er ihn nie.

Die Angst vor dem Irrenhaus lag wieder wie ein Schatten über seinem Leben. Das war – in der Praxis – das einzige Ergebnis des Antibarbarus-Streits. Und Frida ahnte dies, als sie allein in Dornach auf die Rückkehr ihres Mannes wartete, die gar nicht so sicher war, und warnende Briefe von Schleich und Neumann-Hofer aus Berlin erhielt. Sie konnte nicht glauben, daß die Summe aus all der zum Teil gemeinsamen Arbeit an Strindbergs erstem chemischen Werk nur Unglück sein sollte. Aber wenn es auch so aussah, letzten Endes hatte er doch über die konventionelle Wissenschaft gesiegt. Ein bekannter Chemiker, der das Buch vorurteilslos im Jahr 1986 gelesen hat, stellte fest: Im Detail naiv und dilettantisch, findet Strindberg letzten Endes zu einem Ergebnis, das in prophetischer Weise die umstürzenden Theorien unseres Jahrhunderts vorwegnimmt.

5. Kapitel

DORNACH II
oder
DIE SCHÖNE WIENERIN WIRD GEOPFERT

Viel später, als er es ihr versprochen hatte, kehrt Strindberg eines Morgens zurück. Unerwartet, um drei Uhr früh. Erst scheint es, als ob er jetzt im kleinen Haus, abseits von der peniblen Spießbürgerlichkeit der Großeltern, sein wahres Domizil gefunden hätte. „... und in der neuen Wohnung begannen, gerade im Frühling, die beiden schönsten Monate ihrer ganzen Ehe", schreibt er in seinem Roman „Kloster".

„Ihr Häuschen aus Feldsteinen mit Sandsteineinfassungen um die kleinen Fenster, die Schießscharten glichen und mit schmiedeeisernen Gittern versehen waren, war ein vollkommenes Idyll. Es sah aus wie ein Klostergebäude und war überall mit Wein bedeckt. Die Wände in den Zimmern waren weiß gestrichen, ohne Tapeten, und die niedrigen Decken zeigten kräftige, vom Alter geschwärzte Balken. Er hatte ein kleines Zimmer bekommen, das genau wie eine Mönchszelle war, schmal und lang, mit einem einzigen kleinen Fenster an der einen kurzen Seite. Die Mauern waren mindestens eine Elle breit, so daß vor und hinter dem Fenster Blumen stehen konnten. Die Möbel waren altmodisch und paßten gut zu allem anderen. Hier richtete er sich mit seinem Laboratorium und seiner Bibliothek ein und fühlte sich wohl wie nie zuvor. Aber nun sollte hier alles für die Ankunft des Kindes geschmückt werden. Er und seine Frau strichen die Fensterrahmen und die Türen an. Sie pflanzten Rosen und Clematis zu beiden Seiten der Haustür. Sie gruben den Garten um und säten Blumen. Und um die großen weißen Wände drinnen auszufüllen, malte er Bilder. Als alles fertig war, setzten sie sich hin und bewunderten ihr Werk. ‚Herrlich ist es! Nun können wir das Kind erwarten.'"[1]

Noch ahnen beide nicht oder wollen es nicht wissen, daß diese idyllischen Tage nur das Vorspiel zur dunkelsten Periode in Strindbergs Leben sind. Er hätte nicht der Mißtrauische, der Weiberfeind, der ewig Verfolgte und Unterdrückte – und wie immer er auch genannt wurde – sein müssen, jedem Genie wäre dieses „Glück im Winkel" auf die Dauer zur Bedrängnis geworden.

Es ist eine merkwürdige Tatsache, daß er, der mit aller Kraft wieder den Anschluß an die große Welt suchte, keine Verbindung mit Wien aufnahm, das doch gerade in den neunziger Jahren zu einer kulturellen Metropole Europas heranwuchs.

Strindberg tendierte nach Paris, nachdem ihn Berlin und London enttäuscht hatten. Zu der nahen Hauptstadt seines Gastlandes fand er keine Beziehung. In Zeiten großer seelischer und materieller Bedrängnis hatte er wohl manchmal den Plan gefaßt, nach Wien zu gehen, aber nur um dort bei seinen Landsleuten Hilfe zu finden.

Vielleicht war die Enttäuschung schuld, daß der Direktor des Burgtheaters, Max Burckhard, keines seiner Stücke wirklich aufführte und daß die Bemühungen seines Schwiegervaters und seiner österreichischen Übersetzerin erfolglos blieben. Aber gerade in Wien hätte er unter Künstlern wie Gustav Mahler oder dem jungen Arnold Schönberg, der nachweislich ein begeisterter Anhänger Strindbergs war, Seelenverwandte gefunden. Und welche Kontakte hätten zwischen ihm und Sigmund Freud, dessen grundlegende „Studien über Hysterie" im folgenden Jahr erschienen, bestehen können! Der einzige, mit dem er, freilich erst Jahre später, Verbindung aufnahm, war bezeichnenderweise der zweite große „Frauenhasser" der Epoche, Otto Weininger, dem er in einem Brief voll Hochachtung gesteht: „Ich habe das Alphabet gestammelt, Du hast das Lied gesungen!" Es bleibt freilich ebenso unerklärlich, ja weit befremdender, daß keiner der führenden österreichischen Künstler oder Literaten die Gelegenheit, den großen schwedischen Dichter im eigenen Land zu wissen, wahrnahm, um persönlichen Kontakt aufzunehmen. Und dies trotz dessen Verwandtschaft mit den angesehenen Familien Uhl und Weyr!

Die Österreicher, die Strindberg kennenlernt, sind, seine Angehörigen ausgenommen, nur die Bauern und Kleinbürger seiner oberösterreichischen Wahlheimat, Mühlviertler, aus einer Gegend, die damals noch als hinter den „sieben Bergen" galt und deren Bevölkerung ähnlich wie die des benachbarten

Innviertels bis heute wegen ihres eigenwilligen Charakters berühmt ist. Strindberg hat sie in seinem Werk ähnlich skurril und kauzig geschildert wie später ein anderer zugereister Oberösterreicher, der Maler und Dichter Alfred Kubin.

Aber so wie er diesen Menschen gegenüber, die er bei seiner Fahrt nach Dornach als ursprünglich und ehrlich empfunden hatte, immer mißtrauischer wurde, betrachteten auch sie ihn als gefährlichen oder zumindest sonderbaren Außenseiter. Der Saxener Gemeindesekretär von 1985 weiß es von seiner erst vor wenigen Jahren verstorbenen Großmutter, daß Strindberg im ganzen Umkreis nur als „der narrische Dichter“ galt.

Sein Aussehen und sein Gehabe, nach Fridas Aussage dem des fliegenden Holländers gleich, mag zu diesem Ruf ebenso beigetragen haben wie sein scheues Wesen. Nach anfänglicher Leutseligkeit meidet er bald jeden Umgang mit Fremden. Nur im Wirtshaus der Familie Schlipitzka nahe dem erwähnten Steinbruch, wo er seine geologischen Studien betrieben hat, bleibt er Stammgast.

Einem Dienstmädchen im Herrenhaus wirft er ein messingbeschlagenes Meßbuch nach, weil es ihm keine Suppe serviert. Mutter Uhl weiß nie, ob solche Handlungen wirklich seinen Emotionen entspringen oder ob er Komödie spielt. Die Dorfbewohner aber sehen in ihm bald mehr als nur einen närrischen Sonderling. Was sie am meisten verärgert, ist ihr Wissen, daß er kein „Christ“, sondern ein Evangelischer ist. Treffen sie ihn auf der Straße, so bekreuzigen sie sich.

Ob wirklich die Krähe, die auf dem Dach des Häusels nistete, ihn bei seinen Spaziergängen begleitete oder ob er sich das nur einbildete, bleibt fraglich. Daß aber besonders die Bäuerinnen allerlei geheimnisvolle Geschichten über ihn erzählten, steht fest.

Auch Frida muß darunter leiden. Als man ihr zu Ostern einen Korb Eier verkaufen will, sie aber kein Geld hat, ihn zu bezahlen, munkelt man in ganz Dornach von Hexerei. Denn es könne doch nicht mit rechten Dingen zugehen, daß Angehörige der Familie Reischl kein Geld hätten, Eier zu bezahlen!

Und schon wurden die Teufelsgeschichten weitergesponnen: Der Esel im Haus, ein Tier, das es straßauf, straßab sonst nirgends gab, konnte nur der Leibhaftige sein. Eine Bäuerin erzählte aufgeregt, der Esel habe gegen sie ausschlagen wollen. Hätten diese Menschen erst gewußt, daß Strindberg in solcher Umgebung selbst dem Aberglauben verfiel, sie hätten mit Steinen nach ihm geworfen.

„Höre nachts in meinem Garten Krähen", schreibt er an einen Freund, „weinende Kinder am anderen Ufer der Donau; träume von alten Zeiten und verspüre Sehnsucht zu fliegen, in einem lauen Mittelding zwischen Luft und Wasser in weißen Kleidern."[2]

Er fühlt sich in Österreich als Fremdling, als verhaßter Ketzer, aber zugleich bezaubert ihn diese Welt des Aberglaubens, jene barocke Synthese von Heidentum und Christentum, wie sie sich im Brauchtum des Landes manifestiert. Eine neue Welt tut sich ihm auf, eine Welt, die ihm, dem puritanisch erzogenen Nordländer, manchmal wie eine Wunschinsel, eine ersehnte Heimat erscheint. Den Menschen seiner unmittelbaren Umgebung verschweigt er diese Empfindungen, die er erst später in seinem Werk gesteht. Hier betont er noch immer seine religiöse Liberalität und wundert sich, daß in Österreich der Dreißigjährige Krieg noch nicht beendet scheint.

Vor den Menschen flüchtet er in die Natur. Die Landschaft an der Donau, aber auch der Blick in die nahen Alpen prägen sich ihm, wie er später gesteht, als seine schönste Erinnerung an Österreich ein.

Jeden Morgen wandert er durch die Auen, die ihm besonders lieb geworden sind, immer allein, niemand darf ihn begleiten, auch seine Frau nicht. Begeistert schreibt er noch Jahre später über „die herrlichen, überschwemmten Wiesen an der Donau, wo Rehe spielten, wo Fasane wie Raketen aus den Büschen aufflogen und ihre metallisch leuchtenden Federn zeigten wie ein Sternenregen, wo Häher im Sumpf fischten und Goldammern in den Pappeln flöteten."[3]

Was ihm aber am wesentlichsten war: Hier war er allein, traf er auf keinen anderen Menschen. „Hier fühlte er sich wohl, weil es eine ungewohnte Landschaft war, wo kein Mensch zu siedeln wagte aus Furcht vor dem großen Strom... Er wollte diese Landschaft für sich allein haben, sie nur mit seinen Augen sehen und keines anderen Menschen Stimme darin hören, damit in diesem Umkreis niemals die Erinnerung an irgendeinen anderen Menschen auftauchte. Hier konnte er sich stets wiederfinden, sich selbst und niemand anders."[4]

Seine letzte Erkenntnis aus der Einsamkeit der Auwälder aber bildet den Anfang seiner religiösen Wandlung vom Atheisten über den Agnostiker zu einem von der Vorsehung Bestimmten oder Providentialisten, wie er sich selbst nennt; zu einem Menschen, der an Gott glaubt, „ohne genau sagen zu können, was er damit meint."[5] Aber diese Erkenntnis verdankt er nicht nur der Natur, sondern ebenso, wenn nicht noch mehr den Schicksalsschlägen, wirklichen und eingebildeten, die nun über ihn hereinbrechen.

Noch gleicht sein Leben einer Idylle. Frida fühlt sich glücklich, obwohl sie trotz ihrer Schwangerschaft den ganzen Haushalt allein führen muß. Strindberg arbeitet fast den ganzen Tag in seinem Laboratorium, merkwürdig altertümlich gekleidet mit einem Barett am Kopf; vielleicht „spielt" er einen neuen Faust oder Paracelsus. Arthur Sjögren hat ihn in ähnlicher Tracht auf einer Illustration zum „Antibarbarus" dargestellt. Aber auch diese Hexenküche ist zur Zeit noch Idyll. Die Fenster stehen weit offen, so daß die Vögel hereinfliegen können, und Strindberg hat immer Futter für sie bereit. Er unterscheidet auch ihr Gezwitscher. Das der Pirols, stellt er fest, klinge in Österreich ganz anders als in Frankreich.

Wenn er sich nicht im Laboratorium aufhält, arbeitet er im Garten. Den verwilderten Acker neben dem Haus hat er wieder urbar gemacht, Blumen und Gemüse aller Art eingesetzt. Der Botanik gehört zu dieser Zeit seine große Leidenschaft. Auf diesem Gebiet kann auch Frida mithalten, denn Blumen interessieren sie weit mehr als giftige Stoffe. Zur Chemie hat sie keine Beziehung.

Strindberg will auch in dieser Disziplin alle bisherigen Forschungsergebnisse ad absurdum führen. Alle Lebewesen sind für ihn physisch und psychisch von gleicher Struktur. Dieser Gedanke ist im Grunde eine Steigerung seiner chemischen These, wonach alle Elemente wandelbar seien. Immer wieder geht es ihm um die revolutionäre Erkenntnis von der Einheit alles Seienden, des gemeinsamen Ursprungs. Auch telepathische Fähigkeiten, die er zweifellos besessen hat, sind ihm hiefür Beweis. Denn der Mensch war und ist immer mit Erde und Kosmos verbunden, nur die Zivilisation hat diese Verbindungen unterbrochen.

Einen Zusammenhang zwischen Strindbergs Ideen und der Strahlenbehandlung des „Wunderdoktors" Zeileis feststellen zu wollen, ist nicht so absurd, wie es manchem im ersten Augenblick scheinen mag. Denn Zeileis' Wirkungsstätte war von Dornach gar nicht weit entfernt, und so, wie durch die Landschaft zweifellos eine Seelenverwandtschaft zwischen Kubin und Strindberg festgestellt werden konnte, mag eine solche auch zwischen dem Arzt und dem dichtenden Naturforscher bestanden haben. Denn es ist merkwürdig, im ursprünglichen Sinn des Wortes, daß Strindbergs Ideen von der unmittelbaren Verbindung jedes Menschen mit Erde und All erst auf oberösterreichischem Boden Form angenommen haben. Die große Einheit, an die er trotz aller Einwände von Gegnern und Freunden glaubte, entspricht der physikalischen Erkenntnis unseres Jahrhunderts. Es sind nicht die speziellen Forschungsergebnisse, die ihn, von unserem heutigen Wissen aus gesehen, zum Pionier machen, sondern es ist seine visionäre Gabe, die nicht dem Forscher, wohl aber dem Dichter Strindberg gegeben war.

Schon der einfache Gartenbau schafft neue Erkenntnisse. Warum, so fragt er sich und Frida, gibt es Pflanzengattungen, die, setzt man sie neben bestimmten Arten ein, hoffnungslos zugrunde gehen, während sie in anderer Nachbarschaft gedeihen? Die Antwort gibt er sich selbst, und sie ist eigentlich ganz einfach. Er schließt nach den Menschen. Auch die Pflanzen brauchen eine bestimmte Heimat, um blühen zu können, vor allem aber kennen sie ebenso wie wir Sympathie und Antipathie, ja diese Eigenschaften scheinen bei ihnen weit ausgeprägter als beim Menschen zu sein, bedeutet doch ihre Antipathie zugleich ihr Ende.

Strindberg arbeitet auch im Freien extravagant. Er hat einen damals in Europa noch höchst selten gesehenen Tropenanzug an, ein Geschenk Friedrich Uhls an seinen Schwiegervater, der ihn an Strindberg weitergab. Auch diese Sonderbarkeit seines Äußeren mußte bei der einfachen Bevölkerung Verdacht erregen. Aber noch kümmert er sich nicht darum, betreibt weiter seine botanischen Studien. Immer deutlicher erkennt er die Einheit der Lebewesen. Pflanzen haben die gleichen fünf Grundfunktionen wie Tier und Mensch: Ernährung, Verdauung, Kreislauf, Atmung und Fortpflanzung. Wie Tier und Mensch ist auch die Pflanze Mechanik und Chemie in einem. Doch Strindberg geht noch einen Schritt weiter und behauptet, Pflanzen hätten Nerven. Hier widerspricht ihm sogar sein sonst so gleichgesinnter Freund Schleich. Aber Strindberg will seine These beweisen. Er versetzt Blumen in Starrkrampf, schläfert sie mit Morphium ein oder chloroformiert sie.

Einen besonders eindrucksvollen Fall erzählt Frida: Durch Färbung mit Osmium konnte Strindberg die feinsten Nervenfasern einer Hyazinthe unterm Mikroskop sichtbar machen; die Nervenfasern mußten aber für dieses Vorhaben verdickt werden.

Für diesen Zweck hatte er einen für seine Art der Forschung typischen Einfall: Man muß die Nerven reizen, sagte er sich, um sie dicker zu machen. Und eine Pflanze, deren Wurzeln Wasser brauchen, reizt man, indem man diese ans Wasser hält, doch noch ehe sie das Wasser berühren, wieder fortzieht. Ein Tantalusspiel.

Das Experiment gelang zur Zufriedenheit, zuletzt hatte er jedoch Mitleid mit der Blume und ließ davon ab.

Aber immer wieder gerät er mit Freunden in Streit, die an seine Entdeckung der Pflanzennerven nicht glauben wollen. Später experimentiert er mit einer der empfindlichsten Pflanzen, der „Impatiens noli me tangere", in Österreich „Die schöne Wienerin" genannt, der Stolz jedes Gärtners. Strindberg läßt sich eigens einige dieser edlen Blumen aus Wien schicken, nicht nur seiner Wissenschaft, sondern auch dem Schönheitssinn seiner Frau zur Freude. Doch zu einer Zeit, da ihm das Schicksal wieder besonders hart zuzusetzen scheint, stürzt er sich so fanatisch in die Forschung, daß er zum Schrecken seiner Frau und seiner Schwiegermutter gleich elf schöne Wienerinnen der Wissenschaft opfert.

In besseren Zeiten hatte Frida noch gescherzt: „Du sollst die schöne Wienerin nicht als Vivisektionsobjekt hernehmen." Aber auch dieser doppelsinnige Scherz war vergebliche Warnung. Auch Frida wird unweigerlich zum Vivisektionsobjekt seiner Forschungen.

Schleich hat diesen Zug des Strindbergschen Charakters schon früh erkannt und nicht nur in bezug auf Frida, sondern in bezug auf alle Frauen Strindbergs festgestellt: „Er lebte nicht mit ihnen, er beobachtete sie... , sie lagen nicht unter seinen Liebkosungen, sondern unter seinem Seziermesser."[6]

Strindbergs Sektion der eigenen Frau beginnt mit dem seltsamen Verlangen, sie solle ihm offen über ihre Empfindungen als Schwangere und vor allem später als Gebärende berichten. Denn er glaubt nicht an das Märchen von der schmerzhaften Geburt. Das sei – so Strindberg – eine der weiblichen Lügen, in Wirklichkeit empfinde die Frau beim Gebären ein Wollustgefühl. Frida nimmt seine Aufforderung nicht ernst. Sie geht zwar darauf ein, ihm die Wahrheit mitzuteilen, aber zugleich darüber hinweg, indem sie bewußt über anderes mit ihm spricht. Weitaus mehr Sorgen macht ihr im Augenblick die finanzielle Lage. Obwohl durch die sorgende Mutter die Verbindung mit dem Herrenhaus nicht gänzlich abgebrochen ist, kommt es zu keiner ausreichenden Unterstützung mehr. Selbst ihren Gemüsegarten verweigert die strenge Großmutter ihrer Enkelin, so daß diese gezwungen ist, mit List und der Hilfe ihres getreuen Hundes Feldmann heimlich Spargel zu stehlen.

Da scheint aus Paris die Rettung zu kommen. Knut Hamsun meldet die Gründung eines neuen Verlages. Albert Langen, ein junger Mann aus reichem Hause, aus der Zuckerindustrie und angeblich Millionär, hat sich für die schöne Literatur entschieden. Was er sucht, sind Talente. Strindberg schickt sofort sechs Bände. Verspätet trifft die Antwort des Verlegers ein: Zuerst eine höfliche Entschuldigung, nicht persönlich beim Meister vorzusprechen, dann der Wunsch nach weiteren Werken, denn es gehe ihm vor allem um Gesamtausgaben. Strindberg findet sich sofort dazu bereit, weitere Arbeiten nach Paris zu schicken.

Dieses unerwartete Glück kurz vor der Geburt des Kindes gibt ihm und Frida noch einmal richtigen Auftrieb. Jetzt glaubt er, seinen größten Wunsch erfüllen zu können, seine Kinder aus Helsingfors zu sich nach Dornach zu holen. Aber trotz der Aussicht auf ein gutes Honorar, schlägt er sich den Gedanken, alle drei bei sich haben zu können, bald aus dem Kopf; doch dann wenigstens eines. Hans, das jüngste der Kinder, wünscht sich Frida, die durch ihren Zustand mütterlich zu fühlen beginnt. Aber Strindberg neigt zur vierzehnjährigen Karin, dem ältesten der Kinder. „Sie kann dir", meint er zu Frida, „Schwedisch beibringen, und du lehrst sie Deutsch, dann könnt ihr miteinander meine Werke übersetzen."

Selbst in solchen Situationen, wo man annehmen könnte, es gehe ihm nur um das Glück seiner Kinder, spielt sein Egoismus mit, den er zeit seines Lebens, wahrscheinlich auch vor sich selbst, als Kampf um die Erhaltung seiner Persönlichkeit tarnt. Aber Karin sagt ab und dies in einem Ton, der den Vater ins Herz trifft. „Ich verstehe wirklich nicht", schreibt sie, „wie Papa es sich leisten kann, mir zweihundert frs – französische Francs – im Monat anzubieten, Kleidung und alles frei, nachdem er es sich nicht leisten kann, 200 frs Unterhalt für uns alle drei zu erübrigen."[7]

Die Absage und der aggressive Ton ihres Briefes stürzen Strindberg aus dem Himmel der Freuden wieder in den Abgrund seiner Seele. Unsinnig, so stellt er fest, sei der Glaube an ein Weiterleben in seinen Kindern, die einzige Fortsetzung unseres Erdendaseins sei das Weiterwirken im Geist!

Frida kommentiert ironisch, dies sei eine schlechte Ausgangssituation für die bevorstehende Geburt. Am 26. Mai ist es soweit. Tags zuvor ist Strindberg ein besonders gutes Mondphoto gelungen, das er sofort nach Paris schickt. Seine Gedanken sind nur beim wissenschaftlichen Experiment. Da kommt in der Nacht seine Frau zu ihm ins Zimmer. Er erkennt sofort, wie es um sie steht. Trägt sie in ihr Bett. Der alte Knecht wird geweckt, er soll die berühmte „weise Frau" aus der Nachbarschaft zu Frida holen. Aber die weise Frau, der bisher noch jede Geburtshilfe gelungen ist, wagt nicht, im Hause des Dr. Reischl ohne ärztliche Hilfe zu hantieren. So wird der Arzt aus Grein gerufen, was viel Zeit in Anspruch nimmt. Endlich kommt er, wie gewohnt, leicht angetrunken. Die Hebamme allein hätte bessere Hilfe geleistet. Strindberg sitzt während der ganzen Geburt am Bett seiner Frau, trocknet ihr die Stirn, hält ihre Hand fest. Und während sie ihn als wundersamen Samariter empfindet, beugt er sich ganz nah an ihr Ohr und flüstert: „Spiel doch keine Komödie, Kind, ich weiß ja doch, daß das Gebären für die Frau eine Wollust ist und kein Schmerz!"[8] Sie kann es nicht fassen, aber schon ist er wieder ganz liebevoller Gatte.

Fridas Deutung dieses merkwürdigen Phänomens trifft zweifellos zu. Strindberg war eine Doppelnatur, war nie allein, denn hinter ihm stand immer der „Unbekannte", wie sie sein zweites „Ich" nennt. Und während er selbst oder sein erstes Ich mitten im Leben stand und sich freute, war der Unbekannte eiskalter Beobachter, für den auch Mutter und Kind in dieser Stunde nur Studienobjekte waren. Diese doppelte Reaktion, für Strindbergs ganzes Leben und Handeln bezeichnend, mag es vor allem gewesen sein, die ihn immer wieder vom Glück ins Unglück stürzte. Der Unbekannte stand hinter ihm...

Frida bringt ein Mädchen zur Welt. Drei Tage lang heißt sie nur Maus, denn die Eltern haben mit einem Knaben gerechnet, der Axel heißen sollte. Für die Tochter suchen sie jetzt erst nach einem Namen; sie will Elisabeth, er Ingeborg; sie einigen sich auf Kerstin.

Sosehr sich Strindberg, wie es seiner Natur entspricht, über die Geburt des Kindes freut, sosehr fürchtet er, durch seine Liebe zu ihm wieder gebunden zu sein. Mit seinen eigenen Worten: Er hat Angst, das Kind könnte ihn „wie eine Leimrute" einfangen, wenn er fortfliegen möchte. Am gleichen Tag schreibt er an Adolf Paul begeistert über seine Erfolge in

Paris, wo sein zweiter Dramenband in Kürze erscheinen soll. Und zusätzlich bemerkt er: „Mit meinem Porträt auf dem Umschlag!" Diesen Brief, in dem er auch seinen Aspasiaroman ankündigt und wieder einmal gegen die ehemaligen Freunde hetzt, schließt er mit dem lapidaren Satz: „Ich habe nämlich heute von meiner Frau eine Tochter bekommen!"[9]

Es ist schwer festzustellen, ob diese kurze Mitteilung nach einem langen Brief, dessen Inhalt sich auf völlig andere Angelegenheiten bezieht, Bescheidenheit oder Gleichgültigkeit Persönlichem gegenüber ausdrückt. Sowohl Frida in ihren Erinnerungen als auch er selbst in seinem autobiographischen Roman berichten aus dieser Zeit nur über die Tochter. Ihr Dasein stellt alle anderen Betrachtungen zurück. Das Bild der Mutter am Bett des Kindes begeistert den Vater.

Aber das Kind, das sechzehn Stunden gebraucht hat, um ins Licht der Welt zu treten, und bei der Geburt zwar viereinhalb Kilogramm wiegt, erkrankt nach wenigen Tagen. Die Großmutter hält Nachtwache, Frida ist zu schwach. Wahrscheinlich ist sie zu früh aufgestanden, denn außer der Mutter war niemand da, der ihr geholfen hat. Aus dem Herrenhaus schickt man kaum Hilfe, klagt Frida. Dem widerspricht allerdings Strindbergs Ärger über die verschiedenen Ansichten der „vielen Frauen", wie das Kind am besten zu betreuen sei. Dazu gibt es im ganzen Haus nur ein geheiztes Zimmer. Alles hängt voll Windeln. Frida ist nur mehr für ihre Tochter da. Schließlich zwingt man ihn, sein Arbeitszimmer zugunsten der Neugeborenen aufzugeben. Das kranke Kind schreit Tag und Nacht, so daß es den Nachbarn bereits auffällt. Neuer Grund für abergläubische Gerüchte. Denn das Kind ist noch nicht getauft.

Mutter Uhl verlangte zwar sofort nach der Geburt die Taufe, da sonst das Kind, ihrer Meinung nach, der Hölle verfallen sei. Dem Gesetz entsprechend, sollte das Kind aber nach der Konfession des Vaters getauft werden. Es gibt jedoch weit und breit keinen protestantischen Pfarrer. Mutter Uhl und die Großeltern drängen daher auf eine katholische Taufe. Die Alten aus dem Herrenhaus stellen ein Ultimatum: „Das Kind wird binnen vierundzwanzig Stunden getauft, oder die Familie wird über die Donau fortgeschickt."[10]

Mutter Uhl versucht es auf freundliche Art und verspricht ihrem Schwiegersohn die Rückkehr ins große Haus oder freies Logis in der Mondseer Villa, wenn er nachgibt. Aber Strindberg läßt sich weder durch Drohungen noch durch Bestechungen einschüchtern. Jetzt wird er streitbarer Protestant, obwohl er sich im Innern längst keiner Konfession mehr zugehörig fühlt. „Märtyrer zu werden für einen Glauben, den man nicht hat, das ist wirklich barock", räsoniert er in seinem Roman. Und zum ersten Mal flammt ein sonst bei ihm ungewohnter nationaler Stolz auf, wenn er vom „Dreißigjährigen-Krieg-Spielen" spricht und den „Kaiserlichen" – so nennt er die Herrschaften im großen Haus – zuruft: „Aber hütet euch: Der Schwede kommt! Und er nimmt seine Tochter im Troß mit, da sie schwedischer Untertan ist."[11]

Doch zuletzt muß er resignieren. Denn mit Kerstin geht es bergab, ihre Krankheit wird bedrohlich. Oder war es, wie er selbst meinte, nur eine List der Großeltern, da aufgrund einer lebensgefährlichen Krankheit die Hebamme eine Nottaufe vornehmen konnte?

Jedenfalls stellte man den Vater vor eine vollendete Tatsache. Im Grunde war es ihm gleichgültig, ob das Kind katholisch oder anders getauft wurde, aber aus Protest gegen den Befehlston der Reichen wollte er, der sich wieder einmal als der verachtete Sohn einer Magd empfand, nicht nachgeben. Der Garten verwildert. Die vielen Frauen machen das Haus für ihn zur Hölle. Er sehnt sich nach Freiheit, nach der großen Welt, die seine wirkliche Heimat ist. Das Idyll von Dornach ist ihm zum Kerker geworden.

Da erinnert er sich eines alten Freundes in Paris, des Musikers Leopold Littmansson, der eine reiche Französin geheiratet hatte. Dieser muß ihm helfen, in Paris Fuß fassen zu können. Er bestürmt ihn mit Briefen: „... diese entsetzliche Disharmonie zwischen dem, was ich bin, und dem, wofür ich von meiner Umgebung gehalten werde; das Mißverhältnis zwischen meinen Kräften und ihrem Betätigungsfeld, die Scham über unerfüllte Pflichten, der Haß der Nicht-Gerechten, die Verfolgung; das Nagen, das ewige Quälen, die Zudringlichkeit der Materie. Ich bin krank, nervenkrank, pendle zwischen Arbeitswut und allgemeiner Lähmung ..."[12]

Und das war es, was vor allem an ihm nagte: Das Wissen um seine Bedeutung im europäischen Geistesleben, bewundernde Briefe aus aller Welt im Gegensatz zur Verachtung, die ihm die Spießer im eigenen Haus zollten. Aber noch war sein Martyrium von Dornach lange nicht zu Ende. In dem Brief, in dem Strindberg das erwähnte Angebot seiner Schwiegermutter ablehnte, schreibt er zum ersten Mal von seinem Entschluß,

Dornach auf einige Zeit zu verlassen und in die große Welt zu gehen; auch aus Angst vor einem zweiten Kind, das – so schreibt er – „unseren völligen Ruin besiegeln würde“[13]. In Wahrheit meinte er wohl, das „seine Freiheit“ völlig vernichten würde.

Mutter Uhl schickt den Brief entsetzt an ihren Mann nach Wien – denn beide, obwohl seit Jahrzehnten getrennt, schreiben einander täglich –, aber Vater Uhl reagiert vernünftig. Er weiß um die kleinlichen Ursachen der Auseinandersetzungen, um das Dornacher Familiengezänk, dem er durch Meiden des Reischelschen Hauses ein Leben lang ausgewichen war. Also telegraphiert er kurz und bündig: „Laßt den armen Menschen und seine Frau gefälligst in Ruhe.“[14] Der Ton trifft. Die Familie schweigt.

Aber neue Sorgen ziehen auf. Fridas Mangel an Muttermilch macht es notwendig, eine Amme zu holen. Frida wandert von Dorf zu Dorf, etliche Frauen bieten sich an. Aber alle sind sie mager und scheinen krank. Die Kleinbauern und Tagelöhner leiden Not. Zum ersten Mal ist Frida mit einem Elend konfrontiert, das sie bestürzt. Fast schämt sie sich jetzt ihres eigenen Jammerns über „schlechte Verhältnisse“. Hier waren die wirklichen Mägde und ihre Kinder, verachtet und arm. Endlich findet sie ein pralles Bauernmädchen, das gesund wirkt. Auf einem Floß fährt sie mit ihm die Donau hinab nach Dornach. Sie ist überglücklich, das Kind scheint gerettet. Aber nach drei Tagen versiegt auch die Milch der Amme, denn das Mädel hatte verheimlicht, wieder schwanger zu sein. Da bleibt nur die Hilfe der Schwester aus Wien, die Frida zu sich holt und die ihr bei der Suche nach einer vertrauenswürdigen Amme in der Stadt hilft. Und sie finden eine Tschechin aus Iglau – einer wegen ihrer guten Ammen berühmten, kleinen mährischen Stadt; ein trauriger Ruhm, da er zugleich bittere Armut verrät.

Wie sehr der wohlhabende Bürger seine Vorteile gegenüber dem vierten Stand ohne Gewissensbisse genoß, beweist die Haltung Strindbergs, eines für damalige Verhältnisse sozial sehr fortschrittlich denkenden Mannes, dem jedoch die Ungerechtigkeit, Amme sein zu müssen, aus Not ein fremdes statt des eigenen Kindes stillen zu müssen, überhaupt nicht bewußt wurde.

Frida kehrt mit der neuen Amme nach Dornach zurück. Das Kind ist gerettet. Und Marie Weyr finanziert den Haushalt. Mit Recht vermutet Strindberg, daß sie nur der „Strohmann“ für

Vater Uhl sei, der aus Stolz ungenannt bleiben möchte. Das Kind ist gerettet, aber Strindberg klagt wieder über die vielen Frauen im Haus. Dazu gibt es täglich den Besuch von zwei Ärzten, einer kommt aus Grein, der andere aus Amstetten – das ist zuviel für seine Nerven und vor allem für seine Börse! Jetzt muß er ausbrechen.

„Bruder", schreibt er an seinen Jugendfreund in Paris, „wir sind nun bald fünfzig und haben uns die Milchzähne abgetanzt und sollten an das Ende denken. Aber ich kann mir nicht helfen, ich muß lachen über den falschen Zauber, der inzwischen ein böser Zauber geworden ist. Und deshalb schreibe ich Dir jetzt wieder und frage an, ob Du am Leben bist und mich sommersüber in einer Studentenpension, wie in Kymmendö, bei Dir haben willst, wo ich Französisch lernen möchte, so gut ein Schwede das kann. Ja, wahrhaftig, ich bin seit damals verflucht groß geworden, ich habe eine Büste im Finnischen Nationalmuseum stehen, sitze in zwei Panoptiken mit großem Haarschopf und befleckten Kleidern... Ich bin zweimal verheiratet, aber weiter Monogamist. Habe das ganze Universum entlarvt... Wie dem auch sei, Du wohnst in der Nähe von Paris... Willst Du mich haben, so antworte mir bitte sofort. Herzlich August Strindberg."[15]

Immer wieder braucht er den Freund, auf den er, zumindest in Briefen, alle seine Sorgen abwerfen kann. Nach dem Bruch mit Lidforss entdeckt er seinen Jugendfreund Littmansson, mit dem er köstliche Jugendtage auf Kymmendö, seiner geliebten Schäreninsel, verbracht hatte und der jetzt in der Nähe von Paris, der Stadt seiner Sehnsucht, lebt.

Bei aller Echtheit seiner Freundschaften bestehen sie zu einem guten Teil aus Egoismus. Strindberg „braucht" seine Freunde im vollen Sinne des Wortes. Sie werden zu Adlati, zu freiwilligen Sekretären, wenn nicht gar zu Dienern. Lagercrantz nimmt an, daß es sich hier um eine allen Genies gemeinsame Eigenschaft handelt: Sie wissen, daß sie ihre Mitmenschen durch ihre Werke bereichern und erwarten von diesen dafür selbstverständlich Erkenntlichkeit, das heißt Gegengeschenke; im Falle Strindbergs: Dienste.

Eine solche Verallgemeinerung würde Strindbergs Verhalten entschuldigen. Es stellt sich allerdings die Frage, ob eine solche Verallgemeinerung wirklich zutrifft oder ob Strindbergs Machtausübung über Freunde nicht speziell für seinen Charakter typisch war. Diese steht freilich in scharfem Kontrast zu seiner bekannten Menschenfreundlichkeit, aber gerade diese Ambivalenz seines Verhaltens war ein bestimmender Faktor in seinem Leben. Um seine angeborene Sanftmut und Freundlichkeit, die er wie so viele Männer als Schwäche oder als feminin auslegte, zwar nicht zu bekämpfen, aber zumindest zu überspielen, gab er sich als Machtmensch aus, was seinem eigentlichen Wesen widersprach. Wir wissen aus Briefen, welche Angst er hatte, als Mann nicht vollwertig genommen zu werden, wie er grundlos selbst an seiner sexuellen Leistungsfähigkeit zu zweifeln begann und wie er solche Ängste schon rein äußerlich durch besonders deftige Ausdrücke in seinem Schreiben verdrängen wollte.

Vor allem aber brauchte er seine Freunde dazu, ihm die lästigen, aber im Leben notwendigen Geschäfte abzunehmen, ihm Wohnungen zu beschaffen, Bekanntschaften zu vermitteln und ähnliches. Adolf Paul, anfangs begeistert, dem großen Dichter dienen zu dürfen, erkannte später, wie sehr diese Rolle seiner eigenen Arbeit und seinem Selbstbewußtsein geschadet hatte, so daß er sich zornig zurückzog. Unmittelbarer Anlaß zum Bruch war wieder einmal Lidforss, dem Paul in einer bestimmten Angelegenheit mehr Glauben schenkte als seinem Meister.

Strindberg bittet Littmansson, seine Geschäfte in Paris zu übernehmen, das heißt, für Übersetzungen und Aufführungen seiner Stücke zu sorgen. Zugleich aber macht er dem Musiker Littmansson einen höchst romantischen Vorschlag, von dem es ungewiß bleibt, ob er ernst gemeint oder nur als Scherz gedacht war. Es war kaum anzunehmen, daß der Gatte einer reichen Frau seine Villa in Versailles verlassen würde, um in Österreich-Ungarn das Leben eines Wandermusikanten zu führen. Denn nichts Ausgefalleneres schlägt ihm Strindberg vor, als Geiger beim Fürsten Esterházy zu werden, wobei er allerdings auch an seinen eigenen Vorteil denkt.

„Du mit Deiner Fiedel", schreibt er, „kannst ja mit Deinem Geigenkasten auf dem Rücken durch die Welt marschieren oder radeln. Höre! In Ungarn, bei Totis, wohnt der Fürst Esterházy. Er ist so verflucht reich, daß er eine eigene Kapelle hat, ein eigenes Theater, Bibliothek, Stall mit tausend Pferden. Und Wein hat er, eine unterirdische Kirche voll. Dieser Fürst sah die ‚Gläubiger' in Berlin und geriet in Ekstase – ich habe den Mann nie gesehen. Für ihn waren ‚Cavalleria rusticana' und ‚Gläubiger' das höchste der modernen Kunst usw. Laß uns als Fin de siècle Buddhas mit einer Anleihe beim Troubadour hinfahren, inkognito, und dort entdeckt werden. Du spielst, und ich warte mit nordischen Fin de siècle-Rhapsodien auf. Dann lassen wir die Maske fallen. Du wirst erster Kapellmeister und Komponist mit der ungarischen Krone auf dem Frack und ich fürstlicher Bibliothekar und Alchimist... Das ist ein feiner Vorschlag! Ohne Askese, die Straße wie in den guten alten Zeiten, als die Sänger und Fiedler noch vor Fürsten krochen und nicht vor Geldsäcken wie jetzt... Ungarn ist flach, und das Donauufer entlang kann man ausgezeichnet radfahren... "[16] Und ein anderes Mal bittet er Littmansson, seine Bilder zu verkaufen.

Diese sprunghaften Vorschläge konzentrieren sich schließlich auf den einzigen Wunsch, aus der Enge von Dornach fliehen zu können; nicht auf Dauer, sondern nur solange die „Weiberwirtschaft" an der Donau anhält.

Nach der erfolgreichen Aufführung der „Gläubiger" in Paris scheint seinem Wunsch nichts mehr im Wege zu stehen. Am 21. Juni 1894 erobert Strindberg die französische Hauptstadt. Die Erstaufführung der „Gläubiger" wird zu einem unerwartet triumphalen Erfolg.

A. M. Lugné-Poe, der Direktor des „Théâtre l'Œuvre", hatte das Stück angenommen und seinem erfahrenen Regisseur Georges Loiseau anvertraut. Als Berater stand ihm der dänische Dramatiker Herman Bang zur Seite, der als Theaterreformer ähnliche Ideen wie Strindberg vertrat. Lugné-Poe freute sich über die selbstlose Mitarbeit eines Skandinaviers, gab es doch in Paris ausgesprochene Gegner der nordischen Dramatiker, angeführt vom Kritiker Sarcey, der besonders Ibsen attackierte. Der französische Nationalismus wehrte sich gegen die skandinavische Invasion im europäischen Theater. Georges Loiseau war als Regisseur vor allem Anwalt seines Dichters. Ihm war es zu danken, daß trotz einigen Widerstandes der Schauspieler Strindberg unverfälscht gespielt wurde. Das Gerücht, daß Bang diesen Widerstand unterstützt hätte, ist bei dessen bekannter künstlerischen Redlichkeit kaum glaubhaft. Er selbst verteidigte sich Strindberg gegenüber auf höfliche Art. Am 15. Juni, sechs Tage vor der Premiere, schreibt er an ihn: „Lieber Herr Strindberg! Ich habe in keiner Weise für mich selbst Reklame gemacht. Das ist gegenüber den mir sehr zugetanen Schauspielern von ‚L'Œuvre' nicht nötig." Hierauf erklärt er den begreiflichen Grund einer regielichen Retusche und beendet den Brief mit den Worten: „Im übrigen arbeite ich vier Stunden täglich, um nach Vermögen den Sieg zu erringen. Ihr ergebener Herman Bang."[17]

Wie sehr er Strindberg schätzte, geht aus einem fünfzehn Jahre später geschriebenen Artikel in einer Stockholmer Tageszeitung hervor, der zugleich den turbulenten Sieg Strindbergs bei der französischen „Gläubiger"-Premiere schildert. Das Stück, mit französischem Titel „Créanciers", ging als letzter von drei Einaktern über die Bühne. Das erste Stück, ein Werk Henri de Regniers, war nicht nur ausgepfiffen worden, sondern hatte zu einer regelrechten Saalschlacht geführt; das zweite, von Herman Bang selbst, fiel ebenso durch. Dann kam Strindberg. „Aber er bezwang die Menge, nahm sie."[18] Und vom Jubel der Begeisterung berichtet Herman Bang, wenn er schreibt: „Ich hörte ihn, als er in einem Pariser Theater zu einem Orkan, zu einem Beifallsrasen anschwoll, als das ‚Œuvre' zum ersten Mal seine ‚Gläubiger' gab. Vorher war ein Stück von mir, ‚Die Brüder', gespielt worden, das erbärmlich durchfiel. Aber umso glorreicher schritt Strindberg über meine Niederlage weg, wie ein Vulkan über der Verwüstung loht. Die Hochflut der Erregung, die an diesem Abend sein Werk begrüßte, hat seinen Weltruhm getauft."[19]

Und während dieses denkwürdigen Abends sitzt der Dichter, bedrängt von geschäftigen Frauen, in einem kleinen Haus, in dem er zur Zeit nicht einmal ein Arbeitszimmer sein eigen nennen kann, von kleinlichem Gezänk verärgert, den Kopf voll revolutionärer Ideen, in einem weltabgeschiedenen Dorf an der Donau. Mit allen Kräften strebt er fort, in die Metropole an der Seine, wo auf Betreiben Loiseaus nach „Samum", „Gläubiger", „Das Band" und „Spiel mit dem Feuer" nun auch „Der Vater" und „Paria" im Verlag Ollendorf und Charpentier in französischer Sprache erscheinen. Und Albert Langen will nach „Das rote Zimmer" und „Am offenen Meer" vor allem „Die Beichte eines Toren" veröffentlichen. Für den Dezember kündigt Lugné-Poe die Erstaufführung von „Der Vater" an. Die Zeitung „Le Figaro" bringt einen Artikel „Strindberg, l'Ennemi de Femmes".

„Pang!" schreibt er an Paul. „Ich reise nach der Bretagne, wo ein schwedischer Freund, der Zola gemalt hat, wohnt, nebst Charpentier und seiner Freundin Sarah Bernhardt! Hei! Endlich hab ich's auf der Gabel, wie man sagt."[20] Und zugleich fühlt er sich als Triumphator über seine treulosen Berliner Freunde, die ihn totschweigen wollten. In ihrer neuen Zeitschrift „Pan" war sein Name auf der langen Liste der Mitarbeiter nicht verzeichnet. „Denk", schreibt er im oben zitierten Brief an Paul, „wenn diese Drecksstiefel dasitzen und Frau Tavaststjerna und Aspasia beim Nordhäuser und glauben, mich ausgerottet zu haben!" Immer wendet sich seine Freude sogleich zur Schadenfreude, er braucht die Bestätigung seiner Macht aus ständiger Angst vor der Übermacht der anderen.

Falls der Pariser Aufenthalt doch nicht erreichbar sein sollte, will er in Schweden Zollbeamter oder Leuchtturmwächter werden. Der Korsoe-Leuchtturm, so schreibt er etwas übermütig an seinen Freund, den Maler Richard Bergh, würde ihm passen, denn sein heißester Wunsch sei eine Fünf-Zimmer-Wohnung, die man darin einrichten könnte. Außerdem wäre im Turm die Möglichkeit, eine metereologische Station einzurichten, schließlich sei er ja Telegraphist gewesen.

Man würde diesen Brief als wenig ernstgemeint, fast als Scherz auffassen, gäbe es nicht das freundliche Antwortschreiben Berghs, der Strindberg bereits am 30. Juni in Varberg willkommen heißt. „Möglicherweise kannst Du mein Zimmer im Bauernhaus übernehmen,... wenn Du lieber auf dem Lande wohnen willst als in der Stadt", schreibt er und ermuntert ihn zu neuer Arbeit, indem er ihm seinen Pessimismus ausredet: „Du meinst, Du hättest nichts mehr zu tun; das beruht auf einer vorübergehenden Gemütsverfassung. Wer so viel in sich trägt, wie Du, ist nicht so bald am Ende. Wir haben Deine großen Erfolge draußen mit wachsender Freude verfolgt und freuen uns nun darauf, es Dir hier zu Hause sagen zu können. Komm, sobald Du kannst..."[21]

Aber Paris ist stärker als die Heimat. Sein Briefwechsel mit Bergh war nur eine erste Fühlungnahme, noch ist die Zeit zur „Heimkehr" nicht reif.

Die Telegramme aus Paris, die von seinem Erfolg künden, lassen ihn aufatmen. Die Zeit seiner Ohnmacht ist vorüber. Ob sein Jubel über die wiedergewonnene Macht, über andere herrschen zu dürfen, Frucht seines Briefwechsels mit Nietzsche war oder unmittelbares Empfinden, läßt sich schwer rekonstruieren. Jedenfalls gibt er diese Gesinnung offen zu, wenn er an Littmansson schreibt: „Der Schlüssel des Lebens? – Der Wille zur Macht über die Geister! Glück? – Wachsen und herrschen dürfen. Unglück? – Nicht wachsen dürfen und beherrscht werden. Glück ist, wenn man in einer Bauernhütte an der Donau zwischen sechs Frauen sitzt, die einen für halb verrückt halten, und dabei weiß, daß währenddessen in Paris, im Hauptquartier der Geister, fünfhundert Menschen mäuschenstill in einem Saal versammelt sitzen und so unvorsichtig sind, ihr Gehirn meinen Anregungen auszusetzen. Einige lehnen sich auf. Aber viele tragen meinen Hengstsamen in ihrer grauen Hirnrinde mit fort, gehen heim, trächtig von meinem Geist – und das, was sie befruchtete, gedeiht. Ein halbes Jahr später lese ich dann zufällig irgendein französisches Buch, eine französische Zeitung – und erkenne meine Kinder wieder. Ha! Es ist mein Korn, das wächst! Das ist Glück! ... "[22]

Immer wieder kommt auch in diesen Briefen die Angst vor dem Verlust der Persönlichkeit zum Ausdruck. „Was bedroht uns jetzt am meisten?" fragt er und gibt sich selbst die Antwort: „Die Vernichtung der Persönlichkeit. Daher diese höllische Unruhe in uns, denn nun gilt es, unsere Seelen zu verpflanzen und damit für die Unsterblichkeit zu retten. Das Kind ist eine zu problematische Fortsetzung."[23] Immer leidenschaftlicher wird sein Wunsch nach Aufbruch: „Ich bin immer auf dem Sprung, wenn ich merke, daß man mir die Flügel antastet! Und ich bin immer bereit, meine Zelte abzubrechen, wenn es um mich herum mulmig wird! Und das wird es jetzt!"[24] Die Familie nennt er seinen tragischen Teil. „Aber man muß durch alles hindurch und über alles hinweg können." Frida ist so vernünftig, seine Ansicht zu respektieren oder zumindest zu verstehen. „Die große Nähe, die brutale, ungemilderte Nähe der Familie"[25] muß einen so sensiblen Mann wie Strindberg am Schaffen hindern. Für ihn ist das Leben in Dornach nur mehr ein Vegetieren. „Da stehe ich nun und muß mich entscheiden!" klagt er dem Freund, „entweder mich hinabphilistern, Wein und Kohl bauen, Erbe werden und mich krank fressen – oder – Excelsior!"[26]

Bei allen literarischen Erfolgen in Paris ist es aber nach wie vor nicht die Kunst, sondern die Wissenschaft, der er sich auch in der französischen Metropole widmen will. Er fleht seinen Freund an, ihm zwei wichtige Bücher zu kaufen, zu schicken, aber auch zu bezahlen, denn er besitzt keinen Groschen. Es sind Bücher, in denen er seine eigenen Hypothesen von der Wandelbarkeit der Materie bestätigt zu finden glaubt. Schon die Titel scheinen dies anzudeuten: „La Vie et l'Âme de la Matière", „Étude de Dynamochémie" von Fr. Jolivet-Castelot und „Les Métamorphoses de la Matière" von Claude Hemel.

Sein Glaube an die Einheit alles Lebendigen bringt ihn aber nicht nur in Gegensatz zur herrschenden Schulphysik und Schulchemie, sondern zugleich zu deren philosophischer Grundlage, dem Materialismus. Ob es ein besonderes Erlebnis war –

der Titel seines Dramas „Nach Damaskus“ deutet darauf hin – oder ein langsames Erkennen, läßt sich schwer eruieren. Frida macht es sich leicht in ihren Memoiren, wenn sie mit einigen pathetischen Sätzen seinen Weg vom Naturalismus zum „Supernaturalismus“ schildert – einem von ihm so benannten Begriff –, wenn sie von einer Brücke vom Sichtbaren ins Übersinnliche spricht, die er sich durch seine Forschung aufgebaut hatte. Als unmittelbaren Anlaß dieses Wandels gibt sie seine Beschäftigung mit den Reden Buddhas an, die er in der Bibliothek ihres Großvaters vorgefunden hatte. Er selbst schildert seine geistige Situation klarer, wenn er in „Kloster“ schreibt: „Obwohl er an nichts glaubte, verfiel er in eine Art religiöse Krise. Er fühlte, wie er herabsank in dieser Umgebung, wo alles sich um materielle Dinge drehte.“[27]

Also nicht der philosophische, sondern der handfeste praktische Materialismus im Hause des „gutbürgerlichen“ Dr. Reischl wurde der Anlaß seiner geistigen Umkehr und war auch der Grund seines Klostertraumes, der in ihm immer stärker Gestalt annahm. „Die Idee vom Kloster hatte damals schon lange in der Literatur gespukt. In Berlin hatte man davon gesprochen, konfessionslose Klöster zu gründen für die Intellektuellen, die in einer Zeit, da Industrie und Handel in den Vordergrund drängten, sich nicht zurechtfinden konnten in der materialistischen Atmosphäre, die zu predigen sie selbst sich hatten verleiten lassen.“[28]

So berichtet er selbst in seinem autobiographischen Roman, obwohl er dort seine Sehnsucht nach einem klösterlichen Leben mehr als Flucht oder Ausrast charakterisiert denn als philosophisches Verlangen. In Wahrheit ist sein Kloster mehr als eine eigenwillige Variante der erwähnten Berliner Idee und mehr als nur der individuelle Wunsch eines Unglücklichen, nämlich die Synthese aus beiden, die Konsequenz aus einer Summe weltanschaulicher und privater Enttäuschungen. Das Ent-Täuschen, der Tausch dieses Scheinlebens gegen das wirkliche Sein, des Da-Seins gegen das So-Sein, dieser Ursprung des mönchischen Ideals drängt auch ihn, danach zu leben, obwohl er sich keiner bestimmten Religion zugehörig fühlt, ja an jeder Religion zweifelt.

Noch sieht er alles nur skizzenhaft vor sich, noch ist das Kloster für ihn vor allem ein Schutz vor den Versuchungen und dem „Schmutz“ der Welt, eine Heimstatt des Vergessens und des Vergessen-Werdens. Daß er im Sinne Buddhas als Gottsucher der Mönchsgemeinschaft bedarf, ist eine Deutung Fridas, entstanden, besser gesagt, konstruiert aufgrund seiner späteren Entwicklung und seines späteren Werks. Im Sommer 1894 fühlt sich Strindberg noch nicht als Gottsucher, wenn er auch in einem Brief von der Hand des Herrn spricht, die über ihm ruhe, seit er wieder Buddhas Reden gelesen habe. Aber fast gleichzeitig schreibt er in einem weiteren Brief Blasphemisches über Buddha und nicht viel anders über Jesus. Auch hier das eine Mal höchste Verehrung, ja der Versuch einer Identifizierung, dann wieder sarkastische Bemerkungen: ein seltsames Schwanken zwischen radikalem Glauben und totalem Unglauben. Eine ähnliche Ambivalenz kommt auch darin zum Ausdruck, daß er außer in der Stille des Klosters auch in einer dazu diametral entgegengesetzten religiösen Form, im orgiastischen Tanz, Erfüllung zu finden glaubt. Jig, ein damals geläufiger Name für Negertänze, bedeutete für ihn den idealen Ausdruck von Machtgefühl und damit vielleicht „das Höchste"[29].

Strindberg steht an der Schwelle eines neuen Lebensabschnittes, vor einer Entscheidung, die ihm nicht leichtfallen, ja die ihn zwingen wird, in die Hölle des Daseins hinabzusteigen. Aber wenn er in seinem Roman bereits von der Ahnung eines bewußten persönlichen Wesens spricht, das seine Bahn lenkt, stimmt dies mit seiner tatsächlichen Glaubenssituation zur Dornacher Zeit kaum überein. Hier nimmt er eine spätere Erkenntnis vorweg.

In seinen Briefen an Littmansson und seinen neuen Freund, den Theosophen Torsten Hedlund, der immer größeren Einfluß auf ihn gewinnt, beschreibt er bis in Einzelheiten das Aussehen des Klosters, so wie es seine Phantasie ausmalt, und entwirft Regeln für Ordensbrüder. Und wenn er auch das Stift Maredsous in den Ardennen als sein Kloster ausersehen hat und von einer Wallfahrt in einem weißen Drachenschiff auf dem Fluß Aisne phantasiert, so wird doch Frida zweifellos recht haben, wenn sie den Blick auf das Kirchlein am Kolmützberg, der sich von ihrem „Häusel" aus Strindberg dargeboten hat, als ursprünglichen Ausgangspunkt seiner Idee erwähnt. Diese Aussicht von Dornach aus, heute ebenso wie 1894, muß in einem so sensiblen Gemüt wie dem Strindbergs seiner Klosteridee reichlich Nahrung geboten haben. Denn das Kloster seiner Träume lag hoch über einem Fluß auf einem Hügel, oberhalb der dunklen Welt mit ihren Straßen und Märkten, dem Himmel näher, ein Hort reinen Geistes. Frauen bleiben dort ausgeschlossen. Die Bruderschaft soll eine Gesellschaft elitärer Männer sein, Künstler, Philosophen, Forscher. Die vorgeschriebene Askese soll die Berufenen durch die Lösung von allen materiellen Bindungen für ihre geistigen Aufgaben frei machen. Nicht Reinigung der Seele zur Erlangung ewigen Lebens, sondern Befreiung des Geistes für den Fortschritt von Kunst und Wissenschaft war der Sinn strenger Regeln.

Im Gegensatz zu den sozialistischen Idealen seiner Jugend geht es Strindberg jetzt nicht um den Menschen an sich, sondern nur um die Elite der Menschheit. Der Übermensch ist es, zu dem die Klostergemeinschaft „durch Askese, Meditation und wissenschaftliche, literarische und künstlerische Übungen" erziehen soll. Und Strindberg beendet die Erklärung seiner Idee mit dem für seinen Zwischenzustand bezeichnenden Satz: „Die Religion wurde nicht erwähnt, weil man nicht wußte, welche Religion kommen oder ob es überhaupt noch eine geben würde."[30] Doch darf keinesfalls übersehen werden, daß die katholische Umgebung, der Einfluß der Schwiegermutter und das kirchliche Brauchtum des Landvolks sehr wesentlich zu seiner Idee eines Klosterlebens beigetragen haben. In einem Brief an Littmansson sagte er es selbst: „Wenn ich religiös werden könnte, würde ich versuchen, in ein katholisches Kloster einzutreten, um dort Wissenschaft zu treiben."[31] Was ihm aber fehlte, waren Glauben und Gehorsam.

Die Vision des Klosters bezeichnet den Fluchtpunkt der geistigen Perspektive Strindbergs um 1894. Elitäres Denken im Sinne Nietzsches und rationalistischer Fortschrittsglaube gehen hier mit intellektueller Müdigkeit, wie sie für die Jahrhundertwende bezeichnend ist und in der Décadence noch letzte leuchtende Herbstblumen zum Blühen bringt, eine seltsame Ehe ein.

Zweierlei aber war für Strindberg entscheidend und unterscheidet ihn sehr wesentlich von den bloßen Theoretikern seiner Epoche: Er erkannte die Ursache seiner inneren Bedrängnis immer mehr im Verlust der Religion. Während für viele seiner Zeitgenossen Religiosität nur zu einer ästhetischen Mode wurde, bedeutete Religion für ihn Versuchung und Hoffnung zugleich. Zum andern aber war er viel zu sehr ein Mann der Tat, als daß er sich begnügte, seine wissenschaftlichen Erkenntnisse oder das, was er dafür hielt, als bloße Hypothesen der Nachwelt zu hinterlassen.

So möchte er als Leiter eines biologischen Institutes „das

Angesicht der Erde ändern, das Klima, die Fauna, die Flora"[32]. Bescheiden, aber vielleicht auch nicht ohne Selbstironie setzt er hinzu: „Vielleicht würde ich mich auch mit weniger begnügen." Ganz im Sinne des Ideals vom Übermenschen will er Gold erzeugen, um dadurch das Wirtschaftsgefüge unserer fatalen Gesellschaft ad absurdum zu führen. Obwohl seine Konsequenzen aus den Dornacher Ideen, wie er sie in seiner Trilogie „Nach Damaskus" Jahre später bekennt, in einem eigenen Kapitel kommentiert werden sollen, sei hier ein einziges Zitat aus diesem Werk wiederzugeben erlaubt. Dort läßt er sein zweites Ich, den Unbekannten, sagen: „... das falsche Gold hat aufgehört zu herrschen, alle sind gleich arm... Glaubst Du, ich mache Gold, um uns und die andern zu bereichern? Nein, um die ganze Weltordnung lahmzulegen, um zu zerstören... Ich bin der Zerstörer, der Auflöser, der Weltverbrenner, und wenn alles in Asche liegt, dann werde ich hungernd zwischen den Schutthaufen streifen und mich an dem Gedanken freuen: Das habe ich getan, ich habe das letzte Blatt in der Weltgeschichte geschrieben, die damit für abgeschlossen gelten kann."[33]

Heute, fast hundert Jahre nachdem diese Sätze niedergeschrieben worden sind, ist es schwer, dabei nicht an die Schutthaufen nach dem Zweiten Weltkrieg zu denken, deren Ursache eine ebenso hybride Auslegung von Nietzsches Ideen war. Wir wissen, daß Strindberg diesen Machtwahn überwunden hat und sein Übermenschenideal nur eine wirre Epoche auf dem Weg nach Damaskus war. Aber das oben erwähnte Zitat soll nicht ohne ein zweites angeführt werden, einer Stelle aus einem Brief an Jonas Lie, deren prophetische Aussage erschauern läßt. Er schreibt: „Ich glaube, der Weltbrand steht bevor. Wir werden alle in einem großen Ofen, den wir selbst anzünden, vergehen."

Während dieses verzweifelten Ringens um Erkenntnis, während er seine botanischen und chemischen Versuche soweit als möglich fortsetzt, belastet ihn die Familie von Tag zu Tag mehr.

Lagercrantz geht in seiner Biographie rasch darüber hinweg, indem er schreibt: „Während Strindberg sich auf Paris vorbereitete, entwickelte sich seine Ehe nach bekanntem Muster – Auseinandersetzungen, Szenen, Versöhnungen."[34]

Das ist richtig, aber die Reaktion Fridas war doch eine andere als die seiner ersten Frau. Das „bekannte Muster" gleicht nur der Oberfläche eines stürmischen Sees, in dessen Tiefen sich die eigentlichen Tragödien abspielen. Liest man Fridas Memoiren, kann man seine Behauptungen, sie sei lieblos und kalt zu ihm gewesen, hätte ihm nur schlechtes Essen vorgesetzt und ähnliches, nicht glauben. Gewiß übertreibt er, vor allem in seinem Roman „Kloster“. Wenn er sie Furie nennt, mag dies einem augenblicklichen Zorn entstammen, aber zweifellos sind auch seine Anschuldigungen nicht grundlos. Eine so intellektuelle Frau mit emanzipatorischem Gehaben wie Frida Uhl kann auf die Dauer nicht die demütige Dulderin spielen. Es ist anzunehmen, daß sie nicht jedes Mißtrauen, jeden falschen Verdacht ihres Mannes wehrlos auf sich genommen hat. Sie war weder christliche Dulderin noch masochistische Geliebte, am allerwenigsten Befehlsempfängerin, Sklavin.

Was Strindberg aber am meisten aufregt, das ist der Einfluß der anderen Frauen des Hauses, die „weibliche Mehrheit“, von der er – zum Teil mit Recht – nur Böses erwarten kann. Sein alter Frauenhaß steigert sich wieder. „Die Stellung der Frau als verkümmerte Zwischenform zwischen Mann und Kind ist jetzt voll bewiesen und geht in biologische Handbücher über“, schreibt er an den Pariser Freund und untermauert diese Erkenntnis aufgrund einer Beobachtung: „Der Haushahn bildet mit seinem prächtigen Federschmuck den Übergang zum höheren Goldfasan. Die Henne mit ihrem gesprenkelten aschgrauen oder schwarzweißen Federzeug gleicht dem niedrigen Haselhuhn. Und alle Kücken gleichen im ersten Stadium der Henne. Daß der Fasan höher steht als das Haselhuhn, kann man beweisen, embryologisch usw.“[35]

Ob derartige Forschungsergebnisse wirklich ernst gemeint sind, bleibt fraglich. Man hat Strindberg Humorlosigkeit vorgeworfen, doch scheint es gar nicht unmöglich, daß viele seiner Bemerkungen, besonders über Frauen, die man als Beweise seiner psychischen Verwirrtheit betrachtet, ironisch gemeint sind. So etwa die oben erwähnte Briefstelle, die weit eher komisch als ernstgemeint wirkt. Daß es schwarzer Humor ist, steht dabei außer Frage; schwarzer Humor, der aus echtem Zorn, ja Haß geboren sein kann. Viel ernster, doch auch nicht ganz ohne Humor, oder sagen wir besser ohne ironischen Witz, ist eine andere, eindeutig von Nietzsche beeinflußte Briefstelle, wo er schreibt: „Alle Frauen hassen Buddhas... quälen... mit dem ganzen Haß der Unterlegenen, da sie selbst keine Buddhas werden können. Hingegen haben sie eine instinktive Sympathie für Mägde, Knechte, Bettler, Hunde... sie verehren Schwindler, geprüfte Zahnärzte, Literatursergeanten, Holzwarenagenten – alles Mittelmaß... von zwei Kindern, die im Geschwisterbett schlafen, braucht das schwächere das stärkere auf. Das ist die Ehe! Ein Geschwisterbett."[36]

Diesem vernichtenden Urteil war ein Satz vorausgegangen, mit dem er zum ersten Mal die Dinge beim Namen nennt: „Die Situation ist nämlich die: Meine Ehe steht vor der Auflösung." Aber es wäre nicht Strindberg, wenn diesem Brief nicht wieder etliche bessere Tage folgten, Tage, an denen er Frida wieder liebte, mit ihr und dem Kind zusammenleben wollte.

Diesen Wechsel des Gefühls scheint er bei der Niederschrift seines autobiographischen Romans „Kloster" vergessen oder bewußt unterschlagen zu haben. Hier steht ein hilfloser Mann einer boshaften Frau gegenüber.

In Fridas Memoiren wechseln die Stimmungen. Es gibt Tage, an denen alles gut zu werden scheint. Sie beschäftigt sich sogar wieder mit seinen Forschungen. Oder bedeutet es nur eine poetische Floskel, wenn sie knapp vor Abschluß der Dornacher Kapitel die Agave Mexicana erwähnt, eine seltene exotische Pflanze, die in ihrer mittelamerikanischen Heimat nur im achten Lebensjahr blüht, um dann zu sterben. Im Klostergarten von Paumgartenberg, dem unweit von Dornach gelegenen Stift, wird sie hundert Jahre alt, dann erst entfaltet sie ihre Blüte und stirbt. Strindberg läßt es sich nicht nehmen, sie mit eigenen Augen zu sehen, obwohl er das Stift mit seinem Heim für gefallene Mädchen sonst lieber meidet. Denn die barbarische Art der Erziehung – die Mädchen mußten selbst im Winter auf kaltem Steinboden schlafen – ist ihm im Innersten zuwider.

Aber grundsätzlich läßt Fridas Interesse für seine Arbeit nach Kerstins Geburt nach. „Jeder hütet wild sein Stück Unsterblichkeit", schreibt sie, „ – er sein Schaffen und ich mein Kind. Und jeder hadert eifersüchtig. Ich mit dem Geiste, der ihn uns entfremdet, er mit dem eigenen Jungen, das ihm das Weib geraubt."[37]

Zum Abschluß seines Prozesses soll er im Juni noch einmal nach Berlin fahren. Eine Halsentzündung, an die seine Frau nicht glaubt, verhindert seine Reise. Noch schreibt er pausenlos Postkarten an Paul, der ihm über das Berliner Theaterleben berichten muß. Es sind merkwürdige „Bandwurmbriefe", wie der Freund sich ausdrückt, hintereinander abgeschickte Karten, die alle Mitteilungen in Fortsetzungen bringen. Sein Benehmen wird immer merkwürdiger, Hypochondrie und Mißtrauen ergreifen wieder von ihm Besitz.

Als er eines Tages Frida mit Entsetzen seine eitrigen Handflächen zeigt, wohl eine Folge seines Umgangs mit ätzenden Chemikalien, glaubt er, aussätzig zu sein. Er unterbricht seine Arbeit an einem Aphorismenbuch, das er „Buch der Weisheit“ nennen will, und bildet sich ein, von einem angeblich räudigen Hund des Hauses angesteckt worden zu sein. Jetzt kann Frida seine Exzesse nicht mehr ertragen. Sie flüchtet vor dem Mann, den sie liebt und vor dem ihr zugleich graut. Sie wohnt in einem Gasthof in Ardagger, am gegenüberliegenden Ufer der Donau. Die Mutter vermittelt zwischen ihr und Strindberg. Aber fern von ihrem Mann muß sich Frida gestehen, ihn nach wie vor zu lieben, ja nicht ohne ihn leben zu können. Sie nimmt auch von ihm das gleiche an, denn die Mutter meldet, daß er mit einem Opernglas ständig das andere Ufer beobachte. Im übrigen arbeite er, als ob nichts geschehen wäre. Als Frida zurückkehrt, weint er vor Freude.

So der Bericht der Frau. Bei Strindberg allerdings, in seinem Roman „Kloster“, liest man es anders. Dort findet er, als er von einem seiner Spaziergänge durch die Auen zurückkehrt, das Haus leer. Eine Magd berichtet ihm, seine Frau sei mit dem Kind nach München gefahren. Es trifft ihn nicht. Im Gegenteil, er fühlt sich befreit. Auch die Magd schickt er fort, endlich ist er allein. Aber wie erwartet, trifft am Abend die Schwiegermutter ein. Im Auftrag der Tochter droht sie ihm mit Scheidung. Er nimmt es gelassen auf. Am nächsten Morgen entdeckt er, daß die Magd mit Kinderwäsche über die Donau fährt. Sein Verdacht, seine Frau sei in der Nähe, stellt sich als richtig heraus. Am Nachmittag kehrt sie zurück. Und anders als in Fridas Bericht bricht er nicht aus Rührung in Tränen aus, sondern zeigt sich, obwohl er sie hätte vollends demütigen können, edelmütig gegen die Besiegte.[38]

Hier liegt die Wahrheit kaum in der Mitte, sondern weit eher bei der Version der Frau. Sentimentale Wiedersehensfreude entspricht dem im Grunde weichen Charakter Strindbergs weit mehr als gespielter Edelmut. Der Mann, den er im Roman „Kloster“ ganz besonders in dieser Episode schildert, ist nicht er selbst, sondern sein Wunschbild, das männliche Prinzip, wie es ihm als Ideal vorschwebte. Und die unterworfene Frau ist die dazugehörige Komplementärfigur.

Strindbergs „Buch der Weisheit“ – er hat es französisch geschrieben – ist fast vollendet. Im Geiste lebt er bereits in Paris, Dornach erscheint ihm nicht mehr wirklich. Das mag der Grund sein, weshalb die letzten Wochen ruhiger vorbeigehen.

Frida empfindet sie als eine friedliche, fröhliche Zeit. Jolivet-Castelot, dessen Buch Strindberg mit Begeisterung gelesen hat und der es sich wie er in den Kopf gesetzt hat, Gold zu machen, begeistert ihn. In ihm glaubt er den idealen Mitarbeiter gefunden zu haben. Doch hält er wieder einmal sich selbst für den führenden Geist, seine Forschungen für weiter fortgeschritten als die Castelots. Aber Castelot ist reich und verfügt über ein eigenes Laboratorium! Noch hat er von ihm keine Antwort auf seinen Vorschlag zu einer Zusammenarbeit. Aber „jetzt werde ich wohl der Prophet – der Ibsen – der neuen französischen Chemiker – denn sie sind Wickelkinder gegen mich – , schlage den Weltrekord und werde Champion of the World"[39], schreibt er an Littmansson und stellt nicht ganz zu Unrecht fest, daß er die Fin de siècle-Hauptströmung gewittert habe, die nun über die Naturwissenschaft komme. Gute Nachricht erhält er von der Pariser Sternwarte. Ihr Direktor hat Strindbergs Studien über das Mondlicht, die dieser in Dornach verfaßt hat, mit großem Interesse gelesen und lädt ihn ein, vor der Société Astronomique einen Vortrag zu halten. Aber auch das literarische Paris findet sich zu seinem Empfang bereit. Lugné-Poe will weiter Strindberg spielen, und Albert Langen freut sich auf die persönliche Bekanntschaft. „Die Beichte eines Toren" wird als erster Band einer Gesamtausgabe in seinem Verlag erscheinen, denn – so Langen – dieses Buch wiegt sechs Bände auf! Leopold Littmansson bietet ihm in seinem Haus in Versailles eine Wohnstatt an. So scheint alles für den Aufenthalt in Paris geregelt. Die Flucht aus Dornach wird zu einer offiziellen Reise ins Ausland.

Es ist nicht anzunehmen, daß Frida, jung und selbst voll schriftstellerischem Ehrgeiz, ihren Mann allein reisen lassen wollte. Sie war nicht die Frau, der Muttersein Erfüllung bedeutete. Frida will mit ihm fahren. „Du weißt", läßt er sie in seinem Roman „Kloster" sagen, „ich habe kein Buch mehr gelesen, seit das Kind zur Welt kam, und ich habe seit einem Jahr nichts mehr geschrieben. Ich reise mit Dir nach Paris."[40]

Wenn auch nicht dem Wortlaut nach, so dürfen wir hier doch an eine authentische Wiedergabe der Situation glauben. Aber ohne bösen Seitenhieb kommt Strindberg auch jetzt nicht aus. Er bemerkt, daß sie sich die Reise erst in dem Augenblick wünschte, als er das Reisegeld erhalten hatte.

Drei Monate nach der Geburt des Kindes wird auch ihr das „Glück im Winkel" zu eng, begehrt sie, wieder ins gesellschaftliche Leben zu treten, selbst etwas darzustellen, zu schreiben.

„Aber jetzt war sie entschlossen", setzt er seine Schilderung fort, „ihr Kind zu verlassen, die Hauptperson, wie sie es nannte, um wieder in die Welt hinaus zu können und eine Rolle zu spielen. Sie wußte, daß er nicht reiste, um ein noch ungewisses Glück zu suchen, sondern um die Früchte schon gewonnener Erfolge zu ernten. Die ehrgeizige und emanzipierte Frau trat wieder hervor, vielleicht auch die neidische Konkurrentin, denn zuweilen gebärdete sie sich als die ihm überlegene Schriftstellerin. Jedesmal, wenn ihre Freundinnen sie in Briefen ein Genie nannten, ließ sie diese Briefe liegen, damit er sie las."[41]

Als die Stunde des Abschieds immer näherrückt, empfinden beide Schmerz. Wehmütig berichtet Frida von seiner Abreise: „Bunt und heiter, herbstlich farbenfroh war der Abend, als Strindberg mit dem Dampfer von Grein nach Linz fuhr, um über Straßburg nach Paris zu reisen.

Der Abschied fiel uns so schwer, als handelte es sich nicht um ein paar Wochen und um das freiwillige Erlebnis Paris, sondern um schwere, nicht endende Prüfungen, die lange Jahre, wenn nicht ewig dauern sollten. Er liebte jede Blume hier, jedes Steinchen, er liebte die Auen, den Strom, das Häusel, seinen Garten, er liebte die Kirche auf dem Berg und liebte die Hunnenschädelhügel. Er schaute sich die Augen aus, als das Schiff am Häusel vorbeikam – und das Häusel entschwand. Er liebte das Häusel. Er liebte sein Kind – und er liebte mich."[42]

Weniger sentimental, aber ehrlicher, härter, beschließt er seinen Roman mit der gleichen Szene: „Sie wurde zärtlich, gefühlvoll und rührselig, so daß der Abschied ziemlich schmerzlich war. So fuhr er also wieder in die Welt hinaus. Als der Dampfer sich an dem schönen Herbstabend den Strom hinaufarbeitete, sah er noch einmal das kleine Haus mit den erleuchteten Fenstern. In diesem Augenblick war alles Böse und Häßliche, das er da erlebt hatte, wie ausgelöscht, und er spürte nur eine flüchtige Freude bei dem Gedanken, daß er befreit war aus dem Gefängnis, in dem er so sehr gelitten hatte.

Er empfand nur Dankbarkeit und Wehmut, und einen Augenblick lang war das Band zu Frau und Kind so stark, daß er sich ins Wasser stürzen wollte. Aber dann machten die Schaufelräder des kleinen Dampfers ein paar heftige Bewegungen, das Band dehnte sich, streckte sich – und zerriß."[43]

Lange Zeit später, als er innerlich endgültig von Dornach Abschied nimmt, erscheint ihm die Landschaft an der Donau wie im Traum: „Ade, weißes Haus von Dornach! Flur der

Dornen und Rosen!" ruft er aus. „Ade, Donau! Ich tröste mich, indem ich denke: Ihr wart nur ein Traum, kurz wie der Sommer und lieblicher als die Wirklichkeit, die ich nicht vermisse."[44]

Der entscheidende Grund seiner Flucht aus der Idylle war aber weder das Verhalten seiner Frau noch die spießbürgerliche Familie, auch nicht die Weltabgeschiedenheit des oberösterreichischen Dorfes mit seinen mißtrauischen Bewohnern, sondern sein Drang in die Welt, seine Lust, Systeme zu stürzen, die untragbar geworden waren, um Neues zu schaffen. In seiner Jugend waren es die politischen Verhältnisse gewesen, die er zu verändern strebte, notfalls auch mit Gewalt. Im wahrsten Sinne des Wortes wollte er damals die versteinerten Formen traditioneller Macht mit Dynamit in die Luft sprengen – ein nie ausgeführter Plan, die Skizze eines Bombenanschlages, ist erhalten.

Aus dieser Zeit mag auch seine Nervosität bei Nachrichten über politische Unruhen stammen; eine Angst, als Terrorist oder zumindest gefährlicher Demonstrant verdächtigt zu werden. Nur so ist ein Bericht von Mutter Uhl erklärbar, der ein Erlebnis aus der Dornacher Zeit schildert: Großvater liest aus der Zeitung Meldungen über Unruhen in Wien vor, als Strindberg „mit lauter Stimme erklärte, keinen Anteil an den Unruhen zu haben... und auch nicht schuld daran zu sein"[45]. Die Angehörigen können ihn kaum beruhigen, sie begreifen ihn nicht. Aber solange die Zeitungen darüber berichten, spricht er von nichts anderem und beteuert seine Unschuld.

Die Systeme, die er jetzt, da er nach Paris aufbricht, stürzen will, sind gewaltigere als alle politischen Institutionen: Es sind die der klassischen Naturwissenschaften, deren Sturz aber zugleich eine völlige Veränderung des Weltbildes mit sich bringen wird. Seine Ideen brauchen Raum, um sich zu entfalten. Und ob sie für verrückt gelten oder für genial, nichts kann sie zurückhalten, sie müssen hinaus in die Welt, auch wenn er dabei zugrunde geht so wie Nietzsche, mit dem er sich in einem leidenschaftlichen Brief an Littmansson identifiziert: „Nietzsche! Ich! Die Welt für mich!" so beginnt er und schreibt weiter: „Daß Nietzsches Hirn in Stücke ging, ist nicht erstaunlicher, als daß ein hölzerner Gartenkübel in Stücke geht, wenn sich die Wurzeln darin zu heftig strecken. In meiner Kindheit mußten wir einmal einen Holzkübel, in dem ein persischer Flieder wuchs, mit Eisenreifen umspannen. Aber er sprang trotzdem."[46]

6. Kapitel

PARIS
oder
DAS ENDE EINER EHE

„Über meine Ehe weiß ich eigentlich nicht viel. Sie wurde nie so ernst genommen, wie Du wohl in Berlin gemerkt hast, und geht wahrscheinlich der Auflösung entgegen – weiß es jedoch nicht bestimmt. Sie war zuweilen sehr erfreulich und gut, doch Sprache, Geschlecht, Rechtsbegriff, schlechte Gewohnheiten führten zuweilen zu großen Spannungen.“[1] So Strindberg wenige Monate nach seiner Ankunft in Paris in einem Brief an Freund Richard Bergh. Und 1895 schreibt er an Frida: „Oh, dieser schwarze Winter! Ist er vorüber? Ja, ich fühle es. Und jetzt habe ich Dich und das Kind mit Arbeit und Mühen verdient.“[2] Zwei Jahre später bekennt er in seinem autobiographischen Roman „Inferno“: „Zwischen Liebe und Wissen wählen müssend, hatte ich mich dafür entschieden, nach der höchsten Erkenntnis zu streben; und da ich selbst meine Liebe opferte, vergaß ich das unschuldige Opfer, das ich meinem Ehrgeiz oder meinem Beruf brachte.“[3]

Diese unterschiedlichen Anmerkungen über seine Ehe mit Frida Uhl und die Begründung ihrer bevorstehenden Auflösung als „sein Opfer“ für die Wissenschaft kennzeichnen das Unstete, Fahrige, Ungewisse der kommenden Jahre in Strindbergs Leben. Er war sich selbst zum Unbekannten geworden, anders kann man den hektischen Wandel zwischen Liebe und Haß, zwischen Sehnsucht und Gleichgültigkeit nicht begreifen. Dieser Wechsel der Gefühle Frida gegenüber ist aber nur Teil einer viel umfassenderen Handlung, Vordergrund eines gewaltigen Tableaus, eines Welttheaters von elementarer Bedeutung.

„Ist es möglich“, fragt Strindberg sich selbst, „bin ich wirr? Geboren in der guten alten Zeit, da man mit Öllaternen, Postkutschen, Ruderbooten und sechsbändigen Romanen auskam, habe ich mit einer unfreiwilligen Schnelligkeit die Periode des Dampfes und der Elektrizität miterlebt – vielleicht mit dem Ergebnis, daß ich den Atem verloren und schwache Nerven bekommen habe! Oder sollten meine Nerven in einer Entwicklung zur Überfeinerung begriffen sein und meine Sinne allzu subtil werden? Wechsle ich die Haut? Bin ich im Begriff, ein moderner Mensch zu werden?"[4]

Schon seine Abreise aus dem Strudengau ging nicht ohne Komplikationen vor sich; Komplikationen, die ein realistisch denkender Mensch nur als lästige Zufälle bezeichnen würde; Strindberg schienen sie bedeutungsvoll. Ein Bub, der sein Gepäck auf das Schiff brachte, war so langsam, daß er eine gute Strecke mitfahren mußte, da er die Abfahrt versäumt hatte. Strindberg vergaß seinen Baedeker am Schiff und irrte sich beim Fahrplanlesen, so daß er weit länger nach Paris brauchte als vorgesehen. Dort angekommen, notiert er: „Ich komme von Bergen und Tälern, von den Ufern der blauen Donau. Ich habe die Hütte am Wege hinter mir gelassen, die noch nicht geernteten Trauben; ich habe die Tomaten, die Melonen, die auf ihre Reife warten, zurückgelassen, und die Rosen, die knospen. Zum hundertsten Male habe ich meinen Ranzen geschnürt und bin ausgewandert, um Arbeit in der großen Stadt zu suchen, auf dem Markt, in der Werkstätte der kämpfenden Gehirne, in Paris!"[5]

Littmansson hat ihm seine Villa in Versailles zur Gänze überlassen: fünfzehn Zimmer und drei Küchen! Seine Stimmungen schwanken. Das eine Mal genießt er die Freiheit von der Verwandtschaft, dann wieder überkommt ihn rasende Sehnsucht nach dem Häuschen in Dornach. Das kommt in den Briefen an Frida zum Ausdruck. Bald will er sie in Paris haben, bald will er zu ihr zurück. „Ich möchte weinen nach meinen Auen an der Donau"[6], seufzt er. Lieber noch möchte er mit Frida und dem Kind in Mondsee wohnen, aber „Mondsee bekommen wir ja nicht von unserem liebenswerten Vater"[7].

Jetzt, einsam in Paris, erscheinen ihm sogar die Bitternisse des Zusammenlebens als Labsal. „Eine schlechte Ehe ist immer noch besser als gar keine", schreibt er an seine Frau und: „Hier ist's zu ruhig. Niemand quält oder ärgert mich. Ich dürste nach einem guten, ehrlichen Zank, bei dem Du ohne Widerspruch der Meister bleibst!..."[8] Einen anderen Brief beendet er mit den Worten: „Trotz allem und allem, ich vermisse die Donau. Es war doch ‚a home'."[9]

Aber dieses „Trotz allem“ war voreilig niedergeschrieben. Paris bleibt zuletzt doch stärker als alle Erinnerung an Österreich. Erst hofft er, als Redakteur unterzukommen. Er hat seine Freude am Schreiben von Feuilletons entdeckt. Aber dann verfällt er wieder der Lust am Malen. Durch Vermittlung von Freunden verkauft er etliche Bilder, Landschaften aus Österreich vor allem, darunter eine „Alpenlandschaft“ und ein „Aubild“. Schon in den ersten Pariser Tagen trifft er mit seinem Verleger Albert Langen bei einem Diner zusammen. Langen ist keine fünfundzwanzig Jahre alt, nach der Mode der Zeit gekleidet und lebt in Paris auf großem Fuß mit eigenem Kammerdiener „und allem übrigen“.

Durch geschickte Manipulationen, aber auch durch die Sammlung von wertvollen Gemälden und Meißner Porzellan konnte er sein Vermögen bemerkenswert vergrößern. In aller Stille gründete er auf Anregung Knut Hamsuns seinen Verlag, zu dessen Autoren sehr bald so bedeutende Männer wie Anatole France, Georg Brandes, Henri Becque und eben Hamsun gehörten. Er wurde zum Mittelpunkt eines erlesenen Kreises, und wenn er auch seine Verlagstätigkeit anfangs nur als Hobby bezeichnete, nach kurzer Zeit war sie ein einträgliches Geschäft.

An dem Diner mit Strindberg nehmen außer Langen, der sich von zuvorkommender Höflichkeit zeigt, noch der angesehene Dramatiker Henri Becque – angesehen, obwohl er nur zwei gute Stücke geschrieben haben soll – und ein junger Däne, Sven Lange, den Strindberg aus Kopenhagen kennt, teil. Die wichtigste Bekanntschaft aber ist Langens Kompagnon Willy Gretor, ebenso jung wie der Verleger, ebenso dandyhaft in seinem Wesen; der eigentlich Willy Pedersen heißt und aus Dänemark stammt. Trotz aller Zuvorkommenheit, mit der die beiden jungen Männer Strindberg behandeln, ist er mißtrauisch. „Die Atmosphäre hier ist nicht ganz rein“, schreibt er an Frida. „Ich fühle mich jünger als die Jungen, die alle Philister sind. Langen und Gretor, noch nicht fünfundzwanzig beide, und so alt schon! Langen wird ein durchtriebener Geschäftsmann werden und sieht aus wie einer.“[10]

Gretor bietet Strindberg eine phantastische Wohnung an, die er für seine Geliebte, eine österreichische Baronin P., Erbin eines Vermögens von 250.000 Gulden, wie Strindberg eigens bemerkt, gemietet hat. Aber die Dame bevorzugt es, auf dem Lande zu wohnen. Zuerst ist Strindberg begeistert, die Gegend ist günstig, keine zwei Minuten vom Bois de Boulogne entfernt, und Gretor verlangt dafür ein Spottgeld, für das Mobiliar überhaupt nichts. Dabei ist die Wohnung mit den teuersten Möbeln ausgestattet. Persische Teppiche und Originale großer Meister, unter anderen von Rembrandt und Rubens, aber auch die „Gefangenenrunde“ von van Gogh, zieren die Zimmer. Doch der einsame Bewohner fühlt sich in all dieser Pracht sehr bald unsicher. Ein „Häusel“ wäre ihm lieber, schreibt er an Frida, in dieser „Kokottenwohnung“ stinke es nach Parfum, und Littmansson teilt er mit, er möchte weit lieber in den Fichtenwäldern von Kymmendö leben. Er fühlt sich wie „ein Wildvogel in einem Käfig“[11]. Am meisten ärgert ihn, daß ihn Gretor auf den Namen der Dame und als deren Freund, Mr. Alphonse, einquartiert hat. Er hat Angst, die Polizei könnte ihn als Zuhälter verhaften! Freund Becque dagegen findet eine solche Situation amüsant. „Zu alphonisieren ist honneur“[12], scherzt er.

Zu allem Überdruß scheint Gretor noch dazu in eine dunkle Affäre mit gefälschten Gemälden verwickelt zu sein. Daß er kein Idealist ist, kein „Schaf“, wie er selbst, hat Strindberg bald erkannt. Tatsächlich mußte Gretor nach kurzer Zeit die vornehme Wohnung über Nacht auflösen.

Es war klar, daß Frida aufgrund der wechselnden Stimmungen ihres Mannes, wie sie in seinen Briefen zum Ausdruck kamen, sich nicht zu einem Entweder-Oder entscheiden konnte. Hier war es die Sorge um das immer noch kränkelnde Kind sowie das Zureden der Angehörigen, was sie hielt, dort war es die Liebe zu ihrem Mann und die Sehnsucht nach der großen Welt, die sie anzog. Bei allen Beteuerungen Fridas in ihren Jahrzehnte später verfaßten Memoiren, sie hätte Strindberg trotz allem leidenschaftlich geliebt, scheint doch die Sehnsucht nach der großen Welt ausschlaggebend für ihren Entschluß gewesen zu sein, nach Paris zu reisen. Sie, die sich zur Schriftstellerin berufen fühlte, die sich nirgends wohler fühlte als in modernen Salons, wo man über Kunst und Literatur diskutierte, die schon durch die väterliche Erziehung in der Atmosphäre des Theaters und der Presse zu Hause war, die am liebsten eine Dame der Gesellschaft spielte, konnte nach einem Jahr in der Einschicht, selbst in ihrer neuen, unerwarteten – und im Grunde ungewollten – Rolle als Mutter nicht anders, als aus dieser Umgebung flüchten. Und es war eine Flucht aus der Gefahr, selbst zu verspießern, als sie Dornach verließ. Allerdings weiß sie das Kind bei ihrer Mutter in guten Händen, und es sollte ja auch nur eine kurze

Abwesenheit sein. Paris ist ihr in besonders schöner Erinnerung, der Zauber dieser Stadt, die sie von ihrer Studienzeit her kennt, läßt sie nicht los.

Aber gerade diese Empfindungen sind es, die Strindberg ahnt und fürchtet. „Die Illusion ist kostspielig", schreibt er ihr, „und berühmte Männer schwätzen Dich hier stundenlang müd, anstatt daß Du ihre guten Bücher ruhig daheim genießt. Du erwartest Dir hier belebende Anregungen? Nicht eine! Ist das Kind hier, kommst Du den ganzen Tag nicht außer Haus. Abends dann bist Du müde und magst Dich nicht vom Kind und Deinem guten Bette trennen... Hier erwartet uns ein schmutziger, feuchter Herbst, Straßenlärm, Zug- und Tramwaypferde, brüllende Verkäufer, Wagengerassel, Drehorgeln, falsches Geld, schlechter Tabak, gefälschte Milch... Überlege es Dir!!"[13]

Wenn sie aber doch kommen sollte, dann auf keinen Fall, wie sie es sich wünscht und vorstellt: als Berichterstatterin für österreichische Zeitungen. Denn „wenn Du Berichterstatterin für Zeitungen wirst, so mußt Du das Haus, das Kind, Deine Wirtschaft und mich hintansetzen, und bist Du erst in eine Gesellschaft anregender, interessanter Menschen geraten, wirst Du Deinen schönen Geschmack am Heim verlieren, denn seine Mühen und Sorgen werden Dir Abscheu vor der Haus- und Kinderwirtschaft einflößen"[14]. Er macht ihr den Vorschlag, statt der zeitraubenden Theaterbesuche lieber zu Hause Bücher zu rezensieren oder, was seiner Ansicht nach noch besser wäre, selbst zu schreiben. „Laß uns in ein Dorf ziehen, das in der Nähe von Paris liegt", setzt er den obigen Brief fort, „aber nicht in Mode und einfach ist, und fassen wir den Beschluß, nie einer ohne den andern unter die Leute zu gehen. Die Emanzipation ist hier unbekannt, und Emanzipierte und Prostituierte ist ein und dasselbe." Dieser Satz wird Frida noch viel zum Nachdenken geben. „Außerdem", schreibt er, anscheinend über die freundliche Art seines Briefes bisher beunruhigt, „was sollen Deine Theaterberichte? Die großen deutschen Blätter haben den französischen Blättern längst, ehe Du damit ankommst, den Inhalt des Dramas nachgedruckt. Das Spiel interessiert ja niemand." Und dann ungerecht: „Du willst Studien machen? Habe ich studiert, um meine Stücke zu schreiben?"

Aber schließlich durchschlägt sie den gordischen Knoten des Zweifels, packt ihre Sachen und kommt nach Paris. Großvater hat ihr heimlich, ohne Wissen seiner mächtigen Frau, das Reisegeld zugesteckt.

Vergeblich war Langens Kammerdiener mit einem großen Blumenstrauß schon zweimal am Bahnhof gestanden, übrigens auf Veranlassung Gretors. Als Frida endlich ankommt, ist niemand mehr da, der sie erwartet. Ihr ist es auch nur recht, denn sie hätte sich vor dem Kammerdiener geschämt, aus einem Coupé dritter Klasse auszusteigen. Die Concierge im Wohnhaus ihres Mannes ist zwar überzeugt, daß Frida lügt, als sie sich als Frau Strindberg ausgibt, aber als echte Pariserin nimmt sie es ohne Widerspruch zur Kenntnis. Frida ist von der Wohnung fasziniert. Neben den Originalen an den Wänden begeistern sie eine Tiroler Bauerntruhe und ein Nudelwalker, mit dem sie auf österreichische Art Strudeln herstellen kann! Als sie unter den zehn neuesten Gemälden ihres Mannes ein Bild aus dem Strudengau erblickt, muß sie vor Rührung weinen. Sie selbst schildert ihre Ankunft als großes Fest der Herzen. Ihrer Liebe scheint nichts im Wege zu stehen.

Sie durchstreifen die Stadt des Lichtes, wie Frida Paris nennt, und obwohl sie in Erinnerungen an ihre Jugend schwelgt, wird ihr die Stadt an der Seite Strindbergs zu einem neuen Erlebnis. Jetzt fühlt sie sich endlich wieder zu Hause, die Großstadt ist nun einmal ihre Welt. Hier lebt man nicht unter Tanten und Mägden, sondern verkehrt endlich wieder in der großen Gesellschaft. Langen und Gretor machen ihren Antrittsbesuch. Natürlich mit großen Blumenbouquets. Frida schreibt darüber nicht ohne Humor: „Sie sind beide ganz jung, sind beide hübsch und elegant, mit einem Stich ins Dandyhafte. Ich habe noch nie so viel Glanz gesehen wie auf diesen zwei brillantinegeglätteten jungen Köpfen und auf diesen feinen Lackschuhen. Ich bin so geblendet, daß ich für den ersten Augenblick vergesse, daß zwischen Haar und Fußsohlen Männer aus Fleisch und Blut stecken."[15]

Daß zwischen Haar und Fußsohlen aber doch Männer aus Fleisch und Blut steckten, scheint sie sehr bald erkannt zu haben. Sie bemerkt sofort, daß sie auf beide Herren einen sehr starken Eindruck macht. Gretor lobt ihre Handschrift, die angeblich kein Geringerer als Sardou die schönste Frauenhandschrift genannt haben soll. Langen macht ihr den Antrag, für seinen Verlag Romane zu übersetzen, da sie hiefür vorzüglich geeignet sei – Langen hatte noch keine Zeile von ihr gelesen! Sie ist begeistert, bietet er doch dafür kein schlechtes Honorar.

Gretor ist für Strindberg nach wie vor ein zweifelhafter Ehrenmann. Als Sohn reicher Kopenhagener Industrieller geboren, änderte er seinen Namen – übrigens nach einer seiner Geliebten, die Greta hieß – und begann seine Karriere als Maler. Täuschend echt soll er Gemälde alter Meister kopiert haben. Doch als er erkannte, daß sein Talent zum schöpferischen Künstler nicht ausreichte, versuchte er sich als Kunstexperte. Dabei lernte er die reiche österreichische Baronin kennen, deren Vermögen er sehr bald aufbrauchte – zum Teil gab er ihr Geld für soziale Streiks aus, die er unterstützte –, den Rest verwendete er, um seiner neuen Geliebten ein Établissement einzurichten. Er wurde Albert Langens Mentor, der ihm zwar Geld in reichem Maße zur Verfügung stellte, aber dabei der kluge Geschäftsmann blieb. Er wußte, daß er durch Gretors hochstapelndes Benehmen in der Gesellschaft rasch bekannt würde – dafür konnte, ja mußte er Geld ausgeben –, aber er kannte die Grenzen, die er nicht überschreiten durfte.

Daß Gretor ein rechter Schwadroneur war, geht aus einer kleinen Anekdote hervor, die Frida erzählt. Strindberg hielt ihn für sehr wenig gebildet, da er Goethes Farbenlehre nicht kannte. Er hat sie ihm bis ins Detail beigebracht. Bei einem der ersten Gespräche mit Frida soll Gretor pausenlos über den Inhalt von Goethes Farbenlehre gesprochen haben, aber, was Frida sogleich erkannte, mit genau den gleichen Worten wie ihr Mann. Für die Titelrolle von Frank Wedekinds Tragikomödie „Der Marquis von Keith“ stand Gretor Modell. Wedekind hielt ihn für den „idealen Hochstapler“, und er mußte ihn kennen, war er doch zwei Jahre lang sein Sekretär.

Fast immer trifft man Langen und Gretor gemeinsam, was zu Gerüchten über eine erotische Beziehung zwischen den beiden Anlaß gab. Diese Veranlagung Gretors, die im übrigen durch seine vielen Geliebten anzuzweifeln ist, soll nach einer möglicherweise bösen Meinung einzelner auch der Grund gewesen sein, weshalb sein Verhältnis zu Frida Strindberg ein platonisches blieb. Daß sie ihm sehr zugetan war, geht aus ihren Erinnerungen hervor. Er „hat etwas Bestechendes“, schreibt sie. „Hübsch kann man ihn nicht nennen, aber er hat das gewisse Etwas.“[16] Solche Bemerkungen in Fridas Memoiren sind selten, in bezug auf eigene Neigungen bleibt sie bewußt zurückhaltend. Aber auch Langen schickt ihr immer wieder Blumen, und daß dies einen Mann wie Strindberg sehr bald mißtrauisch machen würde, war zu erwarten. Frida übersetzt mit Langen Romane und ärgert sich, daß ihr Mann zu gleicher Zeit unruhig im Zimmer auf und ab geht.

Seine Stimmungen erinnern immer mehr und mehr an die der letzten Jahre seiner ersten Ehe. Und ebensowenig wie bei dieser weiß man bis heute, ob seine Eifersucht begründet oder unbegründet war. Nur des Geldes wegen gewährt er seiner Frau die Zusammenarbeit mit Langen. Denn die finanzielle Lage wird immer miserabler, besonders seit Vater Uhl nur mehr 50 Gulden im Monat schickt, mit der Begründung, wer sich Paris leisten kann, braucht keine Unterstützung. Als Frida ihrem Mann mitteilt, als „a literary social secretary" von Langen angestellt zu werden, ist es mit seiner Geduld zu Ende. Allein mit einem noch dazu unverheirateten Mann – erst später heiratete Langen eine Tochter Björnsons – zu arbeiten sei mehr als unschicklich. Emanzipation gilt hier soviel wie Prostitution, erinnert er sie. Er schreibt einen Brief mit der endgültigen Absage an Langen, der auch zum Bruch zwischen ihm und dem Verleger führen muß, und will ihn persönlich aufgeben. Doch der Brief bleibt versehentlich in seiner Brusttasche.

Nach einem Besuch bei Freunden in Dieppe trinkt Strindberg nach langer Zeit wieder über den Durst. In ausgelassener Stimmung fährt er mit Frida nach Paris zurück. Um vier Uhr früh schenkt er dem Kutscher seine letzten zehn Francs. Das ist für Frida, die selbst gern leichtsinnig ist, aber doch zu viel. Sie macht ihm Vorhaltungen. Da hebt er die Hand, um sie zu schlagen. Dann holt er ein Messer hervor. Zum ersten Mal hat sie richtige Angst und springt aus dem Fenster. Tags darauf versöhnen sie sich. Diese Versöhnung will er „ganz groß" in einem Lokal feiern, aber sie haben keinen Groschen Geld. Da kommt unerwartet Langen – zum Glück hat Strindberg den bewußten Brief nicht aufgegeben –, und Frida verlangt ihr noch ausstehendes Honorar. Hundert Francs. Dann feiert man fröhlich zu dritt.

Es muß dieser eine Monat, den das Ehepaar zusammen in Paris verbracht hat, alle bisherigen an Unbeständigkeit übertroffen haben. „Sie ist bösartig; sie stiehlt meine Gedanken und sie schreibt Bücher! Sie ist ein Teufel!" So schildert er Frida seinen Freunden aus Dieppe, dem Ehepaar Thaulow. Alexandra Thaulow erinnert sich daran in ihrem Memoirenbuch „Als Fritz Thaulow malte": „Wir hatten ja gehört", so schreibt sie, „daß er sich mit einer Österreicherin verheiratet hatte, und waren nach dieser Beschreibung sehr gespannt. Als wir uns dem Hotel näherten, sagte Strindberg: ‚Laßt mich vorausgehen und das wilde Tier zähmen!' Wir warteten geduldig, auf ein abschrekkendes Geschöpf gefaßt. Groß war die Überraschung! Mit Strindberg kam eine arme, kleine, hübsche, dunkelhaarige Dame, ganz verweint und rotäugig. Sie sah wie höchstens siebzehn bis achtzehn Jahre aus. Sie hatte den ganzen Tag allein gesessen und auf ihn gewartet. Jetzt strahlte sie, voller Freude darüber, daß sie mit ihrem Mann und seinen Freunden ausgehen sollte... Sie erzählte mir, daß sie ein Kindchen habe. Es war nur ein paar Monate alt. Sie hatte es bei ihren Eltern zurückgelassen, denn Strindberg hatte verlangt, daß sie zwischen dem Kind und ihm wählen sollte, um zu zeigen, an wen sie sich am meisten gebunden fühlte – und jetzt sehnte sie sich so schrecklich nach ihrem Kleinchen!"[17]

Zwischendurch bieten Strindberg und seine Frau wieder ein Eheidyll. Er malt und sie übersetzt. Bekannte ausländische Kunstkenner kaufen seine Gemälde, was seinem Glauben, er sei ein bedeutender Maler, einen starken Auftrieb gibt. Georges Loiseau, Strindbergs Übersetzer ins Französische, bestaunt die „eigenartigen Farben" dieser Bilder, „die aber sehr hübsch waren. In diesen Gemälden hat der Künstler seinen Träumen suggestiven Ausdruck geben wollen"[18], schreibt er in einem Zeitungsfeuilleton. Loiseau konnte nicht wissen, daß diese „suggestive Ausdruckskraft" ein Jahrzehnt später unter der Bezeichnung Expressionismus zur führenden Kunstrichtung werden sollte. Auch hier war Strindberg seiner Zeit voraus.

Noch fühlt er sich als Symbolist oder behauptet zumindest, auch diesen zur Zeit herrschenden Kunststil mit seinem Drama „Das Geheimnis der Gilde" vorausgeahnt zu haben. Frappierender als diese Ansicht sind seine Gedanken zur „Moderne", die er in einem Artikel für die Zeitung „Le Figaro" ausdrückt. Knappheit sei der Grundsatz der Moderne, die Kurzform sowohl am Theater wie in der Zeitung sei bezeichnend für eine raschlebige Zeit wie die, welche zu erwarten sei, in der die Menschen fliegen werden. „Manchmal ist mir's", schreibt Frida in diesem Zusammenhang, „als lebe der ganze Mann bereits in der Zukunft und schritte nur durch ein seltsames Wunder hier an meiner Seite."[19]

In dem gleichen Feuilleton, in dem Loiseau über Strindbergs Bilder Worte der Anerkennung findet, kommt er auch auf seine Ehe zu sprechen. Bei einem Besuch in der prachtvollen Wohnung in Passy hat er Frida kennengelernt. Als Kenner der „Beichte eines Toren" weiß er um Strindbergs ambivalentes Verhältnis den Frauen gegenüber. Trotz Fridas Anwesenheit erdreistet er sich, Strindberg zu fragen, „ob sich sein Weiberhaß nicht seit seiner Wiederverheiratung abgeschwächt habe". Und weiter berichtet er: „Ich mache einen Frontalangriff gegen den großen Mann, der mir mit finsterem Gesicht in einem niedrigen Sessel gegenüber sitzt. Hinter ihm, auf der Armlehne des Sessels, sitzt seine Frau und ahnt mit einem Lächeln auf den Lippen meine nächste Frage. ‚Sind Ihnen denn alle Frauen weiterhin verhaßt? Ist nicht die Zeit bald da, die Waffen zu strecken?' Er muß selbst lächeln, und es blitzt in seinem Auge, als er mit seiner ruhigen Stimme in ungekünsteltem Französisch antwortet: ‚Ach ja, ich hasse sie. Das stimmt. Frauenhasser, das bin ich.' Aber der verärgerte Tonfall war verschwunden. Denn er liebt Frauen, wenn er auch darunter leidet, sie zu lieben. Mir gegenüber sitzt ein lächelndes Ehepaar... Na ja, die Ansicht über die Unterlegenheit der Frau wird vielleicht unverändert bleiben. Aber der Haß wird sich verringern, und die Liebe der neuen Gattin wird die alten Wunden heilen. Beide genießen jetzt die Freude, zusammen sein zu können..."[20]

Als Loiseau diesen Bericht schrieb, einen Monat nach seinem Besuch bei den Strindbergs, waren sie nicht mehr zusammen.

Die Zeit in der Prachtwohnung ist beschränkt. Eines Tages kommen Beamte ins Haus, die alle Gegenstände genau registrieren. Strindberg ahnt nichts Gutes und verläßt mit Frida die Wohnung. Ihre angebliche Besitzerin konnte nicht mehr zahlen. In Wahrheit hatte Gretor längst ihr ganzes Vermögen ausgegeben. Strindbergs Ahnung von dunklen Geschäften wurde noch durch die Nachricht bestärkt, auch das Meißner Porzellan, das Gretor seinem Freund Langen verschafft hatte, sei falsch gewesen. Langen aber sei plötzlich verreist. Besonders ärgert sich Strindberg, als er von einem Witzblatt erfährt, das unter dem Namen „Simplizissimus" in Deutschland in Langens Verlag herauskommen soll. War er es doch gewesen, der Gretor den Vorschlag gemacht hatte, ein solches Blatt herauszugeben, und jetzt hatte man ihn einfach übergangen. Immerhin darf Strindberg, was kaum bekannt wurde, als geistiger Gründer dieser literarisch und politisch ruhmreichen Zeitschrift angesprochen werden.

Er übersiedelt in das Hôtel des Américains, in dem etliche skandinavische Künstler wohnen und gewohnt hatten, unter anderen auch Herman Bang. Er lernt die großen Dichter Frankreichs, Zola und Dumas, kennen; zu einem Treffen mit Verlaine, der ihn sehr verehrte, kommt es nie.

Gerade als eine etwas friedlichere Zeit in der Ehe Strindberg begonnen hat, trifft unerwartet ein Brief aus Dornach ein, ein Brief von Kerstins Amme. Der Skurrilität halber sei er hier wiedergegeben: „Keehrte Gnae Frau, – ich ergreife die Fehder weil die Großmama mir so beleidigt hatt das ich fortreisen mus und wen die gnae Frau nicht bald kommen werden mir gnae Frau nicht mer hier antrefen kenen. Die Großmama sakt das ich Mennerleute anschauen taete auf der Strassen und das ist Beleidigung und bin i anstaendige Person und bidde gnae Frau glei kommen weil ich auch kein Bier mer bekomme. ich schreibe dieses weil ich jetzt überhaupt zu einem antern Kind gehen kann und ich sehr fil gute Milli habe und auch ein eigenes Kind selber habe. Mit fille Handkuesse – Ihr liebe Anna."[21]

Frida überlegt keinen Augenblick. Das Kind braucht sie. Noch am selben Abend nimmt sie den Zug nach Österreich. Er muß zu einer geschäftlichen Besprechung zu den Thaulows, deshalb verabschieden sie sich bereits vor dem Warenhaus „Printemps". Sie umarmen und küssen sich vor allen Leuten. Anders als in London beachtet dies in Paris keiner. Noch vom Wagendach der Straßenbahn, mit der er zu den Thaulows fährt, winkt er ihr mit einem weißen Tuch.

An diesem Novembertag des Jahres 1894 haben sich August und Frida Strindberg zum letzten Mal gesehen. Frida hat es nicht geahnt. Es war ein herzlicher Abschied, notgedrungen auf Grund des Briefes aus Dornach, ohne Zorn und mit der Absicht, sich bald wiederzusehen.

Strindberg empfand, wenn man seinem drei Jahre später geschriebenen Bericht glauben darf, ganz anders. Aber wahrscheinlich wurden ihm diese Gefühle erst bewußt, als er allein war. Zwischen dem Schicksalstag und der Niederschrift seiner Erinnerungen im Roman „Inferno" lagen Zeiten schwerster innerer Auseinandersetzungen. So schreibt er 1897 über den Abschied Fridas aus Paris: „Mit einem Gefühl wilder Freude kehrte ich vom Nordbahnhof zurück" – schon die Erwähnung des Bahnhofes, der in Wirklichkeit aber nicht der Schauplatz des Abschieds gewesen war, deutet auf die romanhafte Form der Erinnerung – „wo ich meine liebe Frau verlassen hatte; sie fuhr zu unserem Kind, das in fernem Land erkrankt war." Auch das widerspricht der Tatsache, Anna schrieb nichts von einer Krankheit des Kindes. „Vollbracht war also das Opfer meines Herzens! Die letzten Worte: ‚Wann sehen wir uns wieder? – Bald!' klangen mir noch im Ohr wie Lügen, die man sich nicht eingestehen will; eine Ahnung sagte mir: ‚Niemals!' Und wirklich, diese Abschiedsworte, die wir im November 1894 wechselten, waren unsere letzten..."[22]

Trotz des andauernden Briefwechsels zwischen Strindberg und Frida, der an Schwankungen der Gefühle den der Zeit vor Paris noch übertrifft, leben nun beide in völlig verschiedenen Bereichen: Frida in den ersten Monaten nur für das Kind, für die Familie und nicht zuletzt für deren materielle Sicherheit; er, befreit vom Ballast eben dieser Familie, für seine Wissenschaft, seine Forschungen. Frida kämpft mit der Wirklichkeit, Strindberg mit der Überwirklichkeit. Der örtlichen Entfernung zwischen Paris und Wien entspricht die geistige zwischen Frida und Strindberg.

Anfangs scheint noch alles unverändert, trotz eines zornigen Briefs Strindbergs aus Dieppe, wo er schreibt: „Fünf Briefe ohne Antwort! Das bedeutet nach dem Code civil der internationalen Höflichkeit, daß der Briefwechsel zu Ende ist und desgleichen die Bekanntschaft."[23] Aber Alexandra Thaulow, die freundliche Gastgeberin, macht ihn in ihrer sanften Art darauf aufmerksam, daß Frida ja seine derzeitige Adresse gar nicht kenne und gewiß in Paris eine Menge Post auf ihn warte. Frida aber freut sich über den zornigen Brief. Sie findet ihn als Beweis seiner Liebe: „Wie ich mich freue, wenn er aus Sehnsucht böse wird!"[24] Und schon erhält sie wieder echte Liebesbriefe von ihm, Briefe an seinen „Sonnenkäfer", wie er sie nennt.

In Dornach trifft Frida eine wohlgenährte, völlig gesunde Kerstin an. Im großen Haus wird sie von den Frauen verwöhnt. Aber Anna, die Amme, ist bereits abgereist. Frida überlegt nicht lange und fährt ihr nach Wien nach, sucht sie dort auf, und aufgrund eines erhöhten Lohns erklärt sich Anna bereit, auch weiterhin die moralische Verachtung der alten Dame auf sich zu nehmen.

Zu seinem 46. Geburtstag am 22. Jänner 1895 schickt Frida ihrem Mann im Namen des Kindes dessen Bild, Blumen und österreichische Zigarren. Gerührt schreibt Strindberg hierauf den ersten Brief an seine Tochter Kerstin: „Liebes Kind, Kerstin, Du weißt, wann mein Geburtstag ist, sendest mir Freude zu, als ob Du auch das schon wüßtest, daß mein Leben nicht allzu froh ist. Du hast mir also verziehen, daß ich Dir keine Weihnachts- und Neujahrsgaben senden konnte! Da bist Du ein gutes Kind, daß Du verzeihen kannst, wo der andere keine Schuld hat! Und so hast Du noch keine Zähne! Wie Du

Deinem Vater ähnelst! Und so sind wir beide wehrlos wie Lämmer und werden wohl bald vom Wolf zerrissen. Aber ich bin doch der Überlegene, was Haare anbelangt. Sie sind zwar ein wenig grau, aber riesig, und werden alle Tage noch riesiger, weil es hier keine Schere gibt und keine Delila (Siehe Kleiner Meyer – Konversationslexikon, das Du einmal lesen kannst!). Ich bin in schlechte Gesellschaft geraten und habe das Gefühl, daß ich es besser bei Dir hätte... Und nun sollst Du Deine Mama grüßen und küssen und sie bitten, daß sie nicht ihren armen Dichter, den sie unbedacht genug war zu heiraten, vergesse – für Dich, kleine Rivalin! Dein Vater August. Genannt Strindberg, wie Du."[24a]

Frida will nicht länger im Haus ihrer Großeltern bleiben. Deren Welt ist ihr völlig fremd geworden. Sie beginnt einen Roman zu übersetzen, um das Geld für die Rückreise nach Paris samt Kerstin zu verdienen. „Strindberg hat recht", stellt sie fest, „man frißt sich nirgends so gerne auf wie in der Familie."[25]

Strindbergs Briefe an Frida, die sie in ihrem Memoirenwerk wörtlich wiedergibt, und seine eigenen Aufzeichnungen über seine Stimmungen in dieser Zeit, drei Jahre später geschrieben, kontrastieren erschreckend.

„Lieber Sonnenkäfer", schreibt er dort, „welches Glück, daß auch Du mich ein wenig vermißt, sonst wäre ich verloren... "[26] In „Inferno" dagegen nennt er Frida „meine schöne Gefangenenwärterin, die Tag und Nacht meine Seele belauschte, meine geheimen Gedanken ahnte, den Flug meiner Ideen bewachte, auf mein Forschen im Unbekannten eifersüchtig war... "[27]

Würde man die beiden folgenden Jahre in einem Roman schildern, der Leser wäre versucht zu bemerken, daß es sich hier um eine völlig lebensfremde, konstruierte Fabel handle. Denn ein solches pausenloses Schwanken zwischen dem Entschluß zur Scheidung und dem Wunsch zur Versöhnung könnte er sich kaum in der Wirklichkeit vorstellen.

Frida mag in dieser Zeit der Ungewißheit viel gelitten haben. Das Experiment ihrer Ehe drohte zu scheitern, aber der Stolz, die Frau eines der bedeutendsten Dichter des Jahrhunderts zu sein und die Gewißheit, einst in die Literaturgeschichte einzugehen, wie es ihr Strindberg prophezeit hatte, stärkten ihr Selbstbewußtsein.

Trotz seines immer wieder beteuerten Heimwehs nach der Donau kann sie seine dauernden Anschuldigungen nicht mehr ertragen. Seine schriftlichen Gardinenpredigten, wie er selbst einen seiner Briefe bezeichnet, werden ihr zu geschmacklos. Einmal spricht er von Rache als einem ihm angeborenen Instinkt, in einem anderen Brief fragt er, was soll die Komödie der Liebe, vor allem aber verdächtigt er sie wie seine erste Frau des Ehebruchs, da sie als Verheiratete öffentlich mit Junggesellen verkehrt habe!

Und mitten in diesem Schlußakt ihrer Ehe grollt noch Vater Uhl und diesmal mit vollem Recht. Der Anwalt von Strindbergs erster Frau verlangt von ihm die Bezahlung der ausstehenden Alimente seines Schwiegersohns! Das ist zuviel für den alten Herrn in Wien. „Er verlangt von mir 2.100 schwedische Kronen", schreibt er in einem Brief an seine Frau und setzt hinzu: „Ehe man Kinder in die Welt setzt, muß man wissen, daß man sie auch ernähren kann. Ich lehne jede Zahlungspflicht ab. Ich habe mich niemals meiner Vaterpflicht entzogen, aber ich habe nicht die Pflicht, auch noch die Kinder anderer Väter zu versorgen. Ich besitze kein Vermögen, dafür habt Ihr gesorgt. Frida hat mich vor ihrer Eheschließung nicht um Rat gefragt, und August hat mir, als er um sie anhielt, seine Werke aufgezählt, aber nicht seine Kinder..."[28] Seiner Tochter aber rät er, entweder den Mann zu verlassen oder auf der Stelle abzureisen.

„Meine göttliche Sorglosigkeit hat mich in eine Ehe gelockt, in der ich wie ein Bettler behandelt worden bin, und wo es so weit kam, daß meine Kinder mich verfluchen."[29] So reagiert Strindberg aus Paris.

Frida, die jetzt in Wien in einem der neun Häuser ihres reichen Großvaters wohnt, unmittelbar gegenüber dem Franz-Josefs-Bahnhof, wendet sich an den Burgtheaterdirektor Max Burckhard, der ihr immer ein väterlicher Freund gewesen war. Schließlich ist er ja nicht nur Burgtheaterdirektor, sondern auch, ja vor allem, Jurist. Ihm gegenüber spricht sie es zum ersten Mal aus: „Ich möchte mich scheiden lassen."

Burckhard muß ihr mitteilen, daß es für sie in Österreich keine Scheidung gebe. Sie, als Katholikin, könne sich nur von ihrem Mann trennen. Das bedeute aber den Verlust auf das Recht einer neuen Ehe. Obwohl sie keine Absicht hat, sich noch einmal in ein ähnliches Abenteuer zu stürzen, erschrickt sie. Aber Burckhard beruhigt sie auf eine Art, die so typisch österreichisch ist, daß diese Stelle des Gesprächs wörtlich aus Fridas Memoiren wiedergegeben werden soll. Er sagt: „Nur nicht verzagt! Wir leben doch in Österreich! Da arrangiert sich alles. Die katholische Kirche trennt keine Ehe, aber sie erklärt sehr gerne Ehen für ungültig, die sie selbst nicht geschlossen hat. Hören Sie zu: Strindberg war doch bereits einmal verheiratet? Sie, als Katholikin, durften ihn daher nicht heiraten! Der Staat Österreich anerkennt das Römische Kirchenrecht... Ergo war und ist in Österreich Ihre Ehe keine richtige Ehe!... Sie sind in allen Ländern der Welt vollkommen ehrbar, legitim, gültig und bleibend verheiratet. Nur in Österreich nicht ganz... Die anderen Länder sind etwas logischer. Und sogar in Österreich gilt es nur für Ihre Person und nicht für das Kind. Das Kind ist ehelich, solange die Eltern behaupten können, beim Eingehen der ungültigen Ehe nicht gewußt zu haben, daß sie in Österreich ungültig war!" Frida strahlt: „Die österreichische Gesetzgebung ist etwas ganz Wunderbares!" „Etwas ganz Einziges"[30], stimmt der Herr Hofrat Burckhard lachend zu. Tags darauf ist Frida beim Advokaten Dr. Wilhelm Fuchs in der Domgasse. An ihn hat sie Burckhard verwiesen. Er übernimmt den Prozeß.

Gewiß war auch dem einsamen Strindberg in Paris das Schicksal seiner Ehe, seiner Frau und seiner Tochter nicht gleichgültig. Aber er hatte sich nach Fridas Abreise wieder völlig in seine Studien gestürzt. In seinem kleinen Hotelzimmer arbeitet er wieder wie in einem echten Laboratorium. Seine, „durch eine unbesonnene Heirat"[31] unterbrochenen Studien nehmen einen neuen Aufschwung. Noch geht er in Gesellschaften, obwohl er die „lockere Moral und die absichtliche Gottlosigkeit" der jungen anarchistischen Künstler ablehnte, deren Geist und Talent er achtete. An nichts zu glauben und – mittelbar – damit auch jede moralische Ordnung zu leugnen, galt in diesen Kreisen als modern und weltgewandt. Doch instinktiv erkannte Strindberg die Vergänglichkeit einer solchen Haltung eines salonfähig gewordenen Nihilismus. Eine Weltanschauung, die zum Aushängeschild einer snobistischen Gesellschaft wird, hat keine Lebensdauer mehr. Sie wird vom Symbol zum Ornament.

In Strindbergs Hotel hatte sich auch ein schwedisches Ehepaar, der Dramatiker Johan Fahlström und seine Gattin, einquartiert. Durch dessen Anwesenheit wird man fast verleitet, Strindbergs Deutungen des Zufalls anzuerkennen. Denn die jüngere Schwester dieser Frau Fahlström, die in der Heimat zurückgeblieben war, hieß Harriet Bosse und sollte Jahre später Strindbergs dritte Frau werden. Das bedeutendste Ereignis für den Dichter Strindberg aber war in diesen Tagen die französische Erstaufführung seines Dramas „Der Vater" am 12. Dezember 1894 im „Nouveau Théatre". Das 1.800 Zuschauer fassende Haus war total ausverkauft, die wichtigsten Vertreter des Pariser Kunstlebens waren anwesend: Zola, Becque, Sardou, Rodin, Prévost, Gaugiun und viele andere. Lugné-Poe, der Direktor, spielt selbst den Pastor, Philippe Garnier die Titelrolle, Lucienne Dorsy die Laura. Publikum und Presse sind begeistert, sogar der gefürchtete Kritiker Francisque Sarcey, dessen Vorurteil gegenüber ausländischen Werken bekannt war, wird zu Strindbergs Befürworter.

Tags zuvor hatte Strindberg Dumas besucht, der ihn vor Lugné-Poes finanziellen Machenschaften warnte, was die gute Laune des Dichters gleich wieder deutlich getrübt hatte. Wo er nur die geringste Ursache findet, mißtrauisch zu werden, zieht er sich grollend zurück. Aber im Grunde ist ihm der Erfolg seines Stückes gar nicht mehr wichtig. Dem Chemiker bedeutet der Ruhm des Dichters nichts.

Fast noch mehr Aufsehen als die Premiere seines Dramas „Der Vater" erregte sein Artikel in der „Revue Blanche" über „Die Unterlegenheit der Frau gegenüber dem Mann". Das war Strindbergs Handschrift, die Stimme des Frauenhassers, als welchen ihn die Welt zu kennen glaubte.

Ihm aber geht es nach wie vor vor allem um seine chemischen Versuche. Er läßt seine Schwefelanalyse nachprüfen: Der Schwefel enthielt Kohle. Ein Artikel aus seiner Hand in „Le Temps", worin er über die künstliche Erzeugung von Jod sprach, ließ selbst die Industrie aufhorchen. Ein Herr Maßmann, Vertreter der Weltfirma „Jodures Hydroquines", sprach bei ihm vor und bot 100.000 Francs. Aber Strindberg lehnte ab. Seine Erfindung sollte allen Menschen zugute kommen, kein Geschäft eines Unternehmens werden. So wie die Industrie meldete sich aufgrund des erwähnten Artikels auch ein Vertreter des damals neu aufkommenden Okkultismus: Paul Sedir, Meister der französischen Okkultisten. Er begrüßte Strindberg als „Gott der Morgenröte"[32]. Wesentlicher als alle einzelnen Entdeckungen ist die Erkenntnis vom Bankrott der alten Wissenschaft. Das Buch Brunetiéres „Bankrott der Wissenschaft" wurde zur Sensation. Nach Strindberg hat aber nicht die Wissenschaft Bankrott gemacht, „sondern nur die veraltete, entartete Wissenschaft", schreibt er, „und Brunetiére hatte recht, obwohl er unrecht hatte. Während alle die Einheit der Materie anerkannten und sich Monisten nannten, ohne es zu sein, ging ich weiter und zog die letzten Konsequenzen der Lehre, indem ich die Grenzen aufhob, die Materie und sogenannten Geist trennen"[33]. In seinem im Herbst 1895 erschienenen Buch „Sylva Sylvarum" hat er dies am einzelnen Beispiel dargestellt.

Immer mehr zieht er sich aus der Gesellschaft zurück, sagt alle Einladungen ab. Sogar bei den Thaulows, deren Glück ihn rührt, fühlt er sich wie ein Verdammter. Und doch gewinnt er einige neue Freunde, vor allem Gauguin, der eben von seinem ersten Aufenthalt auf Tahiti zurückgekehrt war. Ein altes Leiden, wahrscheinlich eine harmlose Schuppenflechte auf den Händen, zwingt ihn, sich für einige Zeit ins Krankenhaus zu begeben. Es war der einzige Krankenhausaufenthalt seines Lebens. Er selbst gibt an, sich die Hände bei chemischen Versuchen geätzt zu haben. Und schon berichtet das „Wiener Fremdenblatt" zum Schrecken Fridas, die damit zum ersten Mal von der Krankheit ihres Mannes erfährt: „Ein Opfer des Experimentierens! Man meldet uns aus Paris: August Strindberg, ein passionierter Dilettant in der Chemie, erlitt bei seinen Experimenten mit Sprengstoff eine Blutvergiftung und befindet sich in Spitalspflege."[34] Sofort telegraphiert Friedrich Uhl, aus Erfahrung skeptisch gegenüber allen Zeitungsmeldungen, nach Paris, und noch am selben Abend kann er Frida trösten. „Das Befinden Strindbergs gibt zu keinen ernsten Befürchtungen Anlaß. Es handelt sich nur um eine kleine Hautabschürfung, die durch chemische Experimente veranlaßt wurde. Das Hospital wurde mehr zu Zwecken der Erholung aufgesucht"[35], telegraphiert man aus Paris zurück.

Wesentlicher als die Krankheit war für Strindberg das Erlebnis seiner Pflege durch eine ältere Augustinerin, deren mütterliche Fürsorge ihn beglückte. Sie „ist sanft wie die Resignation und lehrt uns, über unsere Leiden wie über ebenso viele Freuden zu lächeln, denn sie kennt die Wohltaten des Schmerzes. Nicht ein Wort des Vorwurfs, weder Ermahnungen noch Tadel"[36]. Und Strindberg beendet sein Kapitel über den Krankenhausaufenthalt mit den Sätzen: „Im Februar verlasse ich das Krankenhaus, nicht geheilt, aber genesen von den Versuchungen dieser Welt. Als ich ging, habe ich die Hand der guten Mutter, die mir, ohne zu predigen, den Weg des Kreuzes gezeigt hat, küssen wollen, aber ein Gefühl der Ehrfurcht, wie vor etwas Heiligem, hat mich zurückgehalten."[37]

Das Krankenhaus, in dem Strindberg sich aufhielt, war Ludwig dem Heiligen geweiht. Vor seinem Denkmal im Hof der Anstalt gedachte Strindberg dessen drei Gründungen: der Blindenanstalt, der Universität und der Kapelle. Und er deutete dies als Weg vom Leiden durch Wissen zur Buße.

Es ist schwer zu verstehen, daß er nach einem solchen Sinneswandel, ja fast könnte man von Bekehrung sprechen, in einem Vorwort zu einem Ausstellungskatalog Gauguins von Christus als einem „erbärmlichen Gott, der Schläge empfängt"[38] spricht. War es auch hier ein Schwanken der Gefühle, oder waren seine Empfindungen der Nonne gegenüber nur Ahnungen, die er erst beim Schreiben seines „Inferno" als überzeugende Gefühle erkannte? Im Vorwort zu Gauguins Katalog ist er noch – oder noch einmal – ganz Nietzscheaner, wenn er schreibt, Gauguin ist „der Titan, der, eifersüchtig auf den Schöpfer, in freien Stunden seine eigene kleine Schöpfung schafft"[39]. Es war das letzte Auftrumpfen Strindbergs vor seinem Weg ins Inferno.

Während er leidenschaftlich die letzten Wahrheiten zu erkennen sucht, bedrängen ihn immer mehr familiäre Sorgen. Diesen doppelten Kampf zu bestehen, brauchte er übermenschliche Kräfte. Daß er, wie es Knut Hamsun vornehm ausdrückte, einen verwirrten Eindruck machte, ist begreiflich. In dieser labilen Situation glaubt er im Okkultismus Rettung zu finden. Strindberg hat keine Visionen und glaubt nicht an prophetische Phänomene. Aber die Dinge des Alltags, die Begegnungen auf der Straße, die Formen der Pölster in seinem Bett, Kohlenstücke, die seltsamen Wesen gleichen, das sind die Phänomene, aus denen er seine Schlüsse zieht. „Vom Atheismus bin ich in den vollständigen Aberglauben gefallen"[40], stellt er fest.

Die Unsicherheit, mit der der Scheidungsprozeß von beiden Seiten geführt wird, macht ihn unruhig. Zwei Jahre später schreibt er darüber: „Der Scheidungsprozeß wickelte sich sehr langsam ab, wurde von Zeit zu Zeit durch einen Liebesbrief, einen Aufschrei der Sehnsucht, Versprechungen der Versöhnung unterbrochen. Und schließlich ein schroffes Lebewohl auf immer. Ich liebe sie, sie liebt mich, und wir hassen einander mit dem wilden Haß einer Liebe, die sich durch die Trennung steigert."[41] Um Frida einen Grund zu geben, radikal ihre Bindung zu lösen, macht er sich ihr gegenüber eines Liebesverhältnisses verdächtig. Aber schon kurz darauf, als er sich wieder nach Versöhnung sehnt, gesteht er ihr seine Lüge. Dieses Spiel wiederholt sich, das zweite Mal ist die Dame keine Schimäre, sondern Wirklichkeit: Eine englische Bildhauerin –

Strindberg nennt ihren Namen nicht – , die er in einer Crémerie kennenlernt, „schön, reizend, vornehm, gut gekleidet... mit einem Wort, eine Luxusausgabe meiner Frau, deren Bild sie verfeinert und vergrößert wiedergibt“[42]. Gauguin lädt sie Strindberg zuliebe zu seinen Donnerstagabenden in sein Atelier ein. Soweit man dem Verfasser von „Inferno“ Glauben schenken darf, blieb die Beziehung platonisch, was bei Strindbergs leidenschaftlichem Wesen aber kaum anzunehmen ist.

Frida, wieder einmal bereit, nach Paris zu reisen, wobei sie nicht mehr weiß, ob es wirklich die Zusammenfindung der Familie ist, die sie anstrebt, oder nicht noch mehr das Phänomen Paris, das sie, die Dame von Welt, magnetisch anzieht, wird von ihrem Schwager gewarnt. Von einem Pariser Journalisten war er über Strindbergs Freundschaft mit der schönen Engländerin unterrichtet worden. Frida haßt solchen Tratsch, doch er gibt ihrer Verwandtschaft neue Beweggründe, nach Auflösung ihrer Ehe zu drängen. „Sie möchten alle diese Ehe lösen“, schreibt sie, „um jeden Preis,... und sie sind immer um mich... während er... “[43]

Die hoffnungslose Einsamkeit, die Strindberg in „Inferno“ beklagt, stimmt mit der Wirklichkeit nicht überein. Nicht nur seine Schwester Anna und deren Gatte besuchen ihn in Paris, sondern er verkehrt außer mit den Thaulows viel im Hause Mollard. Ida Mollard ist Bildhauerin. Strindberg, der auch diese Kunst erlernt hat, hilft ihr im Atelier, während Idas Mutter am Klavier Bach, Grieg und Sinding spielt, deren Musik Strindberg in schweren Zeiten Trost bringt. Am bedeutendsten aber scheint neben seiner Freundschaft mit Gauguin sein Umgang mit dem finnischen Bildhauer Wettenhovi-Aspa gewesen zu sein, besonders aber mit dessen katholischer Freundin Divina Gaillard. Obwohl ihre Gläubigkeit von ganz anderer Art als die von Fridas Mutter oder die der Krankenschwester war, scheint Divina die dritte Frau in Strindbergs Leben gewesen zu sein, die ihm den Katholizismus näherbrachte. Sie besuchte mit ihm zahlreiche Kirchen und erzählte ihm katholische Legenden, deren Phantasiereichtum ihn fesselte. Daß sie überdies eine Traumdeuterin war, mag ihn zu dieser Zeit besonders beeindruckt haben. Aber er hat mit ihr und ihrem Freund auch zahlreiche lustige Ausflüge unternommen und dabei heiße Debatten geführt. Wettenhovi-Aspa hat ein eigenes Buch darüber geschrieben.

Mit Strindberg wohnte auch eine junge finnische Kunststudentin, Esteri Kumlin, im selben Hotel. Die Malerin Fanny Lastbom hatte die beiden miteinander bekannt gemacht, und man vermutete, daß ihre Beziehungen nicht nur kameradschaftliche waren. Esteri Kumlin, später eine verheiratete Weissenberg, erzählt von ihrer Beziehung mit dem Dichter, der ihr in schwerer Krisenzeit sein Herz ausgeschüttet haben muß. Er gesteht ihr, mit zwanzig Jahren das Drama „Meister Olof" als Vollblutidealist geschrieben zu haben. Aber als die Theaterdirektoren das Stück nicht annahmen, war er so verletzt, daß er beschloß, „die funkelnden Sterne des Himmels an Ort und Stelle zu belassen und statt dessen seinen Haß über seine Zeitgenossen auszuschütten und ihnen seinen Zorn ins Gesicht zu speien"[44]. Kumlin erzählt weiter, wie die Leute auf der Straße sie anstarrten, während er ihr dieses Geständnis machte, im Glauben, er kanzle sie ab; so laut und wütend hatte er gesprochen. Ein wenig später setzen sie sich trotz eisiger Kälte auf eine Bank. Verzweifelt bedeckt er sein Gesicht mit den Händen, während sie besorgt ihren Arm um seinen Nacken legt. Sie wagt nicht, sich von ihm zu lösen, obwohl sie entsetzlich friert und die Haltung des Arms auf die Dauer äußerst unbequem ist. Da springt er plötzlich auf, und ohne sie auch nur eines Blickes zu würdigen, schreitet er eilig davon.

Solche kleine Begebenheiten, die er in „Inferno" nicht schildert, charakterisieren sein Wesen oft deutlicher als der Versuch psychologischer Abhandlungen.

Aber auch diese Liebesgeschichten ändern im Grunde nichts an dem schwankenden Verhältnis zu seiner Frau. Der Scheidungsprozeß zieht sich immer länger hinaus. Sein „endgültiges Nein" vom Jänner 1895 widerruft er sehr bald. Auch Frida weiß keinen Ausweg: „Es ist unmöglich, mit August Strindberg zu leben, aber noch unmöglicher ohne ihn"[45], stellt sie fest. Oder an anderer Stelle: „Er wird nie wieder ein Weib finden, das in ihm aufgeht wie ich. Ich nie wieder einen Mann, dessen ich weniger müde werde."[45a] Er sehnt sich das eine Mal nach Kindergeschrei, ohne das er nicht arbeiten könne, das andere Mal weiß er, daß „man den Weg in die Wolken nicht mit der Familie fliegt"[46]. Bald hat er die feste Absicht, nach Österreich zurückzukehren. Er will sich in Schlipitzkas Wirtshaus einquartieren, um nicht auf Fridas Verwandtschaft angewiesen zu sein; doch bald wieder will er von einer Rückkehr nichts wissen: „Wenn unsere Ehe in Österreich Null ist, so laß sie Null sein – das Kind kann nicht annulliert werden."[47]

Strindbergs „Inferno“ in Paris

Der Verleger Albert Langen

Es beweist weniger die Schwäche als die Zartheit seines Charakters, daß er bei aller Konzentration auf die Wissenschaft, bei allen inneren Bedrängnissen immer wieder vehement seine Sehnsucht nach der Familie bekennt. Jede Erinnerung erfüllt ihn mit schmerzlicher Liebe, und so wie er einst in der Venus des Guido Reni ein Ebenbild seiner ersten Frau zu sehen glaubte, findet er jetzt, daß die lieblichste der Carpeauxschen Frauen, die auf der Pariser Sternwarte symbolisch die vier Himmelsrichtungen darstellen, Frida gleiche. Ein Ausbruch übermächtiger Sehnsucht verführt ihn zu einer verrückten Tat, die er später schwer bereut. Um trotz des laufenden Scheidungsprozesses einen Grund zu haben, zu Frida zurückkehren zu können, kommt er auf die Idee, sein Kind krank zu machen. Das wäre ein plausibler Grund, einen Besuch zu rechtfertigen. Der Magie hörig, sticht er eine Nadel durch das Bild seiner geliebten Tochter. Aber er erschrickt nicht wenig, als er am Abend im Mikroskop den Kern einer Nuß betrachtet und darin deutlich zwei flehende Kinderhändchen erkennt!

Vielleicht war Frida zuletzt die härtere. Vor allem gegen sich selbst. Denn während er immer wieder von Versöhnung spricht – „Ist's genug gelitten, gestritten und geweint?"[48] – und durch seinen wissenschaftlichen Erfolg glaubt, sich die Familie wieder „verdient" zu haben, findet Frida, daß gerade dieser Erfolg ihm über den Schmerz der Scheidung hinweghelfen könne. Und mit dem Bekenntnis: „Mir ist oft, als müsse diese Ehe vorübergehen, eben damit unsere Liebe weiterlebe in die Zeiten"[49], findet sie eine poetische Lösung aus den Qualen des Zweifelns.

Im Oktober 1895 ist der Berliner Prozeß gegen Strindberg als Verfasser des Romans „Die Beichte eines Toren" endlich beendet. Schleich schreibt dem Freund nach Paris: „Du bist also freigesprochen... das Buch ist unsittlich, jedoch ist sich der Verfasser August Strindberg der Unsittlichkeit nicht bewußt gewesen."[50] Das Gericht anerkennt die Gründe der Verteidigung. Strindberg, sein Verleger und sein Übersetzer werden freigesprochen. Die Kosten des Prozesses zahlt die Staatskasse. Gerüchte, wonach das Buch vernichtet werden soll, erweisen sich als falsch. Im Gegenteil, das Werk kommt jetzt erst richtig in Umlauf. Inzwischen erscheint es in Paris. Langen rechnet mit einem großen Erfolg. Strindberg selbst nimmt diese Geschehnisse ohne besondere Anteilnahme auf. Was ihn wirklich beschäftigt, mehr noch, bedrängt, das ist der innere Wandel seines Wesens, überschattet von okkulten Ängsten.

Der Aufenthalt in der Künstlerpension wird ihm zu einem wahren Martyrium. Jedes Klopfen, jeden Lärm hält er für den drohenden Einbruch fremder Mächte in sein Leben. Wie zu erwarten, entzweit er sich auch mit seinen skandinavischen Freundinnen. Die unheimlichen Phänomene martern ihn immer grausamer, er ergreift die Flucht und übersiedelt in das Hotel Orfila, ein Pensionat für katholische Studierende, das von einem Abbé geleitet wird und wo Frauen keinen Zutritt haben.

Wieweit seine Hinwendung zum Katholizismus durch seinen Österreich-Aufenthalt bedingt ist, kann nicht einwandfrei geklärt werden. Sicher war er, als er nach Mondsee fuhr und dort seine Schwiegermutter kennenlernte, trotz seiner atheistischen Einstellung mystischen Einflüssen gegenüber aufgeschlossen. Seine oft sehr derben, ja blasphemischen Attacken gegen christliche Vorstellungen waren Rückzugsgefechte eines Mannes, der, obwohl er es nicht wahrhaben wollte, schon im Banne einer mystischen Religiosität stand. Gerade der unkonventionelle Katholizismus der Mutter, eine Art christlicher Fatalismus, mußte den Naturforscher, der einen unmittelbaren Zusammenhang zwischen allen Erscheinungsformen feststellte, stark beeindrucken. Den Dichter aber prägte das Brauchtum der österreichischen Landbevölkerung, das katholisierte Heidentum mit seinen Heiligenlegenden, Prozessionen und Bildstöcken. Dagegen darf man seine Klosteridee, obwohl sie in Österreich geboren wurde, kaum auf Sympathien zum Katholizismus zurückführen. Dafür stand das Elitedenken Nietzsches Pate. Nur die Form entsprach der der religiösen Orden. Der Einfluß, den später in Paris die Augustinerin im Krankenhaus des Heiligen Ludwig und die finnische Freundin auf ihn ausgeübt haben, wäre ohne die österreichischen Grunderlebnisse kaum von solcher Intensität gewesen.

Das entscheidende Damaskuserlebnis, Strindbergs innere Wandlung – oder Rückkehr – vom Atheisten zum Christen, darf in Österreich lokalisiert werden. Gewiß war ihm diese Wende noch nicht bewußt geworden, aber aus dem Dunkel des Unterbewußten drängten neue Ideen ans Licht. Strindbergs Sympathisieren mit der Mystik, sein Interesse am Katholizismus, aber ebenso seine abergläubischen Exzesse, seine manischen Ängste, dieses Inferno seines Lebens, wie er es selbst nannte, waren die Geburtsschmerzen eines neuen Daseins.

Man hat seine Geständnisse in „Inferno“ nicht selten als die eines krankhaft Verwirrten bezeichnet. Aber Lagercrantz hat recht, wenn er gegen diese Ansicht die sachliche, genaue Beobachtungsgabe des Autors hervorhebt, eine kritische Selbstbeobachtung, zu der ein wirklich Kranker niemals fähig gewesen wäre. Darüber hinaus wissen wir, daß auch dieses Buch romanhaft übertrieben ist, daß einzelne Ereignisse bewußt in einem ganz anderen Licht dargestellt werden, als wir sie aus Erzählungen von Freunden des Dichters kennen. Ganz im Sinne seiner Schwiegermutter, wonach alle Leiden Strafen für bekannte und unbekannte Sünden seien, versucht er, auch die eingebildeten Erlebnisse zu ertragen. So leidet er monatelang daran, daß er immer wieder Briefe aus Österreich im Flur des Hotels findet, von denen er annimmt, es seien lauter Drohbriefe gegen ihn. Als sich herausstellt, daß einer der Absender Uhl heißt, scheint sein Argwohn bewiesen – obwohl dieser Uhl ein Herr aus dem Elsaß ist. Überall wittert er die Rache seiner Frau.

Das grausigste Erlebnis aber begann mit einem Brief, der den Absender Schmulachowsky trug. Obwohl dieser Brief gar nicht an ihn gerichtet war, bildete er sich ein, Schmulachowsky wäre ein Pseudonym für Przybyszewski. Strindberg fürchtet dessen Rache, da auch er Aspasias Geliebter gewesen war. Als er Schumanns „Aufschwung“, Przybyszewskis Lieblingsmelodie, am Klavier spielen hört, meint er, der Pole sei schon in Paris.

Diesen Angstvorstellungen ging eine tragische Episode voraus. Marthe Foerder, jene Frau, die jahrelang Przybyszewskis Geliebte gewesen war und zwei Kinder von ihm hatte, aber zuletzt Aspasia weichen mußte, wurde samt ihren Kindern tot aufgefunden. Przybyszewski wird wegen Mordverdachts verhaftet. Strindberg, von der Unschuld seines ehemaligen Lieblingsjüngers überzeugt, überlegt, wie er ihm helfen kann. Auch Munch, der inzwischen ebenfalls in Paris eingetroffen war und hier ein eigenes Atelier hatte, setzt sich für den polnischen Freund ein. Der aber ist inzwischen wieder auf freiem Fuß, da einwandfrei ein Selbstmord Marthe Foerders festgestellt werden konnte. Warum gerade zu dieser Zeit Strindberg von panischer Angst, Przybyszewski käme nach Paris, um ihn zu ermorden, ergriffen wurde, nachdem er ihm kurz zuvor helfen wollte, ist unergründlich und paradox wie vieles in diesen Jahren, die Strindberg sein Inferno nennt.

Trotz eines angeblichen Angebotes des Rektors der Stockholmer Universität, dort eine Professur zu übernehmen, bleibt Strindberg weiter in Paris. Seine seelischen Qualen hindern ihn an konzentrierter Arbeit. Seine finanzielle Lage ist wieder einmal trostlos. Wieder hat er kein Geld, seine Kinder zu unterstützen. Da greifen abermals die Freunde ein, allen voran Knut Hamsun, mit einer großangelegten Spendenaktion. Und das Deutsche Theater in Berlin will zugunsten von Strindbergs jüngster Tochter spielen. Diese Absicht wird allerdings von Hamsun schärfstens abgelehnt: Das Enkelkind eines österreichischen Hofrats habe keine Unterstützung notwendig. Und der „Hofrat" selbst ist zu stolz, eine solche Spende zu akzeptieren.

Wer von Strindbergs Verfolgungswahn in dieser Zeit spricht, macht es sich leicht. Gewiß fürchtete er sich vor dem polnischen Freund, der niemals nach Paris kam und auch nicht die Absicht gehabt hatte, nach Paris zu kommen, gewiß bildete er sich einmal ein, man wolle ihn mit Gas vergiften, aber diese Ängste bekennt er nur in seinem Tagebuch, das er selbst ein okkultes nennt, und in Briefen an seinen Freund Torsten Hedlund.

Lagercrantz hat abermals recht, wenn er zwischen dem esoterischen und dem exoterischen Ich des Dichters unterscheidet. Strindberg lebt in diesen Pariser Jahren gleichsam doppelt, als nach wie vor angesehener Schriftsteller, der in der Gesellschaft bedeutender Künstler und Wissenschaftler verkehrt, und als ein von dunklen Mächten verfolgter, seine Leiden immer mehr als Strafe anerkennender Pilger. Erst durch seinen autobiographischen Roman „Inferno" erfährt die Öffentlichkeit von jenem „inneren" Strindberg, dessen Leiden und Kämpfe die große Wandlung in seinem Leben vorbereiten.

Daß dieser „innere" Strindberg den „äußeren" bedrängte, von Ort zu Ort jagte, steht außer Zweifel. Auch in dem katholischen Pensionat hält er es nicht lange aus. Er flieht zu den Thaulows nach Dieppe und endlich nach Schweden, zurück in die Heimat, wo er bei Dr. Anders Eliasson in Ystad freundliche Aufnahme findet. Dort glaubt er, die Summe aus seinen Pariser Erfahrungen ziehen zu können. Es klingt wie Resignation, wenn er am 23. August 1896 an Hedlund schreibt: „Der Untergang des Individuums, wenn es sich isoliert. Die Rettung durch: Arbeit ohne Ehre oder Gold, die Pflicht, die Familie, folglich – die Frau – die Mutter und das Kind!"[51] Kurze Zeit darauf verläßt er Schweden in Richtung Österreich. Er hat Sehnsucht nach Kerstin. Mutter Uhl hat ihn nach Saxen eingeladen, einem Dorf unweit von Dornach, wo sie mit dem Kind lebt. Ob er Frida dort treffen wird, weiß er nicht. Aber „das ist mir beinahe gleichgültig geworden", schreibt er, „weil unsere Charaktere sich doch nicht vertragen"[52].

7. Kapitel

KLAM
oder
INFERNO IN ÖSTERREICH

Am 15. August 1896 notiert Strindberg in sein Tagebuch: „Ein Brief von meiner Frau. Sie beweint mein Schicksal; sie liebt mich noch immer, und sie hofft unseres Kindes wegen, daß sich die Verhältnisse bessern werden. Ihre Eltern, die mich früher gehaßt haben, sind nicht gefühllos gegen meine Leiden: Ich bin eingeladen, mein Töchterchen, diesen Engel, der auf dem Lande bei den Großeltern wohnt, zu sehen. Das ruft mich ins Leben zurück! Mein Kind, meine Tochter nimmt für mich die erste Stelle ein, selbst vor der Gattin... ich erwache endlich aus einem bösen Traum, und ich begreife den wohlwollenden Willen des gestrengen Herrn, der mich mit harter und weiser Hand bestraft hat. Jetzt begreife ich die dunkeln und erhabenen Worte Hiobs: ‚Glücklich der Mann, den Gott züchtigt!' Glücklich, denn um die ‚andern' kümmert er sich nicht... Ich rüste mich zu einer Pilgerfahrt, denn ich weiß wohl, daß es eine Büßerreise ist und daß mir neue Golgathas bestimmt sind... "[1]

Diese Zeilen bilden den Auftakt zu Strindbergs letzter Reise nach Österreich. Sie beginnt mit Erinnerungen an die frühen Tage mit Frida. Denn seine erste Station heißt Berlin. Eine „Via dolorosa" nennt er seine Fahrt durch die Stadt von einem Bahnhof zum andern, vorbei an dem italienischen Restaurant, wo er mit Frida ihr erstes Honorar in Chianti umgesetzt hat, an der Pension Fulda am Schiffbauerdamm, ihrem ersten gemeinsamen Domizil und endlich vorbei am „Schwarzen Ferkel", dessen seltsames Hauszeichen unverändert geblieben ist und vor dessen Tür der Wirt steht, ohne den vorbeifahrenden Stammgast zu erkennen.

Am folgenden Tag setzt Strindberg seine Reise fort. In Tabor, südlich von Prag, der alten Hussitenstadt, bleibt er die zweite

Nacht. Dort ist die Bahnfahrt zu Ende, weiter gehts mit dem Pferdewagen über den Böhmerwald, der Donau zu. Es ist ein seltsames Wiedersehen mit der Landschaft, nach der er sich trotz allem immer wieder wie nach einer zweiten Heimat gesehnt hat; eine Landschaft, die mit ihren saftigen Wiesen und wogenden Feldern wie auserlesen scheint, alle düsteren Gedanken zu vertreiben. Aber mehr als das Grün der Äcker, mehr als die freundlichen Dörfer und Marktflecken, durch die er fährt, nimmt er die zahlreichen Bildstöcke wahr, die Sühnekapellen und Kalvarienberge, die Gedenktafeln an Verunglückte und Tote am Rande der Straße; vor allem aber immer wieder den gekreuzigten Heiland mit der Dornenkrone. Obwohl er ahnt, daß ihm „die Todesqualen des Verurteilten" bevorstehen, ermutigt ihn jedes Kruzifix, ermahnt es ihn doch, sein Fleisch abzutöten, Kreuz und Leiden auf sich zu nehmen, bestraft zu werden, um Frieden zu gewinnen.

Mit dieser Rolle des Verurteilten war er an einer Station seiner Pilgerschaft angelangt, die als ein diametraler Gegensatz zum Elitedenken im Sinne Nietzsches seiner noch gar nicht fernen Vergangenheit erscheint. Und doch hatten sich im Grunde nur die Vorzeichen geändert: Denn der Gedanke, als Leidender auserwählt zu sein, weil Gott sich um „die andern" nicht kümmert, ist im Grunde nichts anderes als das Negativbild der gleichen Gesinnung. Auch jetzt gehört er wieder einer Elite an, der Elite der Dulder.

Es wäre aber oberflächlich, diese Einstellung als einziges und bisher endgültiges Resultat seines geistigen Ringens zu bezeichnen. Strindbergs religiöse Entwicklung vom Atheisten zum Christen in diesen entscheidenden Jahren ist nicht mit wenigen Sätzen zu deuten. Diese Entwicklung vollzieht sich nicht weniger chaotisch als die Geschichte seiner Liebe zu Frida, ist kein gerader, sondern immer wieder ein Irrweg, ein ständiges Vor und Zurück, nur in der Grundrichtung weiterführend, zielsicher.

Selbst in seinem seinerzeitigen Bekenntnis zum Atheismus spricht er paradoxerweise von unbekannten Mächten, die kein Lebenszeichen von sich geben, die Welt sich selbst überlassen. Diese eher deistische als atheistische Weltanschauung entspricht seiner darwinistischen Einstellung als Naturwissenschaftler. Obwohl er bereits im Jänner 1896 in einem Brief an Hedlund erklärt, wieder an einen persönlichen Gott zu glauben, scheint dieser Glaube gerade durch seine Beschäftigung mit Okkultismus und Theosophie immer wieder Zweifeln ausgesetzt gewesen zu sein.

Laut seinen Aufzeichnungen in „Inferno" sind es zwei Beweggründe, die seine Rückkehr zur Religion veranlassen. Er erzählt, daß er in der Nacht nach seinem Abschied von Frida in Paris ein Gefühl seelischer Reinheit empfunden habe, das ihn glücklich machte, eine Befreiung aus „den schmutzigen Fesseln des Ehelebens"[2]. Aber er bedauert zugleich, als Ungläubiger niemand zu haben, dem er dafür danken könnte. Seine Undankbarkeit bedrückt ihn. Sieht man von der speziellen Ursache, der ehelichen Trennung, ab, so darf man dieses Empfinden, jemand danken zu wollen, als einen unbewußten religiösen Akt bezeichnen, ein Klopfen an das verschlossene Tor einer Welt, die man bisher als nicht existent abgelehnt hat.

Der zweite Beweggrund ist – entgegen seiner deistischen Anschauung – das Bewußtsein von der Existenz unbekannter Mächte, die sehr wohl – oder unwohl – sein Leben beeinflussen. Diese Mächte beunruhigen ihn, solange er sich unschuldig ihren Querelen ausgesetzt fühlt. Erst als er zur Überzeugung kommt, sie verfolgen ihn um seiner Sünden willen, akzeptiert er sie als sinnvoll. Und aus den Mächten wird mehr und mehr eine Macht, die er noch nicht nennen will. Er beginnt „zu ahnen, daß es eine unbekannte Macht gibt, welche die unwiderstehliche Logik der Ereignisse lenkt"[3], und er spricht von der „unsichtbaren Hand, die mich straft und mich auf ein Ziel hintreibt, das ich noch nicht ahne"[4].

Immer wieder plagen ihn Zweifel, ob diese Macht sein Freund oder Gegner, ob er nur Spielball oder bewußtes Objekt einer Sinnerfüllung sei. Endlich überwindet er seine Ungewißheit. Er spricht nicht mehr nur von einer unsichtbaren Hand, sondern bereits von einem Unbekannten. „Der Unbekannte", so schreibt er im ersten Kapitel von „Inferno", „ist mir eine persönliche Bekanntschaft geworden: Ich spreche zu ihm, ich danke ihm, ich frage ihn um Rat. Manchmal stelle ich ihn mir als meinen Diener vor, dem Daimon des Sokrates ähnlich, und das Bewußtsein, durch den Unbekannten unterstützt zu werden, gibt mir eine Energie und eine Sicherheit, daß ich eine Kraft zeige, die ich mir nie zugetraut hätte."[5]

Noch hindert ihn der Rest von heiligem Egoismus aus seiner Nietzsche-Zeit, den er nur schwer abstreifen kann, diese Macht nicht als Diener, sondern als Herr, oder im christlichen Sinn, als Vater aufzufassen. Die Religion ohne Gott, der Buddhismus, im Frankreich der 90er-Jahre unter den Gebildeten fast eine Mode, beeindruckt ihn von allen Religionen am stärksten, „weil er das positive Leiden über die Enthaltsamkeit stellt. Buddha zeigt den Mut, im vollen Besitz seiner Lebenskraft und im Genuß seines ehelichen Glücks auf Weib und Kind zu verzichten“[6]. Mit ihm kann sich Strindberg identifizieren, während er Christus, der seiner Meinung nach alle Freuden dieser Welt vermeiden lehrt, nicht begreifen kann. Deshalb läßt ihn auch das Neue Testament immer noch kalt. Erst später erkennt er: „Der Buddhismus hat die Resignation und den Kultus des Leidens eingeführt, die geradewegs nach Golgatha leiten.“[7]

Aber diesen Weg geht er noch nicht. Er vertieft sich in die Bücher des Alten Testaments, aber den „lieben Gott“ des Christentums kann er nicht finden. Zu einem guten Teil mag seine strenge Erziehung als Knabe schuld daran gewesen sein. Als sein Glaube an die Autorität und Güte der Eltern zerbrach, zerbrach – wie bei so vielen jungen Menschen – auch der Glaube an die Autorität und Güte Gottes. Die Identifizierung Gottes mit dem eigenen Vater oder den Eltern vollzieht sich im Unterbewußtsein junger Menschen, und niemand hat es schwerer, an einen „lieben Gott“ zu glauben, als der, der keine liebenswerten Eltern gehabt hat.

So sucht auch Strindberg seit seiner Kindheit Gott, findet aber, wie er verzweifelt gesteht, den Teufel. Auch mit diesem Geständnis beweist er sich als ein Mann des kommenden Jahrhunderts; denn wie viele Dichter unserer Gegenwart haben, insbesondere nach dem Zweiten Weltkrieg, das gleiche Bekenntnis ausgesprochen!

Je mehr sich Strindberg wieder der Religion zuwendet, umso skeptischer wird er der Wissenschaft gegenüber. „Man hatte Erscheinungen und Tatsachen gesammelt“, stellt er fest, „aber konnte nichts erklären.“[8] Und daraus folgert er, was sich hinter den Dingen befindet, sei mit den Mitteln des Verstandes nicht erkennbar. Diese Feststellung war für ihn die Geburtsstunde einer neuen Mystik. Am klarsten drückt er diese Erkenntnis viele Jahre später in einem seiner Blaubücher aus, wenn er schreibt: „Ohne die jenseitige Welt ist die diesseitige ein trauriges Rätsel.“[9]

Es mag aber auch dieser Hang zur Mystik gewesen sein, der ihn verleitete, in Okkultismus und Aberglauben einen Weg zum Glauben zu finden; ein Umstand, der ihn immer abhängiger von „den Mächten“ werden ließ, bis er sich Hiob ebenbürtig wähnte und seine Leiden als Beweis seiner Auserwähltheit empfand. Obwohl er zu einer Zeit, da ihn der „Gekreuzigte kalt ließ“[10], das Jesuskind in den Armen Mariens pries, ist es zuerst das Kreuz als Symbol des Leidens und der Leidverehrung, das ihm Christus näherbringt. „O crux, ave, spes unica!“ – der Spruch, der einst auf seinem Grabstein stehen sollte – wurde bereits in der Pariser Zeit zu seinem Wahlspruch, in einer Zeit, in der er sich durchaus noch nicht zu einer bestimmten Religion bekennen konnte. Er spricht nur von einer Art Religion, die er noch nicht formulieren kann, „eher ein Zustand der Seele als eine auf Lehren gegründete Ansicht; ein Wirrwarr von Empfindungen, die sich mehr oder weniger zu Gedanken verdichten“[11]. Treffender hätte er seinen religiösen Zustand nicht definieren können.

Weniger seine mystischen und moralischen Überlegungen als seine Erkenntnis vom Bankrott der Wissenschaft ist es, die ihm endlich den Weg zum Glauben an einen Schöpfergott freiräumt. Er schreibt: „Seit meiner Kindheit in die Naturwissenschaften eingeweiht, später Anhänger Darwins, hatte ich entdeckt, wie ungenügend diese wissenschaftliche Methode ist, die den Mechanismus des Weltalls bekennt, ohne einen Mechaniker anzunehmen.“[12] In einem Brief an Hedlund im Jänner desselben Jahres hatte er die Überzeugung ausgesprochen, die Unsterblichkeit der Seele sei selbstverständlich. Er versucht, dies wissenschaftlich zu begründen, aber seine Beschreibung von der Entwicklung der Larve zum Schmetterling, die er als Beweis anführt, ist zugleich künstlerische Metapher. Der Dichter bekennt sich zu Gott als schaffenden Künstler.

„Die Schmetterlingslarve kriecht umher“, schreibt er, „und frißt wie wir Tiere. Eines schönen Tages wird sie krank, die Kräfte nehmen ab, ihr Körper verzehrt sich, aber in einer letzten Anstrengung webt sie ihr Leichenhemd und richtet ihr Grab. Sie löst sich auf – Nekrobios! Todesleben! Lebenstod! Ich habe Puppen geöffnet, sie mikroskopiert! Es gibt nur einen weißen, formlosen, leblosen Stoff, der der seifigen Substanz des Leichnams gleicht und nach Leichnam riecht. Aus diesem Schleim wächst der Schmetterling aus ‚Adventivknospen‘ und verläßt das Grab. Das ist mehr als ein Symbol, und wenn es so ist, dann ist der Schöpfer ein Künstler, dem es gefällt, in schönen Zeichen zu dummen Menschen zu sprechen, die ein wenig verstehen!“[13]

Monate später baut er seine Idee weiter aus, wenn er schreibt: „Der Schöpfer, dieser große Künstler, der sich entwickelt, indem er schafft. Skizzen macht, die er wieder verwirft, unreife Gedanken wieder aufnimmt, einfache Formen vollendet und vervielfacht. Alles ist das Werk einer Hand. Oft macht er ungeheure Fortschritte, indem er die Arten erfindet, und dann kommt die Wissenschaft, stellt Lücken, fehlende Glieder fest und bildet sich ein, die Zwischenarten seien verschwunden."[14] Hiermit nimmt er das Für und Wider um die moderne Evolutionslehre vorweg. Eine Kühnheit aber bedeutet es zu seiner Zeit, und für eine Narrheit wurde es gehalten, als Strindberg in seinen als pseudowissenschaftlich verrufenen Büchern die Grenzen von Geist und Materie aufhob!

In Paris war es, daß er durch die Lektüre von Balzacs „Seraphita" auf seinen Landsmann Swedenborg aufmerksam gemacht wurde, der für seine religiöse Entwicklung von Entscheidung war. Schon das Leben dieses 1688 geborenen schwedischen Mystikers, dessen Lehre selbst Goethe beeinflußte, während Kant sie verspottete, erschien Strindberg als Vorbild. Denn so wie er war auch Swedenborg Naturwissenschaftler, dessen mineralogische und geologische Studien bahnbrechend waren. Nach dem Versuch einer mechanistischen Welterklärung wandelte er sich durch psychologische Studien immer mehr zum Mystiker, bis er durch eine Christusvision im Alter von sechsundfünfzig Jahren zum Religionsphilosophen wurde.

Auch bei Strindberg bestätigt Schleich, ohne eine Parallele zu Swedenborg ziehen zu wollen, einen „gleichmäßigen Hang zum Mystischen und zum Mechanisch-Analytischen"[15].

Swedenborgs Idee, wonach alle Menschen mit der Geisterwelt in Verbindung stünden, aber nur wenige sich dessen bewußt seien, vor allem aber die Lehre, daß der Mensch von Natur aus gut sei und erst in dem Augenblick schlecht werde, als er nicht mehr an Gott als Quelle alles Guten glaube und damit sich selbst die Hölle schaffe, diese Idee hat Strindberg auf sehr eigenwillige Weise ausgelegt. Jedenfalls fühlte er sich schon von der ersten Lektüre von Swedenborgs religionsphilosophischen Werken ergriffen. Seine „Bekehrung" durch Swedenborg blieb seinem Aufenthalt in Österreich vorbehalten.

Durch seine Absage an die Wissenschaft und seine Erkenntnis von der Beschränktheit des Fortschrittsglaubens fühlt er sich aber auch der Familie gegenüber aufs neue schuldig. Denn wenn alle Forschung sinnlos war, dann auch das Opfer, das er für diese Forschung gebracht hat, seine Trennung von Frau und Kind. Aber er ist sich dieses Schuldgefühls nicht sicher, weiß er doch im Grunde selbst nicht, ob er die Idee vom Opfer seiner Liebe für die Wissenschaft nicht nur als Alibi für seine gewollte Trennung erdacht hatte.

Als er vor mehr als zwei Jahren zum ersten Mal nach Oberösterreich kam, fühlte er sich stark als Atheist, war voller Vorurteile gegenüber dem Katholizismus seiner neuen Landsleute, teils als Erbgut seiner pietistischen Erziehung, teils als Verfechter moderner Wissenschaft; nun kommt er als Gläubiger, „glücklich, bestraft zu werden", als neuer Hiob. Sosehr er seine Züchtigungen toleriert, sowenig bereut er selbst seine Schuld, findet er doch zu einer ähnlichen Auffassung wie seine Schwiegermutter: Danach ist im Grunde nichts unsere Schuld, da alles Vorsehung ist, und Reue hieße, die Vorsehung kritisieren! Er fühlt sich als Verurteilter für ein Verbrechen, das er nicht kennt.

Diese Vorstellung, die den Urheber eines solchen Schicksals noch weit grausamer als den alttestamentarischen Rachegott erscheinen läßt, wird im kommenden Jahrhundert bedrückende Ahnung werden. Strindberg erkennt die Vorsehung aber nicht nur als etwas Schreckliches, sondern ebenso als Lebenshilfe. „Übrigens erkläre ich mir nicht mehr die Gründe meiner Handlungen. Ich handle, wie es kommt. Das Leben ist lustiger auf diese Weise!"[16] ruft er aus.

Gläubig und abergläubig, gepeinigt von okkulten Erscheinungen, befreit durch neue Erkenntnisse und zugleich niedergeworfen durch eben diese Erkenntnisse, kommt er als Pilger in Österreich an.

Das Dorf Saxen – erst 1981 wurde es zum Markt erhoben – liegt wenige Kilometer westlich von Dornach. Zum Unterschied von diesem, das nur zerstreute Häuser längs der Straße aufweist, ist Saxen ein uraltes Haufendorf um eine mächtige Kirche, deren Anfänge in das 12. Jahrhundert zurückreichen. Abseits der Donau, in einem weiten Talkessel an den Ausläufern des Greiner Waldes gelegen, bietet es einen ausgesprochen freundlichen und gastlichen Eindruck.

Dorthin hatte Mutter Uhl ihren Schwiegersohn eingeladen. Im mächtigen Herrenhaus von Dornach war es seit dem Tod des Hausherrn still geworden. Aber immer noch herrschte die Großmutter Reischl, jetzt Urgroßmutter, über ein Heer von Mägden und Knechten. Marie Uhl hatte sich mit Frida und ihrem Enkelchen Kerstin nach Saxen zurückgezogen.

Wie erwartet trifft Strindberg seine Frau nicht an. Sie lebe, so sagt man, bei ihrer Schwester in Wien. Die Alte vom Herrenhaus hat geschworen, die Ehe zwischen ihr und Strindberg auflösen zu lassen. Sie haßt den Gatten ihrer Enkelin, aber auch diesen Haß nimmt er als gerechte Strafe auf sich, hat er doch vor Jahren die Großeltern gekränkt, als er sich nicht einmal von ihnen verabschiedete. Mutter Uhl dagegen hat ihm längst verziehen. Bei ihr soll er Gast sein. Bei der Ankunft fühlt er sich wie ein Verurteilter. Da kommt das Kind auf ihn zu, ein Mädchen von zweieinhalb Jahren. Alle Ängste sind zumindest für den Augenblick vergessen, Strindberg fühlt sich wie Faust nach der Osternacht. Ganz im Sinne Swedenborgs empfindet er diese Liebe zum Kind, diese geschlechtslose Liebe, wie sie die Heiligen kennen, als Anfang einer Erziehung zum Himmel. Doch er weiß, daß diesem die Sühne vorausgehen muß.

Er nimmt sich der kleinen Kerstin von Herzen an, bereitet ihr selbst das Frühstück, zeigt ihr Bilderbücher, und die Großmutter freut sich über das gute Verhältnis zwischen Vater und Kind. Denn auch Kerstin hat sehr bald, nach einer kurzen Welle des Mißtrauens, zu ihm gefunden. Trotz seiner Sympathien zum Katholizismus befremdet Strindberg die katholische Erziehung der Tochter. Wenn sie abends betet und ihn auffordert, das Kreuzzeichen zu machen, fühlt er sich wieder als Protestant und verweigert es, so gern er auf sie eingehen möchte. Ähnlich empfindet er, als ihm die Schwiegermutter ein Marienamulett überreicht. Sosehr er sich darüber freut, bringt er, der protestantisch Erzogene, es nicht übers Herz, es an seiner Brust zu tragen.

Aber schon am zweiten Tag seines Besuches droht das eben erst geschaffene Idyll zerstört zu werden. Die Urgroßmutter fordert die sofortige Abreise Strindbergs, widrigenfalls sie ihre Tochter enterbe! Sie droht mit einem Ausreisebefehl. Da hilft Mutter Uhls Zwillingsschwester Melanie, die im benachbarten Dorf Klam wohnt. Sie lädt Strindberg zu sich. Von dort hat er es nicht weit, sein Töchterchen täglich zu besuchen.

Melanie Reischl, verheiratete Samek, ehemalige Schauspielerin und Sängerin, lebt getrennt von ihrem Gatten, einem Kaufmann, hat also das gleiche Schicksal wie Strindberg. Das bringt sie ihm näher. Im übrigen sind sich die beiden Zwillingsschwestern, wie er feststellt, auch innerlich ähnlich und in ihren Anschauungen fast identisch.

Strindberg übersiedelt nach Klam. Das Dorf ist durch eine Hügelkette vom Saxener Talkessel getrennt. Eine mächtige mittelalterliche Burg, noch heute im Besitz der Herren von Clam, beherrscht von einem kühnen Felshügel aus Ort und Umgebung. Ganz anders als das liebliche Saxen macht Klam einen ausgesprochen romantischen Eindruck, bewaldete Hügel ragen auf, und am Fuße des Burgbergs rauscht ein Wildbach durchs enge Tal.

Als Strindberg diese Landschaft zum ersten Mal erblickt, glaubt er, schon einmal dagewesen zu sein. Oder kennt er sie von einem Bild? Da erschrickt er vor seinen eigenen Gedanken. Diese Landschaft gleicht einer merkwürdigen Zeichnung, die er im Eisenoxyd einer Zinkschale in Paris gesehen hat, damals aber nicht deuten konnte. Wieder wird ihm ein ganz alltägliches Ereignis zum okkulten Erlebnis. Die Wohnung der Tante besteht aus drei Zimmern. In dem für ihn bestimmten sind die Wände rosa bemalt, auch die Vorhänge sind rosa, das Licht fällt nur gedämpft ins Zimmer, das Bett ist ein altertümliches Himmelbett. Strindberg will erst die Gastfreundschaft nicht annehmen, aber Melanie nötigt ihn auf ihre sanfte, aber bestimmte Art. Als er aus dem Haus auf die Straße tritt, bemerkt er mit abergläubischem Schrecken, genau seinem Fenster gegenüber, das Armenhaus des Dorfes. „Mit seiner Bevölkerung alter, entlassener Verbrecher, Kranker, Sterbender“[17], deutet er diese Aussicht als „düster“ im doppelten Sinne des Wortes.

Mit den beiden Schwestern lebt er in bestem Einverständnis. Er erfährt, daß sie in ihrem Inneren Ähnliches durchlitten haben wie er, ehe sie zum katholischen Glauben fanden. Freilich mag Strindberg in „Inferno“, der einzig ausführlichen Quelle über diese Tage, die Parallele in seiner Entwicklung als noch bedeutender dargestellt haben, als sie in Wirklichkeit war, doch sie bestand ohne Zweifel.

Der seltsame Zufall, daß die beiden ihm ausgerechnet Swedenborgs Werke zur Lektüre überreichen, den er von Paris her nur flüchtig kannte, dessen Bedeutung er aber bereits erkannt hatte, mag wie eine dichterische Freiheit in seiner Biographie wirken, ist aber aller Wahrscheinlichkeit nach nicht erfunden. In „Inferno“ läßt er Mutter Uhl den entscheidenden Satz sagen: „Du bist an einem Punkt angelangt, den wir schon passiert haben“, und er zieht daraufhin den Vergleich mit seiner religiösen Entwicklung, wenn er erzählt: „Von derselben Gleichgültigkeit gegen die Religion ausgehend, hatten sie den Okkultismus studiert. Von diesem Augenblick an schlaflose

Nächte, geheimnisvolle, von Todesängsten begleitete Vorfälle, schließlich nächtliche Krisen, Wahnsinnsanfälle. Die unsichtbaren Furien verfolgen die Jagd bis zum rettenden Hafen: Das ist die Religion. Ehe sie aber so weit kommen, offenbart sich der Schutzengel, und das ist niemand anders als Swedenborg. Man nimmt mit Unrecht an, daß ich meinen Landsmann gründlich kenne; und, überrascht von meiner Unkenntnis, geben mir die guten Damen, jedoch nicht ohne Zögern, ein altes deutsches Buch."[18]

Tatsächlich wird sich der Fall so verhalten haben: Da es sich um einen schwedischen Gast handelte, kamen die Damen auf Swedenborg zu sprechen, dessen Werke neben denen anderer religiöser Autoren in ihrer Bibliothek vorhanden waren. Daß Swedenborg für sie ebenso wie für Strindberg „der Schutzengel" war, ist kaum anzunehmen.

In Swedenborgs Werken findet Strindberg eine Beschreibung der Hölle. Da spielt ihm seine Phantasie wieder einen Streich. Die höllische Landschaft, die der schwedische Mystiker beschreibt, gleicht, so empfindet es Strindberg, der Landschaft auf der Zinkschale, der Gegend um Klam. Und jetzt glaubt er zu wissen: Hier ist die Hölle. Die lokale Feststellung wird zur philosophischen Aussage: Die Hölle ist kein Ort im Jenseits. Nicht Gott, sondern die Menschen haben sie geschaffen, sagt Swedenborg. Strindberg, in einem Protestantismus erzogen, der bei aller moralischen Strenge die Hölle nur als Phantasiegebilde betrachtete, kann jetzt die Tatsache ihrer Existenz nicht leugnen. Er geht noch einen Schritt weiter als Swedenborg, wenn er feststellt: „Wir sind schon in der Hölle. Die Erde, das ist die Hölle, das von einer höheren Vernunft erbaute Gefängnis. Ich kann ja nicht einen Schritt gehen, ohne das Glück der andern zu verletzen; und die andern können nicht glücklich bleiben, ohne mir Leiden zuzufügen."[19]

Damit nimmt er schreckliche Erfahrungen des kommenden Jahrhunderts vorweg. Die kafkaeske Idee von der Welt als Gefängnis und Sartres bittere Erkenntnis, „die Hölle, das sind die andern", sind in Strindbergs Vision der Hölle von Klam schon enthalten.

Er glaubt, das Inferno ganz im Sinne Swedenborgs auszulegen, während er in Wahrheit grandiose Variationen über ein Thema Swedenborgs komponiert. „Das Feuer der Hölle", so schreibt er, „das ist der Wunsch, emporzukommen; ... Sobald aber das Ziel erreicht und die Wünsche erfüllt sind, erscheint alles wertlos, und der Sieg ist nichtig!... Nach der ersten Enttäuschung blasen die Mächte das Feuer der Begierde und des Ehrgeizes an, und nicht der ungestillte Hunger foltert am meisten, die gesättigte Begier flößt den Ekel an allem ein."[20] Da er sich aber schon als Kind im Gefängnis gefühlt und Qualen ausgestanden hat, kann es sich nach seiner Logik nur um Strafen für Sünden aus einem früheren Leben handeln. Und typisch für Strindberg sind es die Banalitäten des Alltags, die „kleinlichen Stiche", unter denen er am meisten leidet. Er hält sie für besondere Bosheiten der Mächte, die ihn verfolgen.

Trotz aller Panik treibt es ihn, die Landschaft um Klam, die er, wie Dante jene um Neapel, für die Hölle hält, zu erforschen. Er wählt den Weg in die Klamm, der damals Schluchtweg, heute Strindbergweg heißt. Dieser erinnert ihn an den Eingang zur Hölle Dantes. So hat ihn der große Italiener beschrieben. Da stürzt der Felsen des Burgberges senkrecht ab, sein oberer Teil gleicht dem Kopf eines Türken, was begreiflicherweise die Phantasie des Dichters erregt. Und je weiter er in die Schlucht vordringt, umso unheimlicher, dämonischer erscheint ihm alles. Die Mühle, die Schmiede, das Sägewerk. Harmlose Requisiten, ein Ziegenhorn, das als Behälter für Wagenschmiere verwendet wird, oder einen Besen vor der Tür zur Mühle erkennt er als Attribute des Teufels; und erst recht eine riesige Dogge oder ein Huhn ohne Schwanz, mit Hahnenkamm. Die weißen Müllergesellen und die schwarzen Schmiede erscheinen ihm als Henkersknechte der Hölle, die Baumstämme in der Säge als deren Opfer. In wahren Schrecken aber versetzt ihn der Anblick eines niedrigen, hölzernen Kastens mit sechs Türen: ein Bild aus der Danteschen Hölle! Als er am Gestank, der herausdringt, erkennt, daß er vor einem Schweinestall steht, ekelt ihn vor der Wirklichkeit. Der Schluchtweg mit den alten Handwerkshäusern, selbst der merkwürdige Saustall und natürlich der Türkenkopf hoch oben am Burgberg haben sich seit Strindbergs Tagen kaum verändert. Dieses Zentrum seiner Hölle hat in seiner Erinnerung die bizarren Formen eines Szenenbildes angenommen, ist festgehalten als entscheidendes Wegstück in seinem Stationendrama „Nach Damaskus".

Strindberg ist der festen Überzeugung, daß Swedenborg diese Gegend gekannt haben muß, so genau findet er dessen Beschreibung der Hölle auf die hiesige Landschaft zutreffend. Und er stellt fest, daß Swedenborg für seine geologischen Studien auch Österreich und Ungarn besucht hat. Unter einem überhängenden Felsen – er kann den Schluchtweg nicht bis an sein Ende gehen, da der Wildbach den Steg fortgerissen hat – entdeckt er ein Marienbild. Er kehrt heim „in tiefem Nachdenken über diese Verbindung von Zufällen, die zusammen ein großes Ganzes bilden, das wunderbar ist, ohne übernatürlich zu sein“[21].

Mit keiner anderen Feststellung hätte er besser den Grundton seiner Weltanschauung getroffen. Er bleibt bei aller Vorliebe für Mystizismus und Okkultes immer der Realist, wie wir ihn aus seiner naturalistischen Zeit kennen. Die Wunder und Zeichen, die er erkennen will, sind keine überirdischen Phänomene, keine Visionen, sondern völlig natürliche Vorgänge und Erscheinungen. Aber ihre Konstellationen, diese Verbindung von Zufällen, wie er es nennt, können gedeutet werden. Alles Geheimnisvolle spielt sich im sichtbaren Raum ab. Nicht Engelszungen und Wolkenbotschaften, sondern die Dinge dieser Welt sind es, durch die uns die Mächte ängstigen, warnen oder die Zukunft prophezeien. Auch damit glaubt er ganz dem Geiste Swedenborgs zu folgen, dem „Realismus seiner Schilderungen“, die er mit seinen eigenen Erlebnissen identifizieren kann.

Sosehr er sich in Klam ins Inferno geworfen fühlt, sosehr rettet ihn immer wieder das Zusammensein mit seiner Tochter. Er empfindet es wie ein Wunder, wenn Kerstin ihn, den Sünder, mit offenen Armen empfängt. Und es ist das Kind, das ihm zu wahrer christlicher Erkenntnis verhilft: „Geliebt werden: die Sühne für ein Verbrechen!“ ruft er aus. „Wahrhaftig, die Mächte sind nicht so grausam wie wir!“[22] Kerstin wird seine Beatrice, die ihn aus dem Dunkel ins Licht führt.

Obwohl er bei seinen berühmten Morgenspaziergängen nie einen Begleiter geduldet hat, bringt er es nicht ums Herz, die Bitten seines Kindes, mitgehen zu dürfen, abzuschlagen. Die Wanderungen und Spiele mit Kerstin bleiben ihm schönste Erinnerungen. Selbst Klam erscheint ihm, wenn er in ihrer Begleitung spazierengeht, nicht mehr so unheilvoll. Sonst könnte er nicht, nur wenige Monate später, in einem Brief von der landschaftlichen Schönheit der Gegend schwärmen: „Hügel und Wald; das schöne Schloß und der Schluchtweg!“[23] Ja selbst der Schluchtweg wird im Schreiben an die Tochter zur heiteren Erinnerung, wo die Enten Vater und Tochter begleiteten „wie der Schwan Lohengrin“[24]. Er besteigt mit ihr den Schloßberg, füttert die Enten im Bach, sucht nach abgestorbenen Heuschrekkenblumen. Er schneidet Weidenruten ab, die er ihr schenkt, um

Kerstin Strindberg

Klam

mit ihm Kuhtreiben zu spielen: er die Kuh, sie den Hirten. Im Wirtshaus Meyer in Saxen vergnügen sie sich beim Kegelscheiben. Mit ihr besucht er sogar sein „Häusel“ in Dornach, wo sie Waldmeister pflücken, den er selbst einst gesät hatte.

Das sind die lichten Stunden des Tages, an denen ihn seine Beatrice aus Not und Bedrängnis in die Freude entführt. Dann aber spürt er wieder das Bedrückende seines Zustands und sucht Hilfe im Gespräch mit der Schwiegermutter und deren Schwester. Auch sie glauben daran, daß er schwere Schulden eines früheren Lebens büße, sonst wären die Qualen, die er leidet und ihnen bekennt, nicht möglich. Ihr Versuch, ihn zum Katholizismus zu bekehren, scheitert an seiner Hartnäckigkeit oder Treue zur Religion der Väter. Und als sie ihm die katholische Religion als Gnade darstellen, findet er sich eben dieser Gnade nicht würdig.

Stark beeindrucken ihn die skurrilen Geschichten, die die Frauen erzählen, wahre Geschichten von seltsamen Schicksalen, Dorfgeschichten surrealen Charakters. Schon während seiner Dornacher Zeit hatte er so manche Erzählung vernommen, die ihm phantastisch anmutete, aber pure Wirklichkeit war. Das nördliche Oberösterreich ist reich an ungewöhnlichen Schicksalen; es scheint, daß sich hier nicht nur in Strindbergs Phantasie Geisterwelt und Menschenwelt vermischen. Nicht von ungefähr hat in dem dem Mühlviertel benachbarten Innviertel ein Maler wie Alfred Kubin seine Wahlheimat gefunden, hat ein Dramatiker wie Richard Billinger von Perchten und Rauhnächten gedichtet.

„Welche ungeheure Sammlung Tragödien“, ruft Strindberg aus, als ihm die Frauen die „gegenwärtige Chronik der Gegend“ berichten, von „Ehebruch, Scheidung, Familienprozessen, Mord, Diebstahl, Vergewaltigung, Blutschande, Verleumdung!“[25] Er erfährt von einem Mädchen in der Strafanstalt Paumgartenberg, das mit einem Mönch gesündigt hat, sich einbildet, tot zu sein, und verzweifelt umherirrt, um ein christliches Begräbnis bettelnd. Und er erlebt selbst die Geschichte mit der Dohle des atheistischen Schusters, die nach dessen Tod dem Leichenzug folgte und sich auf den Deckel des Sarges setzte.

Wie in Paris glaubt er auch jetzt, allerlei Spukhaftes in seinem Zimmer zu erleben. Er selbst schreibt von einer hingebungsvollen Betreuung durch die beiden Frauen. Vielleicht ahnte er nicht, daß Marie Uhl bei aller Zuneigung, die sie ihm gegenüber empfand, mehr als einmal durch sein Gehaben in Angst und Schrecken versetzt wurde und ihn für wahnsinnig hielt. So soll er sich einmal in sein Zimmer eingesperrt haben und, als man öffnete, in schwarzem Anzug starr dagelegen sein. Melanie Samek fürchtete, er habe Selbstmord begangen. Als Marie auf ihn zuging, sagte er: „Ich bin gestorben." Männer seien durch die Wand eingebrochen und hätten ihn ermordet. Er verlangte, die Polizei zu holen. „Meine Schwester telegraphierte augenblicklich an meinen Mann", berichtet Marie Uhl, „er solle aus Wien Wärter schicken und für Strindberg einen Platz im Krankenhaus bestellen..."[26] Aber dazu ist es nicht gekommen. Denn Marie Uhl zweifelte an der Echtheit Strindbergscher Selbstdarstellungen.

„Meine Schwester und ich haben oft darüber nachgedacht", schrieb sie später, „ob nicht diese dramatischen und oft theatralischen Handlungen weniger das Ergebnis einer zufälligen abnormen Idee waren, als vielmehr inszeniert wurden, um einen guten Theatereffekt zu erzielen oder auch die Wirkung auf das Publikum zu studieren, d. h. auf uns, vor denen diese Szenen gespielt wurden. Es ist schwer zu entscheiden, wieviel davon Phantasie und wieviel Wirklichkeit war, ebenso schwer, wie sich zu denken, wie sich Strindberg die Wirklichkeit vorstellte. Sicher ist, daß er trotz aller sorgenvollen Stunden, die wir seinetwegen durchlebten, uns auch mit seiner unfreiwilligen Komik viele lustige bereitete, sogar angenehme."[27] Diese Aussage ist treffend und verrät Marie Uhls Einfühlungsvermögen. Man darf niemals vergessen, daß Strindberg ein Theatervollblut war, nicht nur Dramatiker, sondern auch Schauspieler, Regisseur und Begründer einer eigenen Bühne. Das Komödienspiel war ihm Teil seines Lebens, eine Form seiner Gestaltung, und diese Begabung zumindest hat zu einem Gutteil seine okkulten Phantasien gefördert, wenn nicht geschaffen.

Sollten die Abenteuer, Ängste und Bedrängnisse, über die Strindberg in „Inferno" berichtet, nicht romanhaft übertrieben sein, dann müssen die beiden Frauen eine Geduld aufgebracht haben, die nur durch ihre tiefe Gläubigkeit, ihr Pflichtgefühl, dem armen, „verdammten" Verwandten helfen zu müssen, ermöglicht wurde. Denn seine Einbildungen steigern sich immer mehr zu Todesängsten. Auch Mutter Uhl zweifelt zuletzt an seiner Zurechnungsfähigkeit.

Da erscheint in einer Pariser Zeitschrift ein Artikel merkwürdigen Inhalts: „Der unglückliche Strindberg, der mit seinem

Frauenhaß nach Paris kam, war bald zur Flucht gezwungen. Und seitdem schweigen seinesgleichen vor dem Banner der Weiblichkeit. Sie möchten nicht das Los des Orpheus erleiden, dem die thracischen Bacchantinnen den Kopf abrissen..."[28] Diese Nachricht ist für ihn der Beweis, nicht an Verfolgungswahn zu leiden. Und auch Marie Uhl dürfte sie als solchen aufgefaßt haben. Er nimmt danach an, in Paris tatsächlich einem Attentat durch wütende Emanzen entgangen zu sein. Aber dabei will er es nicht bewenden lassen. Er will den Fall bei der Pariser Polizei anzeigen. Später sieht er selber ein, daß ein solches Vorgehen nur den Stoff für eine Farce geliefert hätte, und er ist froh, daß ein anderes Erlebnis ihn davon abgehalten hat.

Wieder einmal ist es Kerstin, die ihn von dummen Gedanken befreit. Er muß mit ihr zeichnen und Bilderbücher anschauen. Sie befiehlt, er gehorcht. Dabei hätte er so gerne sein Mittagsschläfchen gehalten. Aber das Kind ist stärker, er kann ihren Wünschen nicht widerstehen. Da hören sie auf einer Drehorgel vor der Tür einen Walzer spielen. Strindberg schlägt seiner Tochter vor, mit dem Kindermädchen – die Existenz eines solchen ist sonst niemals erwähnt – zu tanzen. Kerstin folgt mit Freuden. Es kommen noch andere Kinder dazu. Es wird ein richtiger Kinderball. Mutter Uhl ist nicht wenig erstaunt, ein solches Fest zu erleben, als sie das Zimmer betritt, um die Kleine abzuholen. Aber es wäre wieder nicht Strindberg, wenn nicht auch dieses fröhliche Geschehen für ihn eine obskure Bedeutung gehabt hätte. Marie Uhl berichtet ihm von einer Dame im Dorf, die plötzlich zu tanzen begonnen hat. In einem Anfall von Wahnsinn hat sie sich für August Bürgers „Lenore" gehalten. Da diese Frau aber eine bekannte Freidenkerin war, gibt es für Strindberg nur einen Schluß: Kerstins Unschuld hat den Bösen in die Flucht gejagt, und nun ist er über die Frau hergefallen und hat sie zum Tanzen gezwungen. Er, Strindberg, aber ist dadurch befreit worden.

Bei aller Skepsis über die Intensität seiner Angstvorstellungen steht zweifellos fest, daß seine Stunden mit Kerstin die einzig wirklich glücklichen waren, in denen er sich von allen Bedrängnissen frei fühlte.

Aus Dornach kommt die Nachricht, daß Urgroßmutter Reischl schwer erkrankt sei. Wahrscheinlich durch die Krankheit milder gestimmt, läßt sie es zu, daß Marie mit dem Kind zu ihrer Schwester nach Klam zieht.

Strindberg hat inzwischen das Rosenzimmer verlassen und

sich in einem kleinen Haus am Rande des Dorfes einquartiert. Er dürfte dann, was aus seinen Mitteilungen nicht einwandfrei hervorgeht, vielleicht aus Angst vor dem Alleinsein immer wieder Gast im Hause der Tante gewesen sein, obwohl sich das rosa Zimmer inzwischen in ein schwarzes verwandelt haben soll. Auch hier scheint viel dichterische Phantasie den wirklichen Sachverhalt zu vernebeln. Das rosa Zimmer, die Rosenkammer, wie er sie nennt, wird auch einer der wesentlichen Schauplätze seines Dramas „Nach Damaskus" sein; die Rosenkammer, die ihm anfangs so gastlich schien, obwohl er wußte, daß eine mittelalterliche Folterkammer in Stockholm ebenso bezeichnet wurde.

In einem Gasthof in Grein lernt Strindberg einen jungen Zisterziensermönch aus Heiligenkreuz kennen, den zweiundzwanzigjährigen Georg Lanz, der sich später, als er aus dem Kloster ausgetreten war, Jörg Lanz von Liebenfels nannte und als Wegbereiter nazistischer Rassenlehre zu traurigem Ruhm gelangte. Lanz, Sohn eines Wiener Schullehrers, war ein Wirrkopf, der sich mit Parapsychologie und Zahlenmystik beschäftigte und wahrscheinlich von solcher Redegewandtheit war, daß er auch auf erfahrene ältere Menschen Eindruck machte. Auch Strindberg hört seinen Gesprächen interessiert zu und begleitet ihn auf die Ruine Werfenstein, die Lanz erwerben will. „Als wir vom Gasthof zur Besichtigung der Burg weggehen wollten", so berichtet Lanz, „stellte sich uns ein Herr mit interessantem Gesicht, gutem Kopf, aber wildflatternden Haaren vor. Ich dachte mir: – wie der Zauberer Klingsor – aber in Wirklichkeit war es der berühmte schwedische Schriftsteller August Strindberg."[28a] Es ist begreiflich, daß der junge Mann auf die Bekanntschaft mit dem großen Dichter stolz war. Durch seine Lieblingstante, die mit der Familie Uhl seit langem befreundet war, fühlt er sich dem Dichter doppelt verbunden. Und es ist ebenso naheliegend, daß sich Strindberg, der sich gerade zu dieser Zeit vor allem mit okkulten und mystischen Problemen beschäftigt, an dem jungen Mönch Gefallen findet. Was dieser allerdings sonst noch über seine Wirkung auf Strindberg schreibt, ist mit größter Vorsicht zu behandeln. Gewiß, es existiert ein Briefwechsel zwischen den beiden Männern noch aus späteren Jahren, und vom Einfluß Lanz' auf den Dichter wird noch zu sprechen sein. Aber daß er es war, der Strindberg nach einer Klammwanderung vom Zweifler zum Gläubigen bekehrte, ist ebenso übertrieben wie seine spätere

Behauptung, Strindberg hätte durch Beitritt zum Neutemplerorden, der eine Gründung von Lanz war, nach langen Irrwegen das wahre Christentum gefunden. Daß er ihm über Möglichkeiten, in ein katholisches Kloster einzutreten, Ratschläge gab, mag stimmen. Lanz gibt selbst zu, nur etwa drei- bis viermal mit Strindberg zusammengekommen zu sein. Wäre sein Einfluß auf den Dichter auch nur annähernd so bedeutend gewesen, wie er behauptet, Strindberg hätte ihn, da er auch sonst Details aus seinem Leben wiedergibt, zweifellos in „Inferno" zumindest erwähnt. Aber selbst dort, wo er den Spaziergang durch die Klamm schildert, schreibt er nichts von einem jungen Zisterzienser und ebenso kein Wort von der Besichtigung der Burg Werfenstein. Die Idee eines freien Ordens, wie ihn Lanz begründet hat, beschäftigte Strindberg schon lange vor seiner Bekanntschaft mit diesem, so daß auch hier eher von Parallelität als von Einfluß gesprochen werden kann. Lanz hat seine Bekanntschaft mit dem berühmten Dichter als eine Art Selbstbestätigung, vor allem aber als Propaganda für seine Ideen gebraucht.

Der November färbt alles grau. Immer trostloser wird die Landschaft. Schneematsch liegt auf den Straßen. Strindberg muß seine Kerstin beim Spazierengehen auf Händen tragen. Immer näher rückt die Stunde des Abschieds. An einem der letzten Tage seines Aufenthaltes in Klam rafft er sich auf, den Berg, der hinter dem Burghügel aufragt, zu besteigen. Schon oft hat er es versucht, aber immer wieder auf halbem Wege aufgegeben. An diesem Tag gelingt es ihm, und er genießt die prachtvolle Aussicht auf das Donautal. Auch die Nebel sind der Sonne gewichen. Er fühlt sich erlöst. Aufgestiegen aus dem Dunkel einer Landschaft, die er für die Hölle hält, steht er jetzt hoch oben in der Sonne, sieht die weiten Wälder und Täler unter sich, das Band der Donau und dahinter am Horizont, mit den Wolken vereint, die Kämme der Alpen.

„Es ist schön wie der Himmel", ruft er aus, und statt einfach zu genießen, was einem Strindberg nicht möglich ist, beginnt er zu reflektieren: „Umfaßt die Erde den Himmel und die Hölle? Gibt es keine anderen Stätten für Strafe und Belohnung?"[29] Als er noch den allerletzten Gipfel erreicht, eine Art Findlingstein, wie sie in dieser Gegend des öfteren die höchsten Erhebungen krönen, hört er Flintenschüsse aus dem Tal. Dazu erklingt ein Hochzeitsmarsch, und fröhliche Gesänge dringen bis herauf. Er nimmt dies als gute Vorbedeutung, während er mit Bedauern den Abstieg beginnt. Und es klingt fast wie eine leise Selbstironie, was sonst gar nicht seine Art ist, wenn er bekennt: „Kind genug und genügend glücklich, um aus den alltäglichsten und natürlichsten Vorfällen die Poesie zu ziehen, nehme ich dies als eine günstige Vorbedeutung an.“[30] Strenggenommen läßt dieser Ausspruch zweifeln, ob er jemals wirklich an okkulte Erscheinungen geglaubt hat. Danach war alles Poesie, und der Dichter spielte sich und der Welt eine Tragikomödie vor.

Beim Abstieg vom Berg pflückt er für seine kleine Beatrice noch eine Mistel, wie er es ihr versprochen hatte. Außer den Schwestern und Kerstin wohnen vorübergehend auch ein Enkel Melanies, Erich, der Sohn des Ehepaars Weyr, Caesar, und eine Schwester Friedrich Uhls, Josephine Thiel, in Klam. Ihr war Strindberg besonders zugetan. Marie Uhl versucht immer wieder, ihn zu einem Besuch bei der Urgroßmutter zu überreden. Jetzt, kurz vor seiner endgültigen Abreise nach sechswöchigem Aufenthalt kann er nicht mehr nein sagen.

Marie Reischl wohnt in Strindbergs ehemals so geliebtem „Häusel“, das er jetzt großzügig einen Pavillon nennt. Er nimmt an, daß die alte Frau die Rückkehr des reuigen, verlorenen Sohnes erwartet. Aber einen solchen ihr vorzuspielen, fühlt er sich unfähig. Der Besuch bleibt förmlich, zu einer echten Aussprache zwischen den beiden kommt es nicht. Er verbringt die letzte Nacht in Österreich in Schlipitzkas Wirtshaus, wo auch Marie Uhl und Kerstin übernachten. Er erlebt noch einmal eine Nacht mit merkwürdigen, schauerlichen Vorzeichen. In Wirklichkeit ist es nur der Wind, der die Tür seines Zimmers aufreißt. Daß die sonst so liebevolle Schwiegermutter ihn am nächsten Tag selbst zur Abreise auffordert, da auch sie nach einer schlaflosen Nacht „genug von diesem Höllengeruch hat“[31], ist zweifellos Dichtung, nicht Wahrheit. Daß sein sechswöchiger Besuch ihre Nerven überstrapaziert hat, ist anzunehmen. Doch niemals hätte sie ihn mit so harten Worten fortgeschickt.

Am 27. November 1896 verläßt August Strindberg Österreich. Ein Kapitel seines Lebens, kurz, aber entscheidend, geht zu Ende. Er reist nach Schweden. Was ihn noch mit Österreich verbindet, das ist ein reger Briefwechsel mit seiner Tochter Kerstin und deren Großmutter. Seiner Frau schreibt er nicht mehr.

Seine schwedischen Bekannten sind von seiner Kinderliebe stark beeindruckt. Einer seiner Freunde berichtet: „Einige der Briefe gab er mir zu lesen. Aus ihnen sprach eine immer wiederkehrende rührende Fürsorge für die kleine, damals vierjährige Kerstin. Ständig kamen Briefe aus Österreich, und als eines Tages ein Brief mit einer Photographie von ihr eintraf, weinte Strindberg wie ein Kind."[32]

Schon drei Tage nach seiner Abreise schreibt er an Marie Uhl: „Gruss vom Meer zwischen Deutschland und Dänemark. Alles bis jetzt wohl! Küss die Hand, Grossmama; den Mund, meine Princessin Madi!"[33] In den folgenden Briefzitaten ist die oft fehlerhafte Schreibweise Strindbergs festgehalten. Er selbst bedauert, nicht mehr so gut Deutsch zu können wie vor Jahren. Ebenso nach drei Tagen schreibt er gesondert an Kerstin: „Geliebteste Mädi! Gruss von Papa und Kuss! Des Meeres und der Liebe Wellen gehen hoch!... "[34]

Es verschlägt ihn nach Lund, wo er in kurzer Zeit wieder Mittelpunkt eines Kreises begeisterter Anhänger wird. Es sind durchwegs junge Leute, die sich für Okkultismus interessieren, der damals in akademischen Kreisen sehr gefragt war. Ihre Verehrung schmeichelt ihm, und wenn er auch in seinen Briefen und im Infernoroman immer noch von Verfolgung und Ängsten schreibt, das Leben, das er in Lund führte, war gewiß nicht das eines Asketen. Er ging wieder in Gesellschaft, trank wie in alter Zeit und rauchte so viel, daß sein Arzt darüber besorgt war. Hier trifft er auch Lidforss wieder und versöhnt sich mit ihm.

Sein religiöses Suchen nach letzter Erkenntnis läßt ihn aber auch jetzt nicht zur Ruhe kommen, obwohl er in Swedenborg einen verläßlichen Führer zu haben glaubt. Daß er andererseits aber wieder ins Gesellschaftsleben zurückgekehrt ist, beweist, daß er am Anfang eines neuen Lebensabschnittes steht. Georg Brandes, der alte Rationalist, hält seine okkulten Anschauungen nach wie vor für Verrücktheiten, was er auch Frida, die ihn besucht, mitteilt. Aber Brandes gehört bereits einer Weltanschauung an, deren Tage gezählt sind, die Jungen glauben wie Strindberg im Okkulten und Mystischen die Wahrheit zu finden.

Immer stärker drängt es Strindberg zum Katholizismus. Der neuerliche Aufenthalt in Österreich hat dazu wesentlich beigetragen. Er gesteht: „Mein Kind, das gegen meinen Willen katholisch wurde, hat mich die Schönheit eines Kultus gelehrt, der sich seit seinem Ursprung unberührt erhalten hat, und ich habe immer das Original der Kopie vorgezogen. Der lange Aufenthalt im Lande meines Töchterchens ließ mich die hohe Aufrichtigkeit des religiösen Lebens bewundern."[35] Im gleichen Kapitel von „Inferno", aus dem die eben zitierten Zeilen stammen, läßt er einen Freund fragen: „Wohin gehen wir?“ Und er antwortet: „Ich wüßte es nicht zu sagen; mich persönlich scheint der Weg des Kreuzes zum Glauben meiner Väter zurückzuführen. Zum Katholizismus? Es scheint mir so!... Als Swedenborg mich lehrte, daß es verboten sei, die Religion seiner Väter zu verlassen, hat er dem Protestantismus, der ein Verrat an der Mutterkirche ist, das Urteil gesprochen... Die großen Fortschritte, die der Katholizismus in Amerika, England, Skandinavien macht, verkünden die allgemeine Versöhnung... Das ist der Traum der Sozialisten, die Vereinigten Staaten des Abendlandes wieder herzustellen, aber in geistigem Sinn verbessert. Doch bitte ich euch, nicht zu glauben, daß politische Überlegungen mich zur römischen Kirche zurückführen. Nicht ich habe den Katholizismus gesucht, er hat sich mir aufgedrängt, nachdem er mich jahrelang verfolgt hat.“[36]

Ohne sein Zutun tritt seine Tochter Karin aus erster Ehe zum Katholizismus über. Er selbst beginnt wieder seinen Traum vom Klosterleben zu träumen, ja ist festen Willens, ins das Kloster Maredsous bei Namur, dessen prachtvolle Lage und eindrucksvolle Fassade ihn an Melk an der Donau erinnert, einzutreten. Es ist nicht nur das mönchische Leben, sondern auch die Ästhetik, die den Dichter anzieht. Einen Brief nach Österreich unterschreibt er bereits mit Pater Johannes. Aus dem Entschluß wird schließlich doch nichts. Enttäuscht über seinen Besuch bei den Brüdern des Klosters kehrt er nach Schweden zurück. Das Leben der Brüder schien ihm viel zu weltlich.

In einem Brief an Kerstin kommen noch einmal sein unsicheres Gefühl dem Gekreuzigten gegenüber und seine Sehnsucht nach dem Bild der Gnadenmutter zum Ausdruck; paradox für einen als Frauenfeind geächteten Mann, aber vielleicht gerade dadurch erklärbar: Sehnsucht nach der Mutter, nach der reinen Liebe zum Weib. Weil ihm diese Liebe unerreichbar scheint, bleibt ihm das Tor zum Katholizismus versperrt. „Was machet Ihr Leute an der Donau, dass ihr so heulet?“ fragt er in seinem Brief. „Habet Ihr Eueren Erlöser so fest gekreuzigt, dass er nicht helfen kann? Oder was sonst? Und Ihr habet was wir nicht. Die Hülfenreiche, die Gnadenreiche! Du kennst Sie, ich nicht!“[37]

Sein Übertritt zum Katholizismus findet nicht statt. Die schwedischen Zeitungen verbreiteten zwar das Gerücht, das er niemals dementierte, weil er an Zeitungsenten über sein Leben gewöhnt war. Auf die Frage eines Freundes, ob die Nachricht wahr sei, soll er geantwortet haben: „Übrigens weiß man ja nie, wo man landet.“[38]

Swedenborg blieb er soweit treu, daß er zuletzt die Sünden, die ein Mensch begeht, als Strafen für vergangene betrachtete – eine Konsequenz aus Swedenborgs Morallehre. Und doch wollte er nicht begreifen, daß ein Gott der Liebe solches zulassen kann. Pietist, Atheist, Nietzscheaner, Deist, Okkultist, Theosoph, Fast-Katholik – alle diese Bezeichnungen stimmen und stimmen nicht für einen Suchenden wie Strindberg, der letzten Endes mit Recht von sich behauptete: „Ich bin ein konfessionsloser Christ.“[39]

Sein Freund, der Arzt Schleich, hat jenen Ausspruch festgehalten, der für Strindbergs religiöses Suchen der endgültige war. Er lautet: „Es ist mir ergangen, wie einem Seefahrer, der ausfuhr, geistig Neuland zu entdecken, und jedesmal, wenn ich glaubte, ein unbekanntes Eiland zu finden, war's bei nahem Zusehen unsere alte Bibel und das Testament! Über die alten Weisheiten gibt es nichts!“[40]

Es soll nicht geleugnet werden, daß Strindberg bis an sein Ende okkultistische Neigungen hegte, obwohl er, und auch dies kennzeichnet seinen Charakter, schon zu einer Zeit, da der Okkultismus, wie er selbst schreibt, unter den jungen Leuten Mode war, auch daran zweifeln konnte. „Mit drei Vierteln meines Wissens glaube ich an die Wirklichkeit dieser Konstellationen, aber das vierte Viertel meines Ichs fragt, ob dies alles letzten Endes nicht nur ein Spiel meiner eigenen Gedanken sei“[41], bemerkt er 1897 einem jungen Philosophiedozenten gegenüber.

Obwohl es seine Heimat ist, empfindet er jetzt Schweden als ein trauriges Land im Vergleich zu Österreich. Er leidet an Schlaflosigkeit, nimmt dagegen Sulfonal, besonders aber Alkoholika aller Art. „Ohne Frau und Heimath geh ich zugrunde“[42], schreibt er; ist er verurteilt zum Trinken.

Aber auch jetzt „bewahrte er immer seine Würde und wurde nie sichtbar betrunken“, urteilt der Schriftsteller Marcel Réja, obwohl er es für glaubhaft hält, „daß der Alkohol keine ganz unwesentliche Rolle in seiner Infernokrise gespielt hat“[43]. Immer wieder kommt in Strindbergs Briefen seine Sehnsucht nach Österreich zum Ausdruck. Und wenn er auch seine ganze Liebe dem Kind zuschreibt, wenn er außer mit Kerstin nur mit der verehrten Schwiegermutter korrespondiert, zwischen den Zeilen kann man immer wieder seine Sorge um Frida herausspüren.

Schon am 10. Dezember 1896, also kaum zwei Wochen nach seiner Abreise aus Klam, fragt er in einem Brief an Marie Uhl: „Wie hat's Frida? Ist sie glücklich? Ich bin unruhig Ihretwegen… "[44]

Kerstin läßt er von seinen Sorgen vorerst nichts merken. Seine Briefe an „sein liebes Lamperl" sind heiter, er zeichnet sich als Karikatur und schreibt darunter „Prinz Hamlet oder der kranke Giegerl". Und er berichtet: „Der Herr Papa ist ein junger Sportgiegerl geworden. Hat neue schmerzlose Zähne bekommen; neuen Anzug mit Kniehosen und bicycle-Strümpfe, gelbe schuhe und handschuhe: ist kein schwarzer Rauchfangkehrer mehr, sondern ein heller Frühlingserscheinung!"[45] Und ein anderes Mal scherzt er, für die Kleine allerdings kaum verständlich: „du bist also im Dornach gewesen… wo die schöne blaue Donau immer neu fliesst ohne Ruhe zu finden weder Tag noch Nacht. O weh! Und kein Sulfonal hilft, bevor das Schwarze Meer den Unruhigen verschluckt."[46] Er hat immer wieder die Absicht, noch einmal nach Klam zu kommen, aber zugleich drängt es ihn wieder nach Paris. „Mein Herz bleibt in Dornach aber mein Kopf muß vielleicht nach Paris."[47]

In Klam hat sich seit seiner Abreise nicht viel verändert. Man erwartet Frida, die in München als Schriftstellerin lebt. Sie scheint sich mit der Trennung abgefunden zu haben. Jetzt setzt sie das Leben fort, das sie geplant hatte, ehe sie August Strindberg in Berlin kennenlernte: Als freie Schriftstellerin will sie literarische Meriten erringen. Zwischendurch ist sie in Paris, wo sie die alten Bekanntschaften erneut. Kerstin wird in Wien ihrem Großvater vorgestellt, der mit ihr einen Spaziergang in den Prater unternimmt.

In Klam findet ein Familientreffen statt. Strindberg nennt es in seinen Briefen eine Erdbeberei und fürchtet, Kerstin werde daran wenig Freude haben, da der Alte aus Wien keinen „Prinzessinlärm leidet und versteht nicht Spass!"[48] Ob Frida, wie erwartet, in Klam eingetroffen ist, geht aus dem Briefwechsel Strindbergs nicht hervor. Er hat versucht, Kerstin auf liebevollste Weise auf den Besuch der Mutter vorzubereiten. Aus den Zeilen, mit denen er sie seiner Tochter ankündigt, spricht nochmals Liebe. „Du sollst Sie nicht plagen", schreibt er, „sie ist kranker als Papa und liebt Dich ebenso viel wie er."[49] Mutter Uhl scheint über ihre Tochter recht verärgert zu sein. Deren emanzipatorische Art, ihr Hinwegsetzen über moralische Gepflogenheiten sind ihr im tiefsten zuwider. Strindberg muß brieflich für sie eintreten. „Lass ihre Seele in Ruhe und plage Sie nicht mit ihre Kratzereien“[50], schreibt er. Und zwei Tage später: „Was macht die Frida-Mama, die arme unglückliche? Sei zart gegen Sie und streitet nicht in Anwesenheit des Kindes. Da wird die Kleine wieder zerrissen; und Du und Frida, und ich.“[51]

Fridas Wünsche nach schriftstellerischem Erfolg gehen nicht in Erfüllung. Ihre Mutter hat es erwartet. Sie, der die liberale Gesinnung der Tochter immer ein Dorn im Auge gewesen war, fühlt sich nun in ihren Prophezeiungen bestätigt. Sie hat Frida nie getraut, und auch in der ehelichen Auseinandersetzung sieht sie die Hauptschuld bei ihrer Tochter. Deshalb empfindet sie Fridas „Bankrott“, wie sie den Mißerfolg nennt, als einen Triumph für Strindberg, was dieser allerdings scharf ablehnt. Er kann sich darüber nicht freuen, ist er doch selbst ein „Bankrottierter“. Er nimmt an, daß Frida jetzt sicher nach Klam kommen wird, und schreibt wieder liebevoll an seine Tochter: „Warst Du im Amstetten Frida-Mama entgegen? Sonst hohl’ Sie bald ab für Dich!“ Und noch immer kann er nicht anders, als den Nachsatz hinzuzufügen: „Und erzähl Sie vom Tabaksherzl im Schneeland!“[52], womit er sich meint.

In den Briefen an die Mutter beginnt er ein historisches Spielchen, indem er sich selbst mit Napoleon und Frida mit Marie-Luise von Österreich identifiziert; auch der Korse hat das zweite Mal eine Österreicherin geheiratet. Durch eine umständliche genealogische Erklärung versucht er sogar auf bizarre Art, den Nachweis zu erbringen, wirklich mit Napoleon verwandt zu sein. Aber solche Spielereien müssen bald der harten Wirklichkeit weichen.

Frida soll im Februar 1897 nach Wien kommen. Strindberg fragt aufgeregt nach dem Grund dieses Ortswechsels. In seinen Phantasien, die er als okkulte Erlebnisse ausgibt, sieht er sie immer wieder auf der Straße, sie taucht plötzlich auf und ist ebenso schnell verschwunden. Es scheint aufgrund der Briefe an Schwiegermutter und Kind ziemlich sicher, daß seine Liebe zu ihr neu aufgeflammt oder überhaupt niemals ganz erstorben war. Schönen fremden Frauen geht er aus dem Weg; er weiß, wie leicht er ihnen verfallen könnte. Aber er will treu bleiben.

Daß Frida ihre Scheidung beschleunigen muß, weiß er nicht. Zumindest kann er den Grund nicht wissen. Bei ihrem Pariser Aufenthalt hat sie Gretors Sekretär, den jungen Frank Wedekind, kennengelernt. Sie erwartet ein Kind von ihm. Im Sommer 1896 hat sie ihn in München wiedergesehen. Im

Dezember des gleichen Jahres folgt sie ihm nach Berlin. „An seinem Arm hing die schöne Frida Strindberg", berichtet ein Freund aus diesen Tagen, „herrisch und unterwürfig zugleich betreute Wedekind sie mit komödienhaft chevaleresken Manieren." Und Wedekind selbst schreibt in einem Brief an den Musiker Hans Richard Weinhöppel: „Die liebe gute Frida! Es ist um ein großes Herz doch keine Kleinigkeit. Ich werde vielleicht meine ganze Weltanschauung ändern müssen."[52a] Wie seinerzeit für Strindberg setzt sie sich nun mit ganzer Kraft für den neuen Freund ein. Sie ist stolz auf ihre neue Eroberung, denn zweifellos hatte sie sich den Dichter in den Kopf gesetzt. Wie für Strindberg erledigt sie seine Geschäfte, hilft ihm, wichtige Personen kennenzulernen und vor allem endlich seine Werke auch finanziell ertragreich zu machen. Für Wedekind scheint die Bekanntschaft mit Frida Uhl nur eine vorübergehende Affäre gewesen zu sein. In seinen sonst so ausführlichen Tagebüchern verliert er über sie kein einziges Wort; vielleicht aber auch aus Gründen der Diskretion.

Als Strindberg davon erfährt, steht sein Entschluß fest, statt nach Klam nach Paris zu reisen. „So ist das Leben, Kind", schreibt er schweren Herzens an Kerstin, und an die Großmutter fügt er hinzu: „Da Frida nach Wien geht zu scheiden, so bin ich diesmal entschieden entschlossen alle Papiere zu unterzeichnen, ohne die Beschuldigungen zu lesen noch weniger zu beantworten. Ich will nicht als ein Kniehund von einem tollen Kind behandelt werden; will nicht eine herumlaufende Frau besitzen die meinen Namen verdächtig macht; ich verlange die Freiheit! So ist es gesagt!... Wäre es besser gewesen, wenn ich Kerstin nie gekannt und lieb gehabt? Nein! Lieber leiden als nichts lieben! Schreibe heute meinen Advokat, und so ist alles im Gang."[53]

Und jetzt, kurz vor der Scheidung, schleudert er noch einmal allen Haß, zu dem sich seine Liebe immer wieder wandeln konnte, gegen die Frau. Er nennt sie treulos und boshaft und gönnt ihr nicht den Triumph, ihn persönlich hinauswerfen zu können. Deshalb fährt er nicht nach Klam, so schwer es ihm fällt. „Um mir Schmerzen zuzufügen hat Sie sich selbst erniedrigt", schreibt er an Mutter Uhl, „aus lauter Bosheit! In Paris hat sie sich als Ehebrecherin vorgestellt um mich zu beschimpfen... Genug! über genug!"[54] Im rasanten Gegensatz zu den ängstlichen Fragen um ihr Wohlergehen in den vergangenen Briefen stehen diese Zeilen. Im Grunde war er sich treu geblieben. Sein Wechsel von Liebe und Haß, Zärtlichkeit und Zorn kennzeichnete den Briefwechsel der vergangenen Ehejahre.

Was Frida zu dieser Zeit wirklich bewegte, wissen wir nicht. Ob ihre Beziehung zu Wedekind auch eine seelische war, bleibt unbekannt. Ihre Memoiren sind Jahrzehnte später geschrieben und schließen mit ihrem Besuch bei Georg Brandes. Sicher war sie, als sie die folgenden Zeilen schrieb, von deren Wahrheit überzeugt, doch bleibt die Frage offen, wieweit hier wirkliche Erinnerung diktierte oder spätere Erfahrung ihre Ansichten verklärte: „Bedauern Sie, daß Sie August Strindberg verließen?“ läßt sie Brandes fragen. Ihre Antwort: „Nein.“ Darauf Brandes: „Sie würden ihn ein zweites Mal nicht wieder heiraten?“ Frida: „Doch! Ich würde ihn wieder heiraten, ohne mich zu besinnen, ohne zu zaudern. Um jeden Preis.“[55]

Der 60jährigen Memoirenschreiberin ist jedes Wort zu glauben, doch bleibt es zweifelhaft, ob die 24jährige, als sie nach Wien fuhr, um die Scheidung zu beschleunigen, derselben Meinung war. Strindberg war jedenfalls nicht dieser Meinung, als er an Marie Uhl seinen zornigen Brief schrieb. „Frühling ist da, Sonne! Alles, aber die Ruhe nicht – Du kennst nicht Fridas Liebeshass zu mir... So lange ich lebe und entwickle mich, so kann Sie keine Freude haben; so lange ich als lebendige Wiederlegung ihrer Verläumdungen hier wandere hat Sie keine Ruhe! Also: entzwei!“[56]

Alle Liebe, alle Zärtlichkeit gehört nun seiner Tochter, die er jetzt Aschenbrödl nennt. Er erinnert sich der gemeinsamen Spaziergänge am Klammbach und an der Naarn und schließt seinen Brief an Kerstin vom 14. Februar 1897 mit dem Satz: „Du blühest auch und sprosst schreibt Gross-Mama, während Kleinmama schreibt Gerichtsprotokollen am Schotten-Ring wo nur Disteln und Dornen blühen.“[57] Frida hatte in Wien am Schottenring eine Wohnung bezogen.

Kerstin klammert sich immer mehr an die Großmutter. Der „Vater darf nicht, und Mutter will nicht Sie pflegen“[58], stellt Strindberg, wahrscheinlich mit Recht, fest. Seine Ausfälle gegen Frida werden immer härter, je näher der Prozeß der Scheidung seinem Ende zugeht. Jetzt kommen lästige finanzielle Details zur Sprache, und zuletzt ist es wieder Strindbergs Mißtrauen, von Frida bevormundet zu werden, was alle anderen Bedenken zurückdrängt. „Und das war Fridas Lieblingsidee“, schreibt er am 19. März 1897 an die Schwiegermutter, „einen Schuft als Mann zu haben, das war ihr Stolz und Ehrgeiz zu glauben dass

Sie mich nährte, so, dass Sie diese fixe Idee schliesslich als Realitet empfang. Sie glaubt noch daran und ist glücklich dabei! besonders da Sie es für die Welt erzählen kann."[59]

Noch im selben Jahr werden Strindberg und Frida offiziell geschieden.

Seine Briefe an Kerstin werden immer herzlicher. Immer wieder Erinnerungen an gemeinsam Erlebtes, an Klam und Saxen, den Schluchtweg, an die Heiligenfigur unter der Dorflinde, an die Druideneichen. Aber ebenso korrespondiert er mit seinen Kindern aus erster Ehe, und es war sein größter Wunsch, daß sie Kerstin kennenlernten.

Im August 1897 fährt er wieder nach Paris. Ein knappes Jahr später, im Juli 1898 schließt er seine Arbeit an dem Dramenzyklus „Nach Damaskus" ab. Und damit findet er nach sechs Jahren wieder zu seiner eigentlichen Aufgabe: der Arbeit für das Theater. Wohl hält er die Schriftstellerei immer noch für ein schäbiges Handwerk, das er mit der Arbeit eines Fleischhauers vergleicht, der tötet und verkauft, aber im Grunde seines Herzens kommt mit der Gewißheit, wieder Dramen schreiben zu können, auch die Freude an der Arbeit wieder. Mit „Nach Damaskus" beginnt eine neue dramatische Schaffensära. Die schwedischen Theater stehen ihm wieder offen. Frida berichtet voll Stolz von diesen neuen Werken, „die völlig mit seiner dichterischen und menschlichen Vergangenheit brachen und sich auf unseren gemeinsamen Erlebnissen aufbauten"[60]. Strenge Kritiker haben diese Feststellung bezweifelt. Sie fanden, Frida nehme sich und ihre kurze Ehe viel zu wichtig. Das dramatische Werk Strindbergs nach der Infernokrise sei eine Frucht seines ganzen bisherigen Lebens, nicht nur einer kurzen Epoche. Und doch hat Frida recht: Denn ohne die entscheidenden Erlebnisse in Österreich hätte er nie diese neuen Erkenntnisse erworben, durch die er auch sein früheres Leben in einem anderen Lichte schauen konnte. Und die realen Vorgänge und Szenerien nicht nur von „Nach Damaskus", sondern auch die anderer Werke haben ihre österreichischen Vorbilder.

Noch 1898 kehrt er nach seinem vergeblichen Versuch, in ein Kloster einzutreten, nach Lund zurück. Jetzt verdrängt die Dichtung wieder die Wissenschaft. Auf „Nach Damaskus" folgt „Advent". Kerstin, Erich Raabe, der Enkel Melanies und ihr Gespiele, sowie die Urgroßeltern aus Dornach sind in Thyra, Erle und dem Richterehepaar auf die Bühne gebannt. Es folgen „Rausch" sowie die historischen Dramen „Die Folkungersage",

„Gustav Vasa“ und „Erik XIV.“ innerhalb von zwei Jahren! Der Dramatiker Strindberg war wie ein Phönix aus der Asche des Infernos wieder erstanden.

Er trägt sich mit dem Gedanken, biblische Schauspiele aufzuführen. Zur Anregung bittet er um die Zusendung katholischer Heiligenkalender aus Österreich. Aber ebenso verlangt er Photographien vom Schluchtweg und der Rosenkammer, um die Uraufführung von „Nach Damaskus“ wirklichkeitsgetreu auszustatten. Man schickt sie ihm, aber es werden zuletzt doch andere Dekorationen verwendet.

Trotz der reichlichen und intensiven Arbeit, trotz der neuen Erfolge – drei Premieren in einem Monat! – vergißt er nicht auf seine kleine Tochter in Österreich. Alles, was aus diesem Land kommt, interessiert ihn, ob es sich nun um österreichische Touristen in Belgien oder um einen Wiener Knabenchor in Schweden handelt. Begeistert schreibt er darüber seiner Tochter.

Mit Juli 1899 wird Kerstin, fünf Jahre alt, in ein Internat in Haag im niederösterreichischen Mostviertel geschickt, einer Klosterschule unter der Vorsteherin Minna Sickinger. Marie Uhl will, daß der Vater mit dieser Dame in Briefwechsel trete. Er lehnt es ab. Über den Werdegang seines Kindes darf ihn nur seine Schwiegermutter unterrichten.

Am 2. August 1900 ist er endlich in der Lage, alle Familienschulden zu begleichen und für Kerstin eine Ausstattungsversicherung aufzunehmen. Er lebt jetzt in Stockholm bei seiner Schwester Anna von Philp. Seine Tochter Greta ist Schauspielerin geworden, die ältere Tochter Karin Lehrerin und hat alle Anlagen zur Schriftstellerin, der junge Hans studiert. Immer wieder ist es der Wunsch des Vaters, die Kinder aus erster Ehe mit der Tochter aus der zweiten zusammenzubringen.

Am 31. Mai 1900 trifft Strindberg zum ersten Mal privat die blutjunge Schauspielerin Harriet Bosse. Ein Jahr später wird sie seine dritte Frau. Am 11. März 1901 schreibt er an Kerstin: „Glaubst Du dass ich Dich vergessen, Dich die mich damals als meine Beatrice durch das Inferno geführtest... O nein! So bin ich nicht!... Scenenveränderung kommt in allen Dramen vor, Personenwechsel auch aber im letzten Akt kommen doch Alle zum Vorschein und der Verfasser darf keinen einzigen vergessen. So ist das ewige Gesetz des Dramas und des Lebens! Und weh dem, der das vergisst! Jetzt weisst Du's! Gott segne Dich und Alle die Dich lieb haben! Dein Vater.“[61] Damit bricht der Briefwechsel zwischen Strindberg und seiner Tochter abrupt ab.

Als die dreizehnjährige Kerstin es wagt, nach langer Pause wieder ihrem Vater zu schreiben, erhält sie zur Antwort: „Das Leben hat uns getrennt – warum? Kann ich nicht sagen! Es ist so! Und ich lebe so Allein wie Du! Ich bin keine gesellschaft für ein junges Mädchen... vergiss nie Deinen Gott und Deine Gebete, so kannst Du das grausame Leben doch vertragen."[62]

Nach dem Zusammenbruch seiner dritten Ehe lebt er in Stockholm, vorerst einsam, aber gefeiert und anerkannt. Nicht nur seine Heimat, ganz Europa hört auf ihn. Unter seine Vergangenheit hat er einen dicken Strich gezogen. „... ich bin so befremdet für Alles was Österreich betrifft", schreibt er am 5. Dezember 1909 in seinem letzten Brief an Kerstin, „mehr als befremdet. Es ist mir wie ein altes Märchen, unglaublich, und doch wahr einmal... Ich bin 60 Jahre alt und lebe in einem Pensionat... Aber ich bin ja ein Dichter, und das Leben ist ja mir nur Material für Dramen, am meisten Tragödien!... Leb wohl! und betrachte mich nur als ein Souvenir."[63]

Saxen um die Jahrhundertwende

Der Hohlweg in Klam mit Türkenkopf

Schweinestall

8. Kapitel

DAMASKUS
oder
ÖSTERREICH IM WERK

Am 1. November 1897 erscheint Strindbergs „Inferno", am 6. März 1898 vollendet er die beiden ersten Teile des Dramenzyklus „Nach Damaskus", 1899 schreibt er das Jahresfestspiel „Advent", 1901 den dritten Teil von „Nach Damaskus", und erst 1903 erscheint sein autobiographischer Roman „Entzweit", eine verschlüsselte Form der ursprünglichen Fassung unter dem Titel „Kloster".

Diese vier Werke sind der unmittelbare literarische Ertrag seiner Begegnung mit Österreich; der unmittelbare, denn auf irgendeine und oft sehr wesentliche Weise spielt das Heimatland seiner zweiten Frau auch in zahlreichen anderen Werken mit. Gewiß ist die Infernokrise der letzte Akt im Leben des alten und der erste im Leben des neuen Strindberg, und erlitt er den Tiefpunkt dieser Krise nicht in Österreich, sondern in Frankreich. Dennoch ist die Ignoranz, mit der viele Strindbergbiographen nicht nur seinen Aufenthalt in Österreich, sondern auch seine Ehe mit einer Österreicherin bagatellisieren, unbegründet. Denn wie für die meisten Menschen war auch für Strindberg das Erlebnis einer Liebe oder einer Freundschaft nachhaltiger als das einer Landschaft, der Einfluß Fridas und ihrer Welt stärker als alle Begegnungen mit und in Paris.

Man scheint über die Kürze seiner Ehe und seines Lebens in Österreich übersehen zu haben, daß diese Ehe und dieses Leben, wie sein späteres Werk beweist, für den Menschen und für den Dichter entscheidend waren. Mag sein, daß er Siri von Essen und vielleicht auch die kleine Harriet Bosse mehr als Frida geliebt hat, wenn Maßstäbe in der Liebe anzubringen überhaupt erlaubt ist. Aber Siri von Essen und Harriet Bosse waren von ihrer Herkunft und ihren Neigungen her nichts Ungewohntes für ihn, während Frida Uhl nicht nur aus einem anderen Land stammte, sondern bei allem weiblichen Charme, den sie zumindest in ihrer Jugend reichlich besessen haben muß, im Grunde ein intellektuelles Frauenzimmer war.

Zum Unterschied von den beiden anderen war sie ein Typ, der Strindbergs Auffassung von der idealen Frau diametral entgegengesetzt schien. Es war, als ob das Schicksal ihm diese Frau zugeführt hätte, damit er an ihr zerbrechen oder über sie triumphieren sollte. Hier stand er der modernen Frau gegenüber, deren Kommen er als Gefahr für die künftigen Generationen immer wieder verkündet hatte. Die erst in späteren Jahren erwiesene Vermutung, Frida habe diese Intellektualität mehr vorgespielt als gelebt, um interessant zu erscheinen, und ihr schriftstellerischer Ehrgeiz habe ihr schriftstellerisches Können übertroffen, konnte Strindberg zu Beginn seiner Bekanntschaft mit ihr, einem damals 20jährigen Mädchen, noch nicht wissen. Nicht zu vergessen, und bei einem ästethisch empfindsamen Menschen wie Strindberg von besonderer Bedeutung, ist der Hinweis, daß sich Frida auch äußerlich stark von den beiden anderen Frauen unterschied. Siri und Harriet waren bildhübsche blonde Mädchentypen, kindhaft selbst noch im reifen Alter. Frida war dunkel, klein, eher mollig, in ihrer Jugend recht adrett, aber von keiner auffallenden Schönheit wie etwa Harriet Bosse. Die Brücke, über die er zu ihr fand, kann daher nicht nur eine körperliche Anziehungskraft gewesen sein. Hier spielten, wie ja auch aus den Erzählungen beider Ehepartner hervorgeht, das Timbre der Stimme, die Lebendigkeit des Geistes, ein seelischer Eros eine wesentliche Rolle. „Du suchtest die Gesellschaft eines Menschen und nicht eine Weibes in mir“[1], läßt Strindberg die Dame in „Nach Damaskus“ sagen.

All dies muß man sich vor Augen halten, ehe man, wie es leider so oft geschieht, Strindbergs zweite Ehe wegen ihrer Kürze als unbedeutenden Abschnitt in seinem Leben abtut. Sein Eheroman „Entzweit“ ist kürzer und weit weniger populär als sein „Plädoyer eines Irren“, die Geschichte seiner ersten Ehe. Aber der Dramenzyklus „Nach Damaskus“ ist bedeutender als seine Romane, und wenn gewiß auch Siri von Essen der „Dame“ in diesem Stück Modell stand, der entscheidenden Handlung der Trilogie liegt Strindbergs zweite Ehe zugrunde; und mit ihr Landschaft und Menschen ihrer Heimat.

Nur der Mittelteil des Romans „Inferno“ spielt in Österreich: Strindbergs Besuch bei Kerstin. Aber es ist kein Zufall, daß er die Hölle Swedenborgs nicht in Paris oder später in Schweden, sondern in Österreich zu entdecken glaubt. Die Landschaft und ihre Menschen, die ihn einerseits anziehen, die er liebt und bewundert, erscheinen ihm andererseits so skurril und unheimlich, daß er sich in eine Gespensterwelt versetzt fühlt. Aber seine österreichische Tochter ist es, die zu seiner Beatrice wird und ihn aus dieser Hölle herausführt; nicht nur als lebendiges Menschenkind im Herbst 1896, sondern auch später – in seiner Erinnerung –, als viel von ihrem Wesen in den Frauengestalten seiner neuen Werke dichterische Wirklichkeit wird.

Die große Wende in seiner Weltanschauung, die er in „Inferno" beschreibt, war nicht zuletzt die Folge seines Aufenthaltes in Österreich. Er hat dieses Land als atheistischer Anhänger Nietzsches betreten und als Christ drei Jahre später verlassen. „Als der Verfasser 1894", so schreibt Strindberg in seiner Nachschrift zu „Inferno" und „Legenden", „prinzipiell seine Skepsis verließ, die alles intellektuelle Leben zu verwüsten gedroht hatte, und sich experimentierend auf den Standpunkt eines Gläubigen zu stellen begann, erschloß sich ihm das neue Seelenleben, das in ‚Inferno'... geschildert ist."[2]

„Nach Damaskus" bedeutet für Strindberg nicht nur vom Inhalt her einen Durchbruch, „Nach Damaskus" gab ihm die Gewißheit, wieder Dramen schreiben zu können, begnadet zu sein, für das Theater zu schreiben, wie er es selbst ausdrückt. Der Fluch, den er gegen die Dichtung einst ausgesprochen, als er sich ganz der Wissenschaft zuwenden wollte, war vergessen, der Bann gebrochen, die Bahn frei für neues dichterisches Schaffen. Lagercrantz erkennt in der Hauptrolle des Dramas, die Strindberg nur „Der Unbekannte" nennt, mit Recht „das zeitlose Bild eines kämpfenden Menschen", in dem wir uns selbst erkennen. Er lehnt es ab, ihn, wie es so oft geschieht, auf der Bühne in Strindbergmaske auftreten zu lassen. „Man hat dadurch", so schreibt er, „das Wesentliche der Rolle verfehlt und ‚Den Unbekannten' in Strindbergs Biographie eingesperrt."[3]

Hier hat er recht und unrecht zugleich. Gewiß ist „Der Unbekannte" eine der großen vieldeutigen Dramenfiguren der Weltliteratur, die wie Hamlet oder Faust für uns alle stehen, uns unser Leben bis zur letzten Konsequenz vorspielen, aber das Urbild, das dem Dichter vorschwebte, war er selbst, und die Handlung, die er dichtet, ist seine Geschichte, sein „verdichtetes" Leben.

Bis in Details erkennen wir in dem dreiteiligen Drama „Nach Damaskus“ Strindbergs Schicksal in den eben vergangenen Jahren, und nur die dichterische Gestaltung des unmittelbar Erlebten konnte ein so überragendes Ideendrama schaffen. Sowohl die äußeren Ereignisse als auch die wechselnden Zustände seines Seelenlebens sind uns aus seiner Biographie bekannt. Und es ist zum weitaus größten Teil das Kapitel Österreich oder zumindest die Geschichte seiner Ehe mit der Österreicherin, die er hier wiedergibt.

Schon die Aufzählung der Bühnenbilder läßt dies erkennen; insbesondere vom dritten Bild an: „Das Hotelzimmer / Am Meere / Auf der Landstraße / Im Hohlwege / In der Küche / Die Rosenkammer“, aber auch zusätzliche Bilder im zweiten und dritten Teil, wie „Vor dem Haus“ oder „Ufer des Flusses“ sind deutliche Erinnerungsbilder an Österreich.

„Auf der Landstraße“, das ist auf der Landstraße vom Böhmerwald zur Donau. Die szenischen Bemerkungen entsprechen der Beschreibung der Gegend in „Inferno“: „Eine Landschaft mit Hügeln; eine Kapelle weit rechts auf einer Höhe. Die Landstraße, mit Obstbäumen an den Seiten, schlängelt sich in den Hintergrund hinein; zwischen den Bäumen sieht man Hügel mit Kreuzen. Kleine Bußkapellen, Denksteine über Unglücksfälle... “[4]

Die Beschreibung des Hohlweges entspricht genau seiner Erinnerung: „Enger Eingang zu einem Hohlweg zwischen steilen Bergwänden und Fichtenwald. Im Vordergrund ein Schuppen; am Tor ein Besen und an dessen Stiel hängt ein Bockshorn. Auf der linken Seite eine Schmiede, deren Tor offen steht und einen roten Schein herausfallen läßt. Rechts eine Mehlmühle. Im Hintergrund der Hohlweg mit Mühlbach und Steg... “[5]

Die Küche ist zum Großteil die des Herrenhauses von Dornach, ihre Aussicht aber die der Rosenkammer in Klam: das Armenhaus. „Der Alte“ entspricht der Beschreibung nach Dr. Reischl: „Ein achtzigjähriger, kräftig gebauter Mann... als Forstmeister gekleidet. Vor ihm die Jagdtasche... “[6]

Die Rosenkammer hat die gleiche Aussicht aufs Armenhaus. Sie befindet sich jetzt im Forsthaus, zu dem der Dichter das Herrenhaus umgewandelt hat: „Die Wände sind gekalkt, aber in Rosenrot; Gardinen von rosenrotem dünnen Musselin... Links eine Ottomane mit rosaroten Gardinen darüber, in Baldachinform... “[7] Die zweite Szene in der Rosenkammer entspricht dem Eindruck Strindbergs in Klam, als er sie plötzlich als schwarze Kammer empfand: „Die Gardinen sind fortgenommen; die Fenster gähnen wie schwarze Löcher gegen das Dunkel draußen; die Möbel mit braunen Überzügen bedeckt... die Blumen fort, ein großer schwarzer eiserner Ofen ist angezündet...“[8]

Die äußeren Parallelen mit Strindbergs Aufenthalt in Österreich reichen bis zur Kostümierung. So läßt er in der zweiten Hohlwegszene den Unbekannten in süddeutscher Alpentracht mit Lodenjoppe, Kniehosen, Alpenschuhen und Bergstock sowie mit grünem Jägerhut und Birkhahnfeder auftreten. „Darüber trägt er einen Kaisermantel mit Pelerine und Kapuze.“[9]

Die Szene „Vorm Hause“ zu Beginn des zweiten Teiles ist eine getreue Wiedergabe des „Häusels“ und seiner Umgebung: „Rechts eine Terrasse, auf der das Wohnhaus liegt. Unten läuft die Landstraße in den Hintergrund hinein, der einen dichten Nadelwald zeigt mit Höhen, deren Linien einander schneiden. Links wird das Flußufer angedeutet, ohne daß der Fluß zu sehen ist. Das Wohnhaus ist weiß und hat kleine Fenster, die von Sandsteinrahmen eingefaßt und mit Gittern versehen sind. Die Wand ist mit Weinranken und Kletterrosen bekleidet. Davor, oben auf der Terrasse, ein Brunnen; am Rande der Terrasse Kürbispflanzen, deren große gelbe Blüten herunterhängen. Obstbäume längs der Landstraße...“[10]

Die Beschreibung des Klosters endlich erinnert nicht nur an die Kirche am Kolmützberg, sondern noch weit mehr an das Stift Melk in der Wachau: „... Der Mittelgrund ist der Fluß, der still dahinfließt. Den Hintergrund bildet das andere Ufer... Über die Kronen der Laubbäume erhebt sich das Kloster: ein kolossales viereckiges Gebäude, ganz weiß, mit zwei Reihen kleiner Fenster; die Fassade wird von der Klosterkirche mit zwei Türmen im Jesuitenstil unterbrochen. Die Kirchentür ist offen, und in einem bestimmten Augenblick ist die Monstranz am Altar im Schein der Sonne zu sehen...“[11] Dieser Vision der Monstranz in der Sonne soll ein wirkliches Erlebnis Strindbergs vor der Kirche des Stiftes Melk zugrunde liegen.

In der berühmten Gerichtsszene im dritten Akt des dritten Teiles, die mit der fürchterlichen Anklage des Teufels gegen Gott als letzte Ursache aller Schuld zu enden droht, ist es die Braut eines gewissen Fritz Schlipitska, die als erstes Mordopfer erwähnt wird. Hier läßt Strindberg einen Angehörigen der

Wirtsfamilie seines Dornacher Stammgasthauses mitspielen. Die Schreibweise des Namens ist falsch, die heute in Wien lebenden Nachkommen schreiben ihren Namen Schlepitzka.

Schon die Tatsache, daß die Stationen dieses Dramas Orte unmittelbar vergangenen Erlebens sind, läßt den Schluß zu, daß diese Orte untrennbar mit dem Erleben verbunden bleiben. Gewiß verwendet er auch Motive aus früheren Zeiten. Die Dame, der der Unbekannte begegnet, ist verheiratet, er wird schuldig an ihrer Trennung; also eine Erinnerung an Strindbergs erste Ehe. Aber zugleich gesteht der Unbekannte dieser Frau, auch selbst Weib und Kind verlassen zu haben. Die Begegnung wird zur Begegnung mit Frida Uhl.

Es besteht eine einzige Möglichkeit, an der Authentizität der äußeren und inneren Parallelen zweifeln zu müssen; wenn der Verdacht, Frida Uhl hätte ihre Memoiren an Hand von „Nach Damaskus“ geschrieben, sich nicht als unbegründet erwiese. Bewußt oder unbewußt wären ihre Erinnerungen dann der Versuch, Strindbergs wesentliches Werk nach seinem Österreich-Aufenthalt als unmittelbares Ergebnis dieses Aufenthaltes hinzustellen. Gegen einen solchen Verdacht sprechen allerdings zwei Tatbestände: zum einen, daß die Landschaft um Dornach den Beweis der Authentizität auch heute noch liefern kann; zum andern, daß im Stück nicht nur eine Paraphrase auf Strindbergs zweite Ehe, sondern auch auf seinen Aufenthalt in Klam dargestellt ist, also auf eine Zeit, die Frida in ihren Memoiren nicht schildert und die wir nur aus Strindbergs autobiographischen Werken kennen.

Wir können daher mit einiger Sicherheit annehmen, daß seine Ehe mit Frida Uhl als wesentliches Modell des Dramas bezeichnet werden kann. Der Schluß, seine Aufnahme im Kloster, entspricht zwar nicht der äußeren, wohl aber einer inneren Wirklichkeit, seiner religiösen Erkenntnis, die ihn aus dem Inferno befreite. Vagn Börge spricht von Szenenangaben als Gedankenstationen und damit von „einer neuen geistigen Ebene… , auf der sich bis dahin noch kein Dramatiker bewegt hatte“[12].

Strindberg wird zum Wegbereiter eines expressiven Ideendramas. Es gelingt ihm ein dramaturgischer Kunstgriff: Auf realistische Art – die Pranke des einst naturalistischen Dramatikers ist spürbar wie eh und je – setzt er rein ideelle Situationen in lebendige Handlung um. Seine Personen und Bühnenbilder sind nicht nur Symbole, wie sie im Drama der Jahrhundertwende üblich waren, sondern darüber hinaus Menschen von Fleisch und Blut. Mit andern Worten: Die äußere Handlung könnte ohne die innere, die innere ohne die äußere existieren, aber erst das Ineinanderwachsen beider Aktionen läßt die Trilogie zum bahnbrechenden Meisterwerk werden.

Neu ist auch der äußere Aufbau des Stückes, wenn man von der wahrscheinlich dem Dichter unbewußten Ähnlichkeit mit der Dramaturgie mittelalterlicher Mysterienspiele absieht. Strindberg schreibt mit „Nach Damaskus" das erste neuzeitliche Stationendrama, lange bevor das „epische Drama" die moderne Bühne eroberte. Die beiden wesentlichen Erlebnisse der Jahre 1893 bis 1896, seine Ehe mit Frida Uhl und sein Weg durchs Inferno zur Religion sind die Grundmotive des Geschehens. Das heißt freilich noch lange nicht, daß die Dame, die den Weg des Unbekannten immer wieder kreuzt und lange Zeit seine Begleiterin ist, mit Frida identifiziert werden kann; aber ebenso wenig mit Siri oder Harriet oder irgendeiner anderen Frau, die im Leben Strindbergs eine Rolle gespielt hat. Sie alle zusammen sind „Die Dame", wenn auch die Erinnerung an Frida die meisten Parallelen aufweist.

Im ersten Teil dominiert eine Zuneigung, die vielleicht Liebe genannt werden kann, im zweiten Teil verwandelt sich diese in Haß, entsprechend Strindbergs Erlebnis der Ehe, im dritten Teil – der in überhöhter Darstellung nur mehr inneres Erleben wiedergibt – versöhnt sich der Unbekannte – nicht mit der „Dame" im besonderen, sondern mit allen Menschen aufgrund seiner Erkenntnis. Dieser dritte Teil wurde allerdings einige Jahre später geschrieben, die unmittelbare Erinnerung an die Zeit mit Frida war verblaßt; hier ist für die Dame in der ersten Szene bereits eindeutig Harriet Bosse Modell gestanden.

Sein eigenes Seelenleben ist begreiflicherweise am getreuesten in Handlung umgesetzt. Gerade durch diese Individualisierung des Charakters gewinnt dieser an Kontur, und der Dichter zeichnet eine Figur, mit der sich jeder Zuschauer indentifizieren kann. Am Anfang des Stückes ist er der Einsame, der nicht allein sein möchte. Darum sucht er die Gesellschaft der Dame. Auf ihre Frage: „Worauf warten Sie?" gibt er zur Antwort: „Wenn ich's sagen könnte."[13] Auch diese kurze Dialogstelle sollte zum Motto des kommenden Jahrhunderts werden: das Warten-Müssen, ohne zu wissen worauf, „Warten auf Godot". Noch härter formuliert er, wenn er den Unbekannten sagen läßt: „Ich bin gewohnt zu warten auf das, was nie kommt."[14]

Er beschreibt sich selbst: „38 Jahre, Schnurrbart, blaue Augen; entbehrt feste Anstellung; unbekannte Einkünfte; verheiratet, ist aber der Frau entlaufen und hat die Kinder verlassen; bekannt für umstürzlerische Ansichten in den sozialen Fragen; macht den Eindruck, als fehle ihm der volle Gebrauch der Sinne."[15] Diese Beschreibung fordert geradezu eine Strindbergmaske für den Unbekannten heraus.

Die Betonung des sozialen Revolutionärs beweist, wie bedeutend dieses Engagement für den Dichter gewesen war. Noch ein zweites Mal kommt er darauf zurück, wenn der Unbekannte tragisch bekennt: „Ich konnte die Menschen nicht leiden sehen – und da sagte ich: Befreit euch! Ich werde helfen... ich sagte zu den Armen: Laß den Reichen dich nicht aussaugen! Und zum Weibe: Laß den Mann dich nicht unterdrücken!... Die Folgen: Ja, die sind ganz unbegreiflich, denn ich hatte auf einmal beide gegen mich, Reiche und Arme, Männer und Frauen..."[16] Daß in seiner sozialen Gesinnung ein Keim seiner Wandlung zum Christen enthalten ist, geht aus einem späteren Ausspruch Strindbergs hervor, in dem er Sozialismus unbewußt gebliebenes Christentum nennt. Noch sozialrevolutionär, aber bereits Ausdruck eines Ringens mit Gott sind die Worte des Unbekannten in einem der ersten Gespräche mit der Dame: „... ich fühle die ganze Kraft des Schöpfers in mir, denn der bin ich. Ich möchte die ganze Masse in meine Hand nehmen und sie zu etwas Vollkommenerem, Dauernderem, Schönerem umkneten..."[17] Im weiteren Verlauf der Handlung erleben wir alle Seelenstimmungen wieder, die uns aus Fridas Memoiren und Strindbergs autobiographischen Romanen bekannt sind.

Mit einer erstaunlichen Objektivität beleuchtet er den Charakter des Unbekannten von allen Seiten, und es gelingt ihm, uneingeschränkt den Standpunkt seiner Mitmenschen, ja seiner Gegenspieler einzunehmen. Sätze wie „Er kann von niemandem Gutes glauben, nicht einmal von sich selbst"[18] oder „Er glaubt, alles Böse sei wahr und alles Gute Lüge"[19] oder „Ich glaube von diesem Manne alles Gute und alles Böse am selben Tage"[20], könnte wirklich Frida über ihn gesagt haben. „Die Trilogie offenbart die magische Fähigkeit des Dichters", schreibt Börge, „zu sehen, was nicht nur in ihm selbst, sondern auch in den Gestalten des Dramas im Unterbewußtsein verborgen liegt."[21]

Einer der stärksten Eindrücke Strindbergs aus der österreichischen Zeit muß sein Aufenthalt im Hause Reischl gewesen sein. Denn kaum eine andere Episode stellt er, dichterisch überhöht und ins Gleichnishafte gewandelt, so oft und so wirklichkeitsnah dar. Schon die Vision des Unbekannten in der Szene „Am Meere" schildert bis in Details die Küche des Dornacher Herrenhauses. Die Überlegungen des Unbekannten und der Dame, ob sie ohne einen Groschen Geld das Asyl von Dornach aufsuchen sollen, entsprechen der Wirklichkeit: „Als Bettler kommen, nein, das ist unmöglich... den Alten Kummer bringen ... und dich in einer demütigenden Stellung sehen und du mich. Wir würden einander nie mehr sehen können."[22] Aber der Unbekannte hat das Wanderleben satt, dieses „Spießrutenlaufen zwischen Kellnern, Stubenmädchen, Hausknechten und Portiers"[23], dieses Ausgeliefertsein an „kleine Bürgergötter, die den Stoß der Klinge mit Nadelstichen parieren"[24].

Solche Sätze sind Mosaiksteine zu einem Charakterbild Strindbergs, wie es kein anderer Beobachter genauer hätte darstellen können. So wird das Werk zu einer großartigen Selbstanalyse, mit der sich der Dichter aus den Bedrängnissen seines Seelenlebens befreit. Die Ankunft in Dornach ist wirklichkeitsnah geschildert. Nur fällt auf, daß Strindberg auf die Darstellung der Großmutter verzichtet. Der „Alte" ist allein mit der Mutter, einer Frau an die fünfzig. Diese Mutter, mit deren Urbild Strindberg doch in bestem Einvernehmen lebte, übernimmt im Stück einige Charakterzüge der herrischen „Alten". Ihr eigenwilliger Katholizismus ist für den Unbekannten von geringerer Bedeutung, als er es für Strindberg war. Der Verzicht auf eine Darstellung der Großmutter und der ungünstig veränderte Charakter der Mutter sind möglicherweise – Lagercrantz ist sich dessen sicher – notwendige dramaturgische Retuschen der Wirklichkeit. Die Skepsis des Unbekannten gegenüber dem Glauben der Mutter entspricht einerseits der Skepsis Strindbergs bei dessen erster Begegnung mit ihr, andererseits darf nicht vergessen werden, daß das Stück zu einer Zeit entstand, als es für ihn bereits feststand, nicht zum Katholizismus zu konvertieren. Auch das Kloster am Ende der Trilogie ist kein katholisches Kloster, sondern nur nach dem Bild eines solchen dargestellt. Das Dornacher Herrenhaus wird für den Unbekannten eine Enttäuschung: „Ich glaubte nach einer Idylle in der Waldeinsamkeit zu kommen, und ich gerate in eine Hexenküche hinein"[25], stellt er fest. Es stößt ihn ab, daß man in diesem Hause von nichts anderem als von Geld sprechen kann, und es mißfällt ihm die Maxime des Hauses, „erst seine Pflicht zu erfüllen und dann sich zu vergnügen"[26].

Was Frida in ihren Memoiren nur andeutet, Strindbergs Fremdheit unter der einheimischen Bevölkerung, vor allem aber seine Angst, ein Opfer ihres Aberglaubens werden zu können, bekennt er in seinem Drama, wenn er den Alten über den Unbekannten sagen läßt: „Du weißt, daß die Leute hier besonders abergläubisch sind; als ich eben zum Fluß hinabkam, hörte ich ein Gespräch. Einer sagte, sein Pferd habe vor ihm gescheut; ein anderer, seine Hunde seien so wild geworden, daß er sie hätte anbinden müssen; der Fährmann versicherte, daß das Boot leichtete, als er eingestiegen sei"[27]; und der Alte glaubt sogar, eine Elster gesehen zu haben, die durch das geschlossene Fenster, durch die Glasscheibe in das Zimmer des Unbekannten geflogen ist. „Doch ich habe vielleicht falsch gesehen", setzt er beschwichtigend hinzu. Auch dieser Geschichte liegt eine wirkliche Begebenheit zugrunde.

Wesentlicher als diese Details ist die bei aller dichterischen Phantasie lebensgetreue Wiedergabe der inneren Entwicklung des Dichters, sein ambivalentes Verhältnis zur Frau und sein religiöser Kampf. Man mag es Beichte oder Analyse nennen, das Ergebnis, der Schluß des Stückes ist seine Befreiung aus dem Dilemma des Zweifels, ist ein „Über-den-Dingen-Stehen", „Nicht: entweder – oder, sondern: sowohl als auch! Mit einem Wort oder zweien: Humanität und Resignation!"[28]

So bescheiden diese Lösung für den Helden eines dreiteiligen faustischen Dramas auch klingen mag, man muß sich vor Augen halten, daß für einen so leidenschaftlich engagierten Menschen wie Strindberg, der heute Atheist, morgen Okkultist ist, heute eine Frau bis zum Irrsinn liebt und morgen verachtet, Resignation die einzige wirkliche Befreiung von allen Bedrängnissen bedeutet; Resignation im humanistischen Sinn als Harmonie empfunden.

Er selbst hat, bei aller Religiosität, bei allem Versuch, Christ zu sein, diese Stufe der inneren Ruhe niemals erreicht. Hier war ihm der Unbekannte weit voraus: Im letzten Akt ist er nicht Abbild, sondern Vorbild des Dichters. Mit der Gestalt der Dame – er nennt sie Ingeborg, so wie er seine Tochter Kerstin ursprünglich nennen wollte – zeichnet er seine Geliebte und Gegenspielerin zugleich, das Weib, ohne dessen Gesellschaft er nicht leben kann und an dem er zugrunde zu gehen glaubt.

Sosehr die Dame das Ewig-Weibliche verkörpert – wie bei Strindberg nicht anders zu erwarten, beide Extreme: Dirne und Madonna – schildert er sie wie sich selbst in vielen Details genau nach dem Leben. Und es ist vor allem Frida Uhl, der wir an bekannten Stationen ihres gemeinsamen Lebens begegnen. Er glaubt, daß sie seine Post zurückbehält; ihre Mutter überredet sie zum Lesen eines Buches, das ihr der Unbekannte verboten hat; sie will das Kind ursprünglich abtreiben; wenn ihre Worte und Blicke nicht mehr Macht über ihn haben, muß sie ihn berühren. Durchwegs Einzelheiten, die wir aus ihrer Biographie kennen.

Auch seine Angst vor dem Verlust der Persönlichkeit kommt immer wieder zum Ausdruck: „Wir sind zwei Wassertropfen, die einander zu nahe zu kommen fürchten, um nicht aufzuhören zwei zu sein und eins zu werden.“[29] Und als Unbekannter gesteht Strindberg seine innerste Qual: Er ist unfähig zum Genuß. Selbst im Augenblick vollkommener Liebe weiß er um deren Ende. „... diese Liebe“, läßt er seinen Unbekannten sagen, „man sieht Sonnen, wo keine Sonnen sind, und Sterne, wo keine Sterne sind. Aber es ist angenehm, solange es dauert. Aber den Tag danach? O, den Tag danach!“[30]

Besonders im zweiten Teil des Werkes werden seine Zweifel an der Geliebten zum Haß. „Liebe Furie“[31] nennt er sie auch im Stück, und wie im Leben warnt ihn auch dort die Mutter vor der Tochter: „Sie hat nie Bedenklichkeiten und nie Gewissen.“[32] Und wieder beweist es Strindbergs geniale Gabe, sich selbst zu beobachten, wenn er die Dame auf die Klage des Unbekannten: „Ich glaube, daß du mich nicht verletzen willst, und doch verletzest du mich... Was ist das?“ antworten läßt: „Das ist, daß du übertrieben empfindlich bist.“[33]

Auf das Inferno seiner Ehe – „Sie leben den halben Tag wie Engel und den andern halben peinigen sie einander wie Teufel“[34], klagt die Mutter – läßt der Dichter den Akt der Erlösung folgen. Jetzt wird die Handlung symbolistisch: Das Bild der Dame wandelt sich zum Bild der Mutter. Der Unbekannte glaubt, von Anfang an ihr gefolgt zu sein, weil ihre Stimme der einer Mutter glich, die zu ihrem Kinde spricht. Und er bereut, sie von „Haus und Hof und Kind fortgepeinigt“[35] zu haben und empfindet zuletzt ihr gegenüber nur Dank, ehe er allein seinen Weg ins Kloster antritt: „... ich küsse die kleine Hand, die koste und kratzte... die kleine Hand, die mich im Dunkel führte... mich die lange Reise nach Damaskus führte.“[36] Damit wird die Frau, die er zu Beginn nur als „Form für seine sinnlichen Genüsse“[37] empfunden hat, zur reinen Freundin, und er erkennt, daß die mütterliche Liebe die einzig beständige ist.

Strindbergs Mutterbegriff ist weder völlig mit dem der katholischen Madonna identisch noch mit dem bürgerlichen Mutterideal, für ihn bleibt die Mutter zuallererst Frau. Das andere Geschlecht, das sein Feind war – denn selbst die leidenschaftlichste Liebe blieb ein Kampf, in dem der eine dem andern erlag –, wird nun zum andern Ufer, an dem er endlich Rast und Geborgenheit finden kann. Nur die mütterliche Liebe ist rein, ist Harmonie, nicht Kampf der Geschlechter.

So wird er die Frau im späteren Werk nicht mehr nur als Furie, als Hexe darstellen, sondern auch als Lichtbringerin, als das Ewig-Weibliche im Goetheschen Sinn. Sie erreicht damit eine religiöse Dimension, was im ersten Augenblick bei einem als Frauenhasser Berüchtigten wie Strindberg verwundert. Aber seine Religion wäre undenkbar ohne Eros, ohne seine lebenslange Suche nach der idealen Frau, die zuletzt niemand anderer als seine früh verlorene Mutter war.

Wenn er seinen Unbekannten sagen läßt: „Er (Gott) ist unfreundlich wie mein Vater“[38], bekräftigt dieser Satz seine unbewußte Identifikation Gottes mit seinen Eltern. Aber diese negative Beziehung wird durch sein Mutterideal ins Positive gewandelt: Der harte Gott erscheint jetzt als der barmherzige.

Auch der Unbekannte tritt zuerst, so wie Strindberg am Beginn seiner Ehe mit Frida, als Ungläubiger auf. Fast wörtlich entspricht dann der Dialog mit der Mutter dem Gespräch Marie Uhls mit dem Dichter in Mondsee. Er beginnt zu glauben, daß es Dinge und Kräfte gibt, an die er bisher nicht geglaubt hat. Doch gerade die Ahnung eines jenseitigen Lebens läßt ihn sich selbst verabscheuen. Und nun gibt es keine Flucht aus sich selbst! Der Selbstmord, der oft seine letzte Hoffnung war, wird sinnlos, wenn es ein Weiterleben gibt. „Wenn ich Christ wäre“, erklärt der Unbekannte der Mutter, „würde ich das erste Gebot, meinen Nächsten wie mich selbst zu lieben, nicht erfüllen können, denn dann müßte ich meinen Nächsten hassen.“[39] Auch der Unbekannte verfällt dem Okkultismus. Er hat Angst vor dem Glauben, denn jedes Mal, wenn er an etwas glaubte, ist er getäuscht worden.

Aber die Mutter weiß, daß er auf dem Weg nach Damaskus ist, obwohl er immer wieder der Skepsis verfällt. „Worauf soll ich bauen, wenn alles Illusion ist“, ruft er aus, und er bezweifelt, daß das Leben wirklicher sein soll als seine Dichtungen. Illusion ist aber auch alle Wissenschaft, und wie Strindberg selbst kommt auch sein Unbekannter zur Erkenntnis: „Man weiß nichts... darum bin ich nun dazugekommen zu glauben.“[40] Und er erzählt der Dame einen seltsamen Traum: „... träumte mir, ich sähe ein Kruzifix ohne den Gekreuzigten; und als ich den Dominikaner fragte,... was das bedeuten solle, da antwortete er: ‚Du willst nicht haben, daß er für dich leidet!‘ Und darum sind die Menschen so empfindlich geworden für eigene Leiden.“ Darauf ergänzt die Dame: „Und darum fangen die Gewissen an so schwer zu werden, wenn niemand tragen hilft.“[41]

Eine der wesentlichsten Stationen seiner Pilgerfahrt wird für den Unbekannten das Fronleichnamsfest. Auf Holzflößen kommen die Wallfahrer den Fluß herab, weißgekleidete Kinder mit Kränzen und brennenden Kerzen, Psalmen singend, Jünglinge und Mädchen, Männer und Frauen, die alle das Corpus Christi feiern wollen. Hier wird durch Strindbergs Phantasie das katholische Brauchtum in Österreich zu neuem Leben erweckt, ein Brauchtum, von dem er immer wieder behauptet, daß es von nachhaltiger Wirkung auf seine religiöse Entwicklung gewesen sei.„Was ist das?“ fragt der Unbekannte den Konfessor angesichts der farbigen Prozession. „Das sind Menschen, die an etwas glauben“, ist dessen Antwort. Darauf der Unbekannte: „Dann hilf meinem Unglauben.“[42] Auch das 1899 entstandene Jahresfestspiel „Advent“ spielt in Dornach oder Klam. Schon das erste Bild zeigt aufgrund seiner szenischen Beschreibung den Garten des Herrenhauses mit einem Mausoleum. Es war bekannt, daß sich das Ehepaar Reischl ein solches erbauen lassen wollte. Die alten Reischls wurden dann aber doch im Friedhof von Saxen begraben. Mausoleen scheinen in der Gegend nicht selten zu sein, auch die Familie Schlipitzka hat sich ein solches unweit ihres Gasthauses erbauen lassen.

In „Advent“ charakterisiert Strindberg die Reischls als bösartiges und scheinheiliges, altes Richterehepaar, welches die Ehe ihrer Tochter mit einem Fremden auseinanderbringen will. Besonders schlecht kommt die Frau weg, die der Dichter bewußt als Hexe beschreibt und deren Pharisäertum äußerst häßlich geschildert wird. Der alte Richter, der sich immer auf Gott beruft, hat einst bewußt ein falsches Todesurteil gefällt.

Dieser Welt einer verlogenen Frömmigkeit stellt der Dichter die der unschuldigen Kinder gegenüber, der Enkelin Thyra und ihres Freundes Erich. Die strenge Großmutter sperrt sie wegen einer Lappalie in den Keller. Strindberg steigert hier das Verhältnis zwischen Kerstin und der alten Frau Reischl ins Unmenschliche.

Noch einmal, so scheint es, will sich der Dichter seinen Haß gegen die reichen und scheinheiligen Hausherren von Dornach von der Seele schreiben, aber sein Haß zerbricht, als er das Schicksal der Alten nicht subjektiv, aus seiner Sicht, sondern aus der Instanz eines barmherzigen Gottes betrachtet. Gerade die Familie der Tochter, die von den Alten nur Bosheiten zu ertragen gehabt hat, ist es, die sie nun, da sie am Weihnachtsabend bettelarm vor der Tür stehen, an ihren Tisch bittet. Dieses bewußte Christentum ist schwer erkämpft. Der erste, haßerfüllte Teil des Werkes ist dramatisch geballter, realistischer in der Gestaltung. Und auch später wird Strindberg immer wieder zurückfallen. Er weiß um die christliche Aufforderung zur Nächsten-, ja zur Feindesliebe, aber es ist leichter, sich als Christ zu bekennen, als Christ zu sein.

Und doch in seinen neuen Dramen erkennt er die Frau auch als die große Helferin, die den Mann aus dem Dunkel seiner Zweifel führt. Hier stand nicht Frida Uhl Modell. Trotz aller Parallelen in der Gestaltung der Dame in „Nach Damaskus" wäre es ein Trugschluß, dies anzunehmen. Es mögen einige Züge an ihr gewesen sein, die er in der Gestaltung der Dame nachgezeichnet hat, aber wenn überhaupt von Modellen zu seinem neuen Frauenbild gesprochen werden kann – sofern dieses nicht allein aus seiner religiösen Erkenntnis geboren wurde –, dann ist es die kleine Kerstin, die er schon in „Inferno" seine Beatrice nannte; in einem besonderen Fall auch seine Lieblingsschwester Elisabeth, die an Verfolgungswahn gelitten hat. Dieser besondere Fall ist das traumhafte Mädchen Eleonore in dem Jahresfestspiel „Ostern", das aber auch deutliche Züge von Balzacs Seraphita trägt, der Titelfigur jener Dichtung, die Strindberg zum ersten Mal auf Swedenborg aufmerksam gemacht hat.

Wesentlich für das gesamte kommende Werk ist Strindbergs neu und schwer erworbener Glaube an das Gute, womit er die Hoffnungslosigkeit, der Personen wie „Der Vater" oder „Fräulein Julie" ausgeliefert waren, zu überwinden sucht. Im Drama „Rausch", 1899 geschrieben, sind es Aspasia und jene englische Bildhauerin, die er in Paris kennengelernt hatte, die einer der Hauptrollen Modell standen. Die lichten Frauen seiner kommenden Werke, wie Schwanenweiß in dem gleichnamigen Märchenspiel oder Indras Tochter im „Traumspiel" tragen alle kindliche Züge, die vielleicht äußerlich an Harriet Bosse, in ihrer Reinheit aber immer wieder an das Kind Kerstin aus Österreich erinnern.

In seinen historischen Dramen, vor allem in „Gustav Vasa“ und „Erik XIV.“ sehen wir – so schreibt Lagercrantz mit Recht – hinter all den Gestalten den Helden mit dem Namen „Der Unbekannte.

In seinen „Schwedischen Miniaturen“, die in deutscher Sprache erst sieben Jahre nach seinem Tod erschienen sind, versucht Strindberg in der Erzählung „Starkodd“ eine Darstellung seiner zweiten Ehe auf ungewohnte Weise. Biographie wird zum „Beispiel“, zum Mythos: Ein Held kämpft um eine Jungfrau und erringt sie. Aus „Achtung vor der Frau“ läßt er sie im Hause nach ihrem Willen walten. Sie benützt diese Freiheit, um ihre Macht zu erproben. Der Held wird ihr Knecht. Sie verachtet ihn und macht ihn vor den Dienstleuten lächerlich. Sie schenkt ihm eine Tochter. Dem Kind zuliebe gibt er Fluchtgedanken auf und bleibt. Bis er eines Tages Mannesblut trinkt, sich von ihren Banden befreit und wieder zum Helden wird. Bei aller Menschenliebe bleibt die Frau nach Strindbergs Meinung die Feindin, die Ursache des Übels, sie allein trägt die Schuld am Zusammenbruch seiner Ehe. Nicht weniger hart geht er mit ihr in seinem Gedicht „Omphale“ zu Gericht: „Ich gab mein Schicksal in ihre Hände,/ ich legte mein Haupt in ihren Schoß,/ als sei sie eine Freundin“, heißt es in der ersten Strophe, aber dann folgt wieder die Anklage: „Wo nahmst du die Macht her, kleiner Wurm,/ den Starken so zu quälen?/ Von mir und meiner Manneskraft/ hast du sie erhalten!/ Ich gab und du empfingst./ Doch als ich abschloß,/ zurück das Meine nahm,/ war deine Allmacht aus... [43] Und noch ein anderes Gedicht, dessen erste Fassung Frida in ihre Memoiren aufgenommen hat, ist aus dem Erlebnis seiner zweiten Ehe entstanden. Hier klagt er die Frau nicht an, sondern warnt sie davor, „dem Gott ins Auge zu sehen“. Er läßt Zeus zu seiner Geliebten Semele sprechen, meint aber sich und Frida, wenn er dichtet:

„Er strahlt in zuckender Blitze Glanz,
Dein Buhle, den du erkennst.
Dein Brautkranz wird zum Opferkranz;
Unselige... du verbrennst!“[44]

In der Gestalt des Unbekannten in „Nach Damaskus“ hatte er diesen Egoismus schon überwunden gehabt, die Schuldfrage nicht mehr einseitig beantwortet, als er dem Versucher erwidert: „Man kommt oft am weitesten in den Erklärungen, wenn man die Frage: Wer hat Schuld? streicht."[45] Aber der lebendige Strindberg hat seinen „Unbekannten" niemals eingeholt. Die Wirklichkeit kapitulierte vor der Theorie.

Strindbergs unmittelbarer Bericht über seine Ehe mit Frida Uhl war der 1903 erschienene kurze Roman „Entzweit". Erst ein halbes Jahrhundert nach dem Tod des Dichters erschien das Original zu diesem Roman unter dem ursprünglichen Titel „Kloster", in dem die Namen der Orte noch nicht verändert waren. In „Entzweit" wird Berlin zu Kopenhagen, Helgoland zu England, Mondsee zu Odense, das Mühlviertel zu Jütland, der Regierungsrat zu einem Staatsrat, der schwedische Dichter selbst zu einem Norweger, durchwegs billige Verschlüsselungen, die jeder halbwegs Eingeweihte entschlüsseln konnte. Strindberg scheint eine formale Verfremdung vorgenommen zu haben, um nach außen hin einem Wunsch – vielleicht dem Vater Uhls, seine Tochter nicht an den Pranger zu stellen – Rechnung zu tragen.

In diesem Roman spürt man kaum Strindbergs seelische Wandlung, wie sie aus seinen Dramen erkennbar ist. Mit harter Konsequenz, weit härter als im wirklichen Leben und in seinen Briefen, wird der Roman zum Urteilsspruch über seine zweite Ehe. Der ursprüngliche Titel „Kloster" ist ein Tarnname für das „Schwarze Ferkel", aber zugleich eine Anspielung an seine Absicht, in ein Kloster einzutreten oder eines in neuartiger Form zu gründen. Der geplante, nie geschriebene zweite Teil des Romans sollte davon handeln. Daß er ausgerechnet das „Schwarze Ferkel", aber zugleich eine Anspielung auf seine Absicht, in ein Kloster einzutreten oder eines in neuartiger werden, wo sich, freilich in ganz anderer Form als im „Ferkel", die geistige Elite einer Stadt oder eines Landes zusammenfinden sollte.

Als Franz Kafka den Roman zum ersten Mal liest, schreibt er in sein Tagebuch: „Ich lese ihn nicht, um ihn zu lesen, sondern um an seiner Brust zu liegen."[46]

Szenenbild aus „Die Kronbraut“ mit Curd Jürgens und Käthe Gold

Szenenbild aus „Nach Damaskus“ mit Käthe Gold und Will Quadflieg

9. Kapitel

WIEN
oder
DAS WERK IN ÖSTERREICH

Friedrich Uhl und Strindberg haben sich nach ihrer Begegnung in Mondsee im Sommer 1893 nie mehr getroffen. Getrennt von seiner Familie, die ihn, von seiner Tochter Marie abgesehen, nur Sorgen bereitete, hatte sich Uhl völlig zurückgezogen. Die Redaktionsstuben der „Wiener Zeitung“ und der „Neuen Freien Presse“ im Schwibbogen über der Bäckerstraße mit dem Blick auf den Platz vor der alten Jesuitenkirche waren sein neues Zuhause. Aber seine Theaterleidenschaft hatte durch die persönlichen Enttäuschungen nicht an Intensität verloren. Und soviel Ärger ihm der schwedische Schwiegersohn auch bereitete, den Dichter Strindberg hat er nach wie vor verehrt.

Als Burckhard, wie dies bei Theaterdirektoren leider gebräuchlich ist, nicht zu seinem Wort stand und trotz Zusage an den Dichter „Das Geheimnis der Gilde“ nicht aufführte, war es vor allem Friedrich Uhl, der auf Einhaltung des Versprechens drängte. Aber bei aller Freundschaft gelang es ihm nicht. Nach Burckhard, der 1898 abtrat, hoffte er, dessen Nachfolger Paul Schlenther, der Strindberg von Berlin her kannte und als Protektor moderner Dramatik geschätzt war, werde endlich den Bann brechen und das Burgtheater für Strindberg öffnen. Aber merkwürdigerweise spielte Schlenther zwar Ibsen und Hauptmann, wagte sich aber nicht an den Schweden, oder besser gesagt, wagte es nicht, das Wiener Publikum, im besonderen das des Hoftheaters, mit dem radikalsten unter den Modernen zu konfrontieren. Obwohl sogar eine Aufführung von Hauptmanns „Rose Bernd“ auf Einspruch eines weiblichen Mitgliedes des Kaiserhauses abgesetzt werden mußte, hatte es Schlenther in Wien leichter als in Berlin, wo die Zensurbestimmungen weit strenger waren.

Es muß den alten Uhl, dessen Einfluß auf den Spielplan selbst unter sehr eigenwilligen Direktoren nicht wegzuleugnen war, dieses vergebliche Bemühen um das Werk seines Schwiegersohns sehr gekränkt haben.

Auch der erste Versuch eines Gastspiels mit Strindbergs „Gläubiger" durch eine Berliner Bühne unter Lauterburg kam – angeblich durch Strindbergs Trotz, da ihm Lauterburg zu wenig zahlte – nicht zustande. Daß aber Burckhard und Schlenther recht hatten, als sie Strindberg noch als zu gewagt für das Wiener Publikum hielten, bewies das Echo auf die erste Strindberg-Aufführung in Wien.

Am 6. Mai 1897 gastiert im Carltheater ein Berliner Ensemble mit dem berühmten Emanuel Reicher in der Titelrolle des „Vater". Das harte Stück, noch dazu von einem für Wien ungewöhnlich radikalen Schauspieler geboten, mußte bei einem unvorbereiteten Publikum auf Widerstand stoßen. Details, wie etwa die Szene mit der Zwangsjacke, schockierten: „Die Zuschauer, welche bisher noch nicht das Vergnügen gehabt haben, eine Zwangsjacke und deren Anwendung kennenzulernen, waren außer sich", spöttelt der Kritiker im „Neuen Wiener Tagblatt" vom 8. Mai 1897, und der Referent der „Reichspost" findet, daß die neue Schauspielkunst immer mehr medizinische Kenntnisse von der Kritik erfordere. Es bleibt wie immer die Frage offen, wieweit kritische Berichte mit der Publikumsmeinung identifiziert werden dürfen. Denn gerade der Referent der „Reichspost" erwähnt, wenn auch ungern, einen Erfolg; vielleicht auch nur in bezug auf die Darstellungskunst Reichers. Er schreibt: „... es ist... denkbar, daß die psychiatrische Unwissenheit der Zuschauer in Verbindung mit dem begreiflichen Ekel ihm zu einer Wirkung verhilft, deren Erfolg wir konstatieren, ohne ihn gutzuheißen."[1]

Zwei Jahre später, am 25. Dezember 1899, wagt sich zum ersten Mal ein Wiener Ensemble an ein Strindbergstück; vorsichtshalber im Rahmen einer literarischen Matinee.

„Die Gläubiger" auf der Bühne des Theaters in der Josefstadt werden zu einem gewaltigen Erfolg. Mit Josef Jarno in der Hauptrolle beginnt der nordische Dichter auch das Publikum der angeblichen Phäakenstadt an der Donau zu erobern. Josef Jarno ist von ihm begeistert. Vom Tag dieser Erstaufführung an macht er es sich – fast könnte man sagen – zur Lebensaufgabe, Strindberg in Wien endgültig durchzusetzen. Und es ist ihm gelungen.

Strindbergs Wiener Übersetzerin Mathilde Prager gratuliert spontan. Die Ansichtskarte, auf der sie dem Dichter ihre Glückwünsche übermittelt, zeigt ein Bild des Burgtheaters. Darunter schreibt sie: „Zur Wende des Jahres, zur Wende des Jahrhunderts, hochgeehrter Herr, alles, alles Beste. Gratulation überdies zum großen Erfolg der „Gläubiger“ in Wien und endlich den Schlußwunsch, Sie baldigst in Triumph in obiges Haus einziehen zu sehen von Ihrer hochachtungsvollst ergebenen Mathilde Prager.“[2]

1902 wagt es Jarno, „Rausch“ im Theater in der Josefstadt herauszubringen. Ein Teil des Publikums erwartet ein Stück nach Art der damals gängigen französischen Lustspiele und lacht an der falschen Stelle. Wütend schleudert Jarno nach Schluß der Vorstellung eine Philippika gegen das Publikum, dessen schlechten Geschmack er brandmarkt. Immerhin: Die Mehrheit applaudiert begeistert, und Jarnos Rede gilt nur dem kleinen Teil der „Zischer“.

1905 läßt er, diesmal im Lustspieltheater, die Erstaufführung von „Kameraden“ folgen, 1906 ebendort zum ersten Mal den „Totentanz“. Erfolg wird es keiner. Der spärliche Beifall gilt Jarno als Darsteller des alten Offiziers, nicht dem Dichter, „dem sie (die Zuschauer) den Beifall mißmutig versagten“[3]. Aber Jarno läßt sich nicht unterkriegen. Achtmal sollte er das Werk noch inszenieren und von Erfolg zu Erfolg führen.

Das offizielle Wien weiß nach wie vor wenig von Strindberg oder zumindest wenig mit ihm anzufangen. Jarnos Experiment vollzieht sich am Rande der Wiener Kunstszene. Von dorther aber kommt die große Erneuerung, weniger stürmisch als im Berlin der neunziger Jahre, weniger optimistisch, skeptischer, trauriger, träumerischer: Ahnung vom Untergang, ohne sich dessen bewußt zu sein. Der triumphale Prunk der Makartzeit ist den Jüngeren fremd. Sezession wird nicht zum Schlagwort, sondern zum Inhalt der neuen Kunst: Ein Sich-Zurückziehen aus der Welt der Fassaden ins Innere, ein Aufspüren vergessener Werte; zugleich aufgeschlossen allem Neuen gegenüber in Kunst und Politik und schonungslos kritisch.

Die Welt Strindbergs allerdings ist den neuen österreichischen Literaten im Grunde fremd. Aber sie erkennen, anerkennen seine künstlerische Persönlichkeit, sind neugierig auf sein Werk, das sich auftürmt wie ein riesiger Felsblock, der ihnen unersteigbar, aber großartig scheint. Auch die Männer des öffentlichen Lebens wechseln. Die alten Streiter von 1848 sind Greise geworden. Die neuen Massenparteien streben zur Macht. Weltanschauungen, Ideologien radikalisieren das politische Leben.

Friedrich Uhl, seit drei Jahrzehnten Chef der Wiener Zeitung, fällt einer Intrige zum Opfer. Ein österreichisches Schicksal. Der Mann, der das Wiener Zeitungsfeuilleton weltweit berühmt gemacht hat, der nicht nur als Theaterkritiker den Ruf der Unbestechlichkeit hatte, stolpert – 75jährig – „über ein von ihm unversehens, von seiner Gegnerschaft triumphierend aufgegriffenes Wort in einem Weihnachtsfeuilleton“[4]. Er wird in den Ruhestand versetzt. Sein Nachfolger heißt Oskar Teuber.

Noch vier Jahre lang schreibt er ab und zu Theaterkritiken, dann zieht er sich, ganz Misanthrop, nach Mondsee zurück. Einsam zwischen den Schätzen seiner reichen Sammlung, will er von niemand gestört werden. Die Schönheit der Seelandschaft tröstet ihn. Sie entspricht seiner romantischen Kunstauffassung. Eine Stelle aus seinen Lebenserinnerungen gleicht der Beschreibung einer Vedute aus seiner Jugendzeit. Er schreibt dort: „Wenn ich in der Abendkühle vor dem Hause meine Rosen pflege, da leuchtet mir gerade gegenüber am Fuße des Schafbergs, der mir die edelsten Züge seines Gesichts, eine griechische Silhouette zukehrt, die Kienberger Wand, ein Kalkfelsen, der senkrecht gegen das Wasser abfällt, in der Sonnenuntergangsglut.“[5] Er verbirgt sich vor der Gesellschaft, deren Undank er noch im Alter erleben mußte. Am liebsten sitzt er in seinem prachtvollen gotischen Zimmer, in das man von der Straße her durch das Gitter hineinsehen kann. „Hier hielt sich nun der alte Uhl“, so berichtet die Fama, „im geschnitzten Gestühl verborgen wie ein Fuchs unter Blättern, und wenn Fremde, namentlich kunstsammelnde Engländer, des Weges vorbeikamen, hineinlugten und fragten, ‚Bitte, kann man die Sammlung besichtigen?‘ ... dann schrillte ihnen von drinnen, ohne daß sie den Sprecher zu Gesicht bekamen, ein schadenfrohes, spitziges ‚N e i n ! !‘ entgegen, so daß sie sich betroffen zurückzogen.“[6]

Sosehr er sein ganzes Leben lang für das Neue in der Kunst eintrat und bei aller Loyalität dem Staate gegenüber nie aus seiner liberalen Gesinnung ein Hehl machte, hatte er doch seine Zeit überlebt, war er ein Mann von Gestern geworden.

Am 22. Jänner 1906 stirbt er in seinem Mondseer Heim, 81 Jahre alt. Er hat seine Frau, die ihre letzten Jahre in einem Irrenhaus zugebracht haben soll, aber auch seine Tochter Marie um drei Jahre überlebt.

Zwei Jahre früher stirbt in Dornach, 78jährig, Marie Reischl. Das Herrenhaus, den alten Gutshof, hatte sie schon nach dem Tod ihres Mannes verkauft und sich selbst in das „Häusel", heute Dornach Nr. 5, zurückgezogen.

Die neue Besitzerin des Herrenhauses, eine Prinzessin von Thurn und Taxis, verwandelte den einfachen Bau in ein Traumschloß im Sinne der Gründerjahre, mit Türmchen und Erkern. Von der Familie Schlepitzka kaufte die Prinzessin den Steinbruch, der 1953 stillgelegt wurde und dessen Terrain heute als Freizeit- und Erholungszentrum dient. Das Schloß Dornach, wie das Herrenhaus jetzt heißt, wechselte seit 1912 dreimal seinen Besitzer: nach der Prinzessin kam es an Baron Viktor von Offermann, dann an Dr. Robert Koller, zuletzt an Dr. Ludwig Stoiber. Das „Häusel" blieb unverändert. Auch der Baum, den Strindberg gepflanzt hat, blüht weiter.

Der Name Strindberg ist der jüngeren Generation von Saxen und Klam seltsamerweise kaum bekannt, obwohl in Klam eine Gedenktafel am Haus und ein „Strindbergweg" durch die Schlucht an seinen Aufenthalt erinnern. Sein Wohnhaus in Saxen kennen nur wenige Eingeweihte. Er war als Fremder gekommen und als Fremder gegangen, ein flüchtiger Gast, von Mißtrauen verfolgt und selbst mißtrauisch. Und doch wissen heute die Bürger von Saxen, daß durch Strindberg „ihre Gemeinde auch in die Weltliteratur eingegangen ist"[7].

Unstet und wie auf der Flucht vor der Vergangenheit treibt es Frida von einer Stadt zur andern. Am 27. August 1897 schenkt sie ihrem und Wedekinds Sohn Friedrich, der nach der Mutter Strindberg heißt, das Leben. Aber ihr Abenteuer mit Wedekind war bereits zu Ende. Wie mit Strindberg, nur bedeutend früher, war es zu Auseinandersetzungen gekommen. Frida war nicht die Frau, mit der ein Mann ein ganzes Leben zusammenbleiben konnte. Wohl behält sie Wedekinds Tagebücher, bis er sie durch Vermittlung von Karl Kraus zum Abschreiben zur Verfügung gestellt bekommt.

Sie wechselt zu Wedekinds unglücklichem Bruder Donald, reist mit ihm nach Paris und versucht ihn zu betreuen. Bald taucht sie auch wieder in Wien auf, immer auf der Suche nach Abenteuern und immer noch im Glauben, als bedeutende Schriftstellerin zu gelten.

Donald Wedekind hat sich 1909 in Wien das Leben genommen. Freunde behaupteten, daß Fridas Liebe zu Donald die zu Frank übertroffen hätte. Ihre Tochter Kerstin, 50 Jahre später auf der Suche nach biographischen Spuren aus dem Leben ihrer Mutter, stellt in einem Brief die berechtigte Frage: „Wen hat es aus jenem Kreis gegeben, der noch lebt und weiß: wer mit wem, warum!“[8]

In seinem Schauspiel „Oaha“ aus den Jahren 1907 und 1908, dessen verschlüsselte Hauptfigur niemand anderer als Albert Langen ist, hat Wedekind auch Frida Strindberg dargestellt. Wanda heißt sie dort, und sie charakterisiert sich selbst, wenn er sie sagen läßt, sie sei „eine Frau, der nie ein Mann genügt hat, der nie einer genügen wird! Eine Frau, der die Liebe der ganzen Welt nicht zuviel wäre. Eine Frau, die alles erträgt und ewig unersättlich bleibt!“[9]

Sicher übertreibt das Wedekindsche Pathos, aber Arthur Kutscher urteilt mit einigem Recht, wenn er feststellt, daß eine solche Selbstdarstellung einer Frau nur möglich ist – und damit dürfte er das Vorbild ebenso charakterisieren wie die Rolle – , „weil sie im Grunde nichts empfindet... Wohl wirkt sie eifrig für den Geliebten, aber sie tut immer das Unzweckmäßige und Schädliche... Spiel und Verstellung sind ihre Wahrheit, unerschöpflich ihre großen Redensarten... “[10]

Mit weniger Sympathie als ihr ehemaliger Geliebter Wedekind hat ein anderer großer Dramatiker sie zum Vorbild einer seiner Bühnenfiguren verwendet. In Arthur Schnitzlers nachgelassenem Werk „Das Wort“ – ein Schlüsselstück wie Wedekinds „Oaha“ – tritt sie, merkwürdigerweise als echte Berlinerin, unter dem Namen Frau Flatterer auf. Schon der Name ist bezeichnend für Schnitzlers Meinung von ihr: Eine typische Vertreterin der „Gesellschaft“, der Schickeria, interessiert, neugierig, die gerne die frivole Verführerin spielt, ohne es wirklich zu sein. Und es ist kaum ein Zufall, wenn Schnitzler seine Frida ganz Ähnliches sagen läßt wie Wedekind seine Wanda, etwa: „Man soll sich verschwenden – überall. Ich verschwende mich immer und immer noch.“[11]

Für Schnitzler ist sie ein oberflächlicher Typ, der sich als Sphinx fühlt, deren Rätsel noch immer nicht gelöst wurde, wie er einen Herren der Gesellschaft ironisch über sie sagen läßt. Vor allem aber ist sie Autorin, und weibliche Schreiberlinge sind Schnitzler nun einmal zuwider. Frida Strindberg, alias Frau Flatterer, die Dichterin des Bandes „Keusche Räuber“, wird hier für viele ihresgleichen verspottet. Ob die Episode, wonach eine vernichtende Kritik ihrer Gedichte gerade am Morgen nach jener Nacht erscheint, an dem sie die Geliebte dieses Kritikers geworden ist, auf Wahrheit beruht oder nur erfunden ist, wird kaum jemals festzustellen sein.

Gewiß haben Wedekind und vor allem Schnitzler in ihren Bühnenfiguren die wirkliche Frida Strindberg wenig chevaleresk behandelt, ist vieles übertrieben, aber Grundzüge ihres Wesens sind richtig erkannt. Der Kreis um Schnitzler und Peter Altenberg, dem Vorbild der Hauptrolle in „Das Wort", war sicher für eine Frau vom Stile Fridas hochinteressant, wenn auch eine völlig andere Welt als die ihres Gatten. Die junge Lina Loos, im gleichen Stück Schnitzlers Urbild der weiblichen Hauptrolle, sollte später eine gute Freundin von Kerstin werden und Friedrich Strindberg ein gern gesehener Gast im Kreise der Literaten im Cafe Zentral. In seinem Erinnerungsbuch „Veruntreute Geschichte" erzählt Milan Dubrovic in diesem Zusammenhang eine Anekdote, wonach Alfred Polgar, als man ihn fragte, wem seiner Meinung nach Friedrich Strindberg mehr ähnlich sähe, Strindberg oder Wedekind, diplomatisch geantwortet haben soll: „Ich finde, er ist die ganze Mutter."[12]

Die Jahrhundertwende gilt heute und mit Recht als eine der großen kulturellen Blütezeiten Österreichs. Freilich sind es dunkle Blüten, Blüten der Nacht, Schalmeien des Untergangs: Träume von Schönheit, Zeitalter des Ästhetizismus, alles ist Theater, selbst Liebe und Tod. Partnerwechsel gehört ebenso zum Spiel wie das blutige Duell um dieses Wechsels willen. Arthur Schnitzlers „süßes Wiener Mädel" ist nur ein letzter Traum der bürgerlichen Dandys. Heute noch kindlich ergeben, steht sie morgen vielleicht schon jenseits des Grabens, der die Klassen trennt.

Dieses Wien war noch kein Boden für Strindbergs Werk. Weder der Frauenhasser noch der Gottsucher wurden hier in ihrer Radikalität begriffen. In den Werken der führenden Wiener Autoren war mehr von Göttinnen als von Gott die Rede. Daß Strindberg selbst zu Freud keinen Zugang fand, kann aber nur an der zu geringen Kenntnis von dessen Forschungen liegen. Es ist bemerkenswert, daß die Gönner des schwedischen Dichters in Österreich meist Außenseiter waren; Außenseiter, die mit dem herrschenden Ästhetizismus nichts zu tun haben wollten, schon ein gutes Stück Weges voraus waren, voraus im guten und im bösen Sinn – wie wir es heute wissen: Otto Weininger, Karl Kraus, Jörg Lanz von Liebenfels. Und Künstler der jüngeren Generation: Arnold Schönberg, Paul Kornfeld, Franz Kafka, Alfred Kubin.

Strindberg ist einer der wenigen Mitarbeiter, die Karl Kraus in seiner „Fackel“ duldet. Ein Einakter Strindbergs, der 1912 erschien, war der letzte fremde Beitrag, von da an war Kraus der einzige Autor seiner „Fackel“. Gemeinsam setzen sich Strindberg und Kraus für den jungen Otto Weininger ein, dessen Lebenswerk mit Recht als „die brennendste Anklage gegen den Wiener Ästhetizismus – und seine Frauen“[13] bezeichnet wurde. Sein Hauptwerk „Geschlecht und Charakter“ begeistert Strindberg. Was er selbst nur bruchstückhaft gedacht, findet er hier in vollendeter Form dargestellt. „Das Frauenproblem gelöst zu sehen, ist mir eine Erlösung“[14], schreibt er am 1. Juli 1903 an den Verfasser.

Was Strindberg trotz aller wissenschaftlicher Bemühungen im Grunde doch nur emotionell annahm, seine Abwertung der Frau, schien der 23jährige Wiener Weininger streng wissenschaftlich zu belegen. Er vertrat die Hypothese, daß menschliche Verhaltensweisen durch die Relation weiblichen und männlichen Protoplasmas erklärt werden könnten. Wie Freud spricht er von einer allen Menschen eigenen Bisexualität, obwohl sich Weibliches und Männliches immer als Feinde erkennen müssen. Sein Frauenhaß übertrifft den Strindbergs noch bei weitem – zumindest in der Praxis –, für ihn hat die Frau nur die Wahl zwischen Prostitution und Mutterschaft. Und er kommt zu dem Schluß, daß der Mann – da auch Mutterschaft nur eine getarnte Prostitution sei! – jede Fortpflanzung verhindern müsse, um nicht der Frau, deren Umarmung er mit sexuellem Krampf gleichsetzt, zu verfallen.

Drei Wochen nach seinem enthusiastischen Brief an Weininger schreibt Strindberg an seinen Übersetzer Emil Schering über „Geschlecht und Charakter“: „... ein furchtbares Buch, das aber wahrscheinlich das schwerste von allen Problemen gelöst hat. Er zitiert Gläubiger, aber müßte Vater und Fräulein Julie kennen. Wollen Sie ihm die senden? Ich buchstabierte, aber er setzte zusammen. Voila un homme!“[15]

Strindberg stand mit seiner Ansicht nicht allein. „Geschlecht und Charakter“ hat bis 1940 dreißig Auflagen erlebt. Weininger hat Strindberg geantwortet, er kenne den „Vater“ und würde „Fräulein Julie“, das er in sehr frühen Jahren gelesen habe, jetzt wieder vornehmen. Dieser Antwortbrief ist mit 30. September 1903 datiert. Als ihn Strindberg erhält, ist Weininger tot. Am 4. Oktober hatte er sich erschossen.

Strindberg schreibt unter dem Titel „Idolatrie, Gynolatrie“

einen Nachruf, der ihn noch einmal als den alten Frauenhasser zeigt. „Es ist kein konstanter Strom in ihrer Liebe", heißt es dort gegen Ende des Artikels, „sondern eine ewige Umpolarisierung und ein ewiger Stromwechsel; darin zeigt sich das Negative, Passive in ihrem Wesen, im Gegensatz zu dem Positiven, Aktiven des Mannes." Und er beendet den Nachruf mit einem Dank an den Toten: „Es war, in wenig Worten, dieses bekannte Geheimnis, das Otto Weininger auszusprechen wagte; es war diese Entdeckung des Wesens und der Natur des Weibes, die er in seinem männlichen Buch über ‚Geschlecht und Charakter' mitteilte, und die ihm das Leben gekostet hat. Ich lasse einen Kranz auf sein Grab legen, weil ich sein Gedächtnis ehre als das eines tapferen männlichen Denkers."[16]

In der Beilage bittet er seinen Übersetzer, den Nachruf an Karl Kraus zu senden, damit er in der „Fackel" erscheine: „Ich nehme es als eine heilige Pflicht gegen den Toten!"[17] Weiningers Vater bedankt sich, tiefgerührt. Er schreibt: „Der Vater des Otto Weininger übersendet Ihnen in dankbarer Ergriffenheit den tiefgefühltesten Dank für Ihre Kundgebungen und küßt ehrfurchtsvoll die Hand, welche Sie schützend und freundschaftlich über seines Sohnes Andenken halten."[18]

Strindberg hat mit seinem Artikel Mut bewiesen, denn ein Großteil der Presse reagierte auf Weiningers Selbstmord polemisch. Seinem Beispiel folgten Emil Lucka und Karl Kraus, zuerst ebenfalls mit Artikeln in der „Fackel", dann in einem eigenen Buch.

Daß es Weininger nicht nur um das Problem der Frau, sondern ebenso um das Problem des Judentums ging, scheint Strindberg nicht beachtet zu haben. Der Selbsthaß des jüdischen Antisemiten Weininger war ihm ebenso unbegreiflich wie der Antisemitismus überhaupt, den er ja bereits im Hause Reischl kennengelernt hatte. Ja in seinem erwähnten Nachruf konfrontiert er den „männlichen" Talmud als positiv gegenüber der weichlichen Einstellung des weibischen, abendländischen Mannes.

Ebenso naiv und ohne eine Spur Antisemitismus muß auch seine positive Meinung zu den Schriften des Lanz von Liebenfels aufgefaßt werden. Liebenfels, der eigentlich Adolf Josef Lanz hieß, war zweifellos einer der Wegbereiter des nationalsozialistischen Rassenwahns. Der junge Hitler hat ihn während seines Aufenthaltes in Wien besucht und war ein eifriger Leser seiner obskuren Zeitschrift „Ostara", ebenso wie Lord Kitchener oder Karl Kraus. Lanz' ungewohnte Ideen mystischer Art interessierten die Gegner der bürgerlichen Dékadence. Niemand ahnte die fürchterlichen Folgen, die damit heraufbeschworen wurden.

Als Strindberg den zweiundzwanzigjährigen Zisterziensernovizen in einer Zeit, in der er ganz dem Okkultismus verfallen war, kennenlernte, interessierte ihn dessen mystisches Wissen, das freilich mehr ein mysteriöses war. Daß er durch ihn wieder zu Gott fand, wie Lanz behauptet, ist unwahrscheinlich. In „Inferno", dem wirklichkeitsnächsten seiner biographischen Romane, kommt der Name Lanz überhaupt nicht vor, und ob ihn Strindberg in „Nach Damaskus" in der Rolle des Dominikaners oder einer anderen als Modell verwendet hat, ist sehr fraglich. Auch Kerstin, als sie zum ersten Mal von der Verbindung zwischen ihrem Vater und Lanz erfährt, stellt fest: „Soviel ich mich erinnere, kommt in keinem seiner Briefe oder Bücher je eine Anspielung auf DIESEN Männerbund (gemeint ist der Neutemplerorden des Lanz) vor."[19]

Zehn Jahre nach Strindbergs Aufenthalt in Klam schickt ihm Lanz seine Theozoologie, wohl das gefährlichste Produkt seines wirren Geistes. Schon der Untertitel „Die Kunde von den Sodoms-Äfflingen und dem Götterelektron" deutet Unheilvolles an, nämlich den Kampf einer künstlich aufgezogenen, blonden Herrenrasse gegen die Äfflinge, die niederen Rassen sowie selbstverständlich den Sieg der Blonden. Bei ihrer Aufzucht sollen sie – und hier wird das Buch zur grauenvollen Prophetie – das Sterilisieren und Kastrieren lernen, um die niederen Rassen endgültig auszurotten. Daß Strindberg ein solches Buch, wie er selbst zugibt, in einem Zuge liest und davon begeistert ist, befremdet. In einem Brief an Emil Schering nennt er es „ein furchtbares Buch gegen die Neuheiden!"[20]

Aus einigen Abschnitten in Strindbergs Blaubuch kann man aber seine völlig subjektive Auslegung der Theozoologie erkennen. Die Äfflinge sind für ihn nicht die niederen Rassen im Sinne einer späteren Lehre, sondern seine materialistischen Zeitgenossen, wobei er materialistisch nicht nur im philosophischen, sondern weit mehr im praktischen Sinn meint. Es sind diejenigen, die alles verstehen wollen, aufgrund von Vererbung oder schlechter sozialer Verhältnisse alle bewußte Schuld des Menschen ableugnen und die völlige moralische Freiheit lehren. Kurz, unter der Rasse der Äfflinge versteht er die intellektuelle Gesellschaft seiner Zeit, der er selbst einst angehört hat und die er jetzt, nach seinem Inferno, als satanische zu erkennen glaubt. Ihrer Welt der Kompromisse stellt er eine harte Religion gegenüber, in der, wie er annimmt, im Sinne Christi nur dem Reuevollen verziehen werden kann. Diese Strenge ist seine Antwort auf eine Welt der Dékadence, des Luxus und der sozialen Ungerechtigkeit. Nicht Edelrasse gegen niedere Rasse ist seine Forderung, sondern Gottes Kinder gegen Satans Knechte.

Ein einziges Mal zitiert er den „rassereinen germanischen Mann", einen ihm sonst völlig fremden Begriff, hier wohl nur im Zuge eines wörtlichen Zitates aus der Theozoologie. Die Konsequenz, die Hitler aus den Schriften des Lanz von Liebenfels zog, war eine völlig andere als die Strindbergs. Wohl findet auch dieser die Grundidee, es gäbe zweierlei Menschen, solche die von Affen und solche die von Gott stammen, faszinierend, aber für ihn ist nicht die Rasse im biologischen Sinn, sondern der Charakter des einzelnen, nicht das Blut, sondern der Geist ausschlaggebend, welcher Menschengruppe einer angehört. Im übrigen müssen wir uns auch in diesem Zusammenhang vor Augen halten, daß Strindberg zuallererst Dichter war und daß auch seine philosophischen Traktate im Grunde dichterische Phantasien sind, das heißt im Konkreten, daß er nicht von Fakten, sondern von Symbolen spricht.

Was ihn aber am meisten für Lanz von Liebenfels einnahm, war dessen Identifizierung der niederen Kasten mit den Frauen. Und unter den wenigen Zitaten, die er aus der Theozoologie in seinem Blaubuch veröffentlicht, heißt es unter anderem: „Was das Weib heute ist, ist es durch Schwert und Kraft des Mannes. Der Mann hat das Weib den Sodomsaffen abgerungen; dafür ist es sein Eigentum... Die Zeit ist da! Die Weiber können oder wollen nicht mehr gesunde Kinder gebären! Die Weiber, die zu Müttern bestimmt wären, die vertrauern ihr Dasein als alte Jungfern, die Hure wird geheiratet, beherrscht unser häusliches und öffentliches Leben."[21] Und er selbst schreibt an anderer Stelle in diesem Zusammenhang über seine Vorstellung der niederen Kasten: „Alle sind pervers, meist geheim, aber sie verraten sich in ihren Schriftstellern, die im Namen der Frau schreiben, vom Gesichtspunkt der Frau gegen den Mann. Denn durch die Geschlechtsvermischung haben sie allen Geschlechtsunterschied ausgetilgt; sie haben aufgehört, als Männer zu denken und zu fühlen."[22]

Lanz' Lehre von den „nimmersatten Pavianweibchen, die sich

vor den Wehen fürchten" war es, die Strindberg mit dem österreichischen Wirrkopf vor allem verband. Aber von den fast fünfhundert Seiten des Blaubuches ist der Name Lanz auf einer einzigen erwähnt, und nur vier weitere Seiten kommentieren seine Anschauungen. Und es darf in diesem Zusammenhang der Strindbergbiograph Atos Wirtanen zitiert werden, der betont, daß landläufige literarische Urteile dem Blaubuch gegenüber sinnlos sind. „Als Essayist", so schreibt er, „war Strindberg ein expressionistischer Ausdrucksfanatiker. Er suchte immer den optimalen Ausdruck und fand ihn auch. Seine Freude daran war so stark, daß er, wenn ihm eine brillante Wendung, eine treffende Formulierung gelungen war, es schlechterdings nicht über sich gewinnen konnte, sich selbst zu korrigieren, auch wenn die Passage sachlich unhaltbar war... Bei jedem anderen Schriftsteller wäre dies unerträglich. Aber Strindberg ist wie ein Unwetter, er speit wie ein Vulkan... Gegen das Elementare kann man nicht polemisieren. Das Blaubuch findet für verfehlte Ideen besonders gelungene Formulierungen."[23]

Der große Einfluß, den Lanz nach eigenen Worten auf Strindberg ausgeübt hat, ist nicht bewiesen, ebensowenig seine angebliche Mitgliedschaft im Neutemplerorden als Fra August, Tempeleisenfamiliar zu Werfenstein. Der Orden hat im übrigen den Krieg überlebt, und als Lanz 1954 stirbt, wird er als sein Oberhaupt öffentlich nach dessen Riten begraben.

Arnold Schönberg nennt Strindberg seinen Vorläufer, der wie er das Ideal der Reinheit durch Duldung und Opfer zu erreichen suchte. Die Strenge von Form und Inhalt entspricht auch seiner Ablehnung alles Monumentalen, seinem Hang zur Einfachheit, den er auch mit Karl Kraus und in der bildenden Kunst mit Adolf Loos und Egon Schiele teilt.

Es ist bestimmt kein Zufall, daß Strindberg besonders unter den jüdischen Dichtern aus Prag Seelenverwandte gefunden hat. Im bewußten Widerstand zum Rationalismus und zur Wissenschaftsgläubigkeit ihrer Zeitgenossen schöpfen diese ihre Kunst aus Mystik und Okkultismus. Und es ist nicht zuletzt das Alte Testament mit seinem zornigen Gott und dem Dulder Hiob, das Strindberg mit ihnen zutiefst verbindet. Franz Werfel, selbst einer von ihnen, hat später die Echtheit der „mystischen Gefühle" seiner Prager Dichterfreunde angezweifelt. Mag sein, daß sie für manche nur modische Geste waren, keinesfalls trifft dies auf alle zu. Der Drang nach Spirituellem war die natürliche Reaktion auf die Materialisierung aller Lebensgebiete. Besonders der Dramatiker Paul Kornfeld schrieb ganz im Geiste Strindbergs, ja sogar Swedenborgs, wenn er die ätherische Seele des Menschen dem mechanischen Gesetzen folgenden Charakter gegenüberstellt. Dieses Dilemma, das nur durch die Aufhebung der Naturgesetze durch Gott gelöst werden kann, ist der Urgrund allen menschlichen Leidens; eine Idee, die von Strindberg stammen könnte, auf den sich Kornfeld auch beruft.

Aus dem gleichen Prager Kreis stammt Franz Kafka, dessen Geistesverwandtschaft mit Strindberg gerade in den letzten Jahren immer mehr erkannt wird, so daß er – dies zu Unrecht – bereits als Epigone bezeichnet worden ist. Die Homogenität zwischen den beiden Dichtern beruht einerseits auf Parallelerscheinungen in den elterlichen Familien, andererseits beweist sich Strindberg auch hier als geistiger Pionier, der die Seelenlandschaft des um mehr als dreißig Jahre Jüngeren bereits entdeckt hatte. Kafka war schon in eine Welt hineingeboren, die Strindberg nur ahnen konnte.

Das patriarchalische Elternhaus in Stockholm um die Mitte des vergangenen Jahrhunderts wird sich von dem nicht weniger patriarchalischen im jüdischen Prag kurz vor der Jahrhundertwende kaum unterschieden haben. Sowohl Strindberg wie Kafka fürchten den strengen Vater, der ihnen als letzte Instanz erscheint. Eine spätere Identifizierung mit Gott ergibt sich notwendigerweise. Halten wir uns jetzt noch vor Augen, welche Bedeutung das Alte Testament nicht nur für den Juden Kafka, sondern ebenso für den pietistisch erzogenen Strindberg hatte, wird die Parallele in der seelischen Entwicklung der beiden Dichter noch deutlicher. Als Ergebnis dieser Gesinnung bildet sich ein Schuldbewußtsein, das bei Kafka wie bei Strindberg nicht zuletzt durch die Erkenntnis, schuldlos bestraft zu werden, geprägt ist. Gegen eine ungerechte Bestrafung durch den Vater aufzubegehren, war hoffnungslos, stellte er doch die letzte richterliche Instanz in der Familie dar, noch hoffnungsloser ein Aufbegehren gegen Gott. Was bleibt, ist die Akzeption der Strafe und das Bewußtsein einer unbekannten Schuld.

Dieser Parallele in der religiösen Entwicklung, die sich auch in Parallelen im Werk ausdrückt – der Unbekannte Strindbergs und Kafkas K. zeigen viele verwandte Züge –, entspricht eine frappante Ähnlichkeit in ihrer Beziehung zu den Frauen. Beide glauben an das Ideal der Reinheit. Aber während für Kafka Sexus Beschmutzung bedeutet, wechseln Strindbergs Anschauungen. Und wenn er zuletzt den gleichen Standpunkt wie

Kafka einnimmt, so widerspricht dem sein Leben, sein steter Versuch, bei einer neuen und schönen jungen Frau Erfüllung zu finden. Gewiß, beide haben ebenso Angst vor der Strenge des Vaters als Sehnsucht nach der Mutter. Die Liebe zur Mutter ist ein wesentlicher Beweggrund, das Ideal der reinen Liebe über jede geschlechtliche Leidenschaft zu stellen. Dem Ideal des Mütterlichen entspricht auch die Liebe zum Kind. Daß Strindberg diese höher stellte als jede Liebe zur Frau, ist bekannt, aber ebenso beteuert Kafka: „Kinder sind zur Rettung der Eltern da, theoretisch verstehe ich gar nicht, wie es Menschen ohne Kinder geben kann.“[24] Und eine Eintragung in sein Tagebuch könnte ebenso aus der Feder Strindbergs stammen, wenn er schreibt: „Das unendliche, tiefe, warme, erlösende Glück, neben dem Korb seines Kindes zu sitzen, der Mutter gegenüber... “[25]

Die erotische Beziehung zur Frau scheint zwar in ihrem literarischen Niederschlag ebenso homogen, unterscheidet sich aber doch im Verhalten der beiden. Strindberg und Kafka schätzen den Mann als den geistig führenden, beide halten die Frau für das Erdhafte. „Die Frauen sind Fallen, die den Menschen von allen Seiten belauern, um ihn in das Nur-Endliche zu reißen“[26], sagt Kafka, und Strindberg nennt den Kampf der Geschlechter einen Kampf um die Erhaltung der Persönlichkeit. Aber beide wissen, daß sie ohne weibliche Partner nicht leben können, ja es gibt Zeiten, wo sie in der Frau eine Brücke zu Gott sehen. Aber während Strindberg, inkonsequent wie er nun einmal war, immer wieder den Versuch einer Ehe unternimmt, um danach umso härter mit dem weiblichen Geschlecht ins Gericht zu gehen, bleibt Kafka sich selbst treu, indem er niemals eine feste Bindung eingeht. Doch behandelt er die Frauen, die seinen Weg kreuzen, niemals mit jenem vernichtenden Haß, zu dem Strindberg – im Zorn – fähig war.

Deshalb blieb Kafka auch vieles bei der Lektüre von Strindbergs Werken zuerst unverständlich. „Was er schön nennt, widert mich, in Beziehung zu mir gesetzt, an“[27], bemerkt er nach der ersten Lektüre von „Entzweit“, aber schon am Tag darauf erkennt er die seelische Verwandtschaft: „Besserer Zustand, weil ich Strindberg gelesen habe“, notiert er. Und zuletzt empfindet er den schwedischen Dichter wie einen geistigen Vater, wenn er schreibt: „Er hält mich wie ein Kind auf seinem linken Arm. Ich sitze dort wie ein Mensch auf einer Statue. Bin zehnmal in Gefahr abzugleiten, beim elften Versuch sitze ich aber fest, habe Sicherheit und große Übersicht... “[28]

Man hat mit Recht Parallelen bis ins Formale festgestellt. Die Stationen von „Nach Damaskus" entsprechen den Kapiteln im „Prozeß" oder im „Schloß". Vor allem aber ist die Zeit- und Ortlosigkeit für das Spätwerk Strindbergs ebenso charakteristisch wie für das gesamte Œuvre Kafkas. Die Heimatlosigkeit des Menschen in einer Welt, deren Wirklichkeit nur mehr in Relationen zu anderen Wirklichkeiten existieren kann, wird hier dichterische Vision.

Aus Böhmen, wenn auch aus ganz anderen Kreisen – er war der Sohn eines k. k. Offiziers –, stammt auch Alfred Kubin. Auch in seinem Leben finden sich viele Parallelen zu dem Strindbergs: der frühe Verlust der geliebten Mutter, die ihm immer Ideal bleibt, die Angst vor der Strenge des Vaters, der sich durch eine neue Ehe dem Kind entfremdet, vor allem aber depressive Seelenzustände und Visionen des neuen Jahrhunderts von schauerlicher Prophetie. Daß er im nördlichen Oberösterreich seine Wahlheimat fand, konnte kein Zufall sein, hier fand der Maler und Dichter Landschaft und Menschen, wie sie seine Phantasie geschaffen hatte als lebendiges Modell, genauso wie Strindberg diese Landschaft und diese Menschen für sein „Nach Damaskus" entdeckt hatte. Die enge künstlerische Beziehung, die zwischen den beiden Expressionisten bestand, manifestierte sich in Kubins Bilderzyklus zu Strindbergs „Nach Damaskus", einem seiner Meisterwerke, in dem er eine Kenntnis und Erkenntnis des fremden Werkes bewies, welche die der meisten Inszenatoren des Stückes in den Schatten stellte. Und es ist bezeichnend für die Beziehung Österreichs zu Strindberg, daß es der oft und zu Recht als Kubin verwandt bezeichnete Hans Fronius war, der Strindberg als visionäres Modell verwendete und sein „imaginäres" Porträt schuf.

Daß Hans Fronius, der seinen väterlichen Freund Kubin als einen „seiner Sterne am großen Kunsthimmel" bezeichnet und wie dieser eine besondere Beziehung zu Karl Kraus und vor allem zum Werk Kafkas durch seine zahlreichen Graphiken bewies, auch ein imaginäres Porträt Strindbergs schuf, läßt erkennen, daß jene Außenseiter, die in Österreich Strindberg zuerst erkannten und anerkannten, längst keine Außenseiter mehr waren, sondern Avantgardisten einer neuen, für Österreich vielleicht ungewohnten Kunst.

Während jene Autoren, die wie Schnitzler, Bahr oder Hofmannsthal mit Recht immer beispielhaft für das Wien der Jahrhundertwende zitiert werden, mit Strindberg in keinem

Kontakt standen, und auch er keine Beziehung zu ihnen unterhielt, wurde er Vorbild und Leitfigur für eine jüngere Generation österreichischer Autoren. Es wäre falsch anzunehmen, Strindbergs Werk sei für den Österreicher das eines Exoten. Für solche, die nur im Traum vom Untergang, nur im Sterben in Schönheit den künstlerischen Ausdruck der österreichischen Seele zu erkennen glauben, mag ein so vorschnelles Urteil stimmen. Aber mit dem fortschreitenden Jahrhundert macht auch die österreichische Literatur einen gewaltigen Schritt, betritt Neuland, das vielleicht mehr Alptraum als Traum von Schönheit ist, so wie auf Strindbergs Märchenspiele wenige Jahre später seine grausigen Kammerspiele folgen, mit denen er nicht nur den Surrealismus ins Drama einführt, sondern auch schon das absurde Theater vorausahnt.

Noch scheinen nur wenige das Zukunftsträchtige in Strindbergs Werk zu erkennen. Die österreichische Erstaufführung von „Fräulein Julie" im Jahre 1907 im Intimen Theater in Wien wird zu keiner Sensation. Das Publikum applaudiert freundlich. Aber im Theater in der Josefstadt setzt Josef Jarno seine Pionierarbeit für Strindberg unermüdlich fort. Er bringt, zumeist in seiner Regie oder mit ihm in einer Hauptrolle, zahlreiche Einakter, eine Neuinszenierung der „Gläubiger" und hintereinander „Kameraden", „Ostern", „Königin Christine" zur Aufführung. Am 24. Mai 1912, zehn Tage nach Strindbergs Tod, hat eine Neuinszenierung von „Totentanz" Premiere.

Nach dem Ende seiner dritten Ehe hatte sich Strindberg immer mehr zurückgezogen. Sein Buch „Einsam" dokumentiert ergreifend diesen Abschnitt seines Lebens. Aber seine dichterische Kraft war nicht gebrochen. 1907 kann er endlich ein eigenes, das Intime Theater in Stockholm eröffnen, das er ein Leben lang angestrebt hatte, eine Kammerspielbühne nach dem Vorbild der avantgardistischen Freien Bühnen in London, Paris und Berlin.

Seine späten Werke beweisen, daß er ein Ringender geblieben ist, und wenn er als 61jähriger noch einmal eine ernstgemeinte Verbindung mit einem blutjungen hübschen Mädchen anstrebt, so zeigt auch dies, daß er, der eben noch im Blaubuch seiner Verachtung des anderen Geschlechts Ausdruck verliehen hatte, auch wieder zur Verehrung fähig war.

„Es ist ein Kampf auf Leben und Tod. Die Natur benutzt uns beide zu ihren unbekannten Zwecken, und wir laufen ihr immer wieder ins Garn"[29], war eine seiner Lieblingsthesen. Aber mit

August Strindberg, Graphik von Hans Fronius

Karl Kraus

Franz Kafka

Josef Jarno

Arnold Schönberg

Kerstin Strindberg

der gleichen Überzeugung dichtet er 1903 in seinem Fragment gebliebenen Drama „Der Holländer" den berühmt gewordenen Hymnus auf den Körper der Frau, in dem es heißt: „Du Himmelskind von dieser Erde; von allen Reichen der Natur ward der feine Stoff gebildet, darin Dein Geist behaust sein soll."[30] In ihren Memoiren berichtet Frida, daß er diesen Hymnus als Gedicht bereits 1892 ihr zu Ehren begonnen haben soll.[31]

In seinen letzten Lebensjahren tritt er auch wieder, ohne einer Partei anzugehören, bewußt und aktiv für die sozial Unterdrückten ein.

Am 14. Mai 1912 stirbt er an Magenkrebs. Wenige Tage vorher hatte er vom Tod seiner ersten Frau erfahren. Seine Tochter Greta ist in der Sterbestunde bei ihm. „Es ist alles gesühnt", soll einer seiner letzten Aussprüche gewesen sein. Mit dem Neuen Testament in den Händen ist er gestorben.

Genau an seinem Todestag erscheint eine neue Folge der „Fackel" mit seinem Einakter „Eselsdorf". Und es wäre nicht Strindberg, wenn nicht sogar sein Todesdatum noch zahlenmystisch ausgelegt werden könnte. Denn der 14. Mai war der Geburtstag seines Schwiegervaters Uhl, der am 22. Jänner, dem Geburtstag Strindbergs, gestorben war...

Erst 1918, kurz vor Ende des Ersten Weltkriegs, werden die Wiener mit „Nach Damaskus" konfrontiert. Friedrich Kayssler und Helene Fehdmer gastieren im Stadttheater. Das Publikum zeigt laut Zeitungsberichten wenig Begeisterung, was auch an der Bitternis der Zeit gelegen haben wird. Man wollte zur Trauer des Alltags nicht noch die Tragik auf der Bühne. „Es ist ein Weg, der gleichsam über lauter Glasscherben führt und den auch das Publikum in drei nichts weniger als kurzweiligen Stunden nur mit wunden Füßen zurücklegte"[32], urteilt der Kritiker der „Neuen Freien Presse". Jarno setzt seinen Strindbergzyklus erst im Theater in der Josefstadt und später im Stadttheater fort.

Erst am 24. Juni 1919 wagt es das Burgtheater – noch ein Verdienst seines 1918 zurückgetretenen Direktors Max von Millenkovich –, Strindberg zu spielen. Sieben Jahre nach dem Tod des Dichters, dessen Weltgeltung längst nicht mehr in Zweifel gezogen werden konnte!

Man wählt zwei Einakter, „Das Band" und „Vor dem Tode". Max Paulsen führt Regie und spielt die jeweilige Hauptrolle. Die Aufführung selbst war wenig erfolgreich, aber die Tatsache, daß endlich Werke Strindbergs im Burgtheater, das noch immer als die erste deutsche Sprechbühne gilt, aufgeführt werden, wird Anlaß zu leidenschaftlichem Für und Wider bei Publikum und Presse. Im „Neuen Wiener Journal" fragt Leopold Jacobson: „Soll man Fanfare blasen, Hosanna rufen, daß August Strindberg endlich Einlaß ins Burgtheater fand?"[33] Die Mehrheit hat die Frage bejaht, und Stimmen, wie die des „8-Uhr-Blattes", die das Ereignis als unzeitgemäß bezeichnete, waren selten. „Um den Übermut unserer unsäglich lustigen Tage doch ein wenig zu hemmen", heißt es dort nicht ohne bittere Ironie, „wird Strindberg nun auch im Burgtheater gespielt, wozu eigentlich gar keine zwingende Notwendigkeit bestanden hätte."[34]

Daß über Inszenierung und Darstellung wenig enthusiastisch geschrieben wurde, entspricht einer alten Tradition der Presse dem Burgtheater gegenüber. Man klagt über den Konservativismus des Hauses, sobald aber Neues versucht wird, stimmt angeblich der Stil nicht. Erst wenn Jahrzehnte vergangen sind, spricht man voll Ehrfurcht vom alten Burgtheater, dessen Kunst mit der gegenwärtigen überhaupt nicht zu vergleichen ist.

So schrieb die Kritik nach der Premiere von „Das Band" von einem „gebleichten Strindberg", da die Schauspieler das Tragische des Stückes „zu weich" brachten. Trotzdem spürte man die Bedeutung des Dichters: „Doch war der Eindruck tief und echt", stellt der Rezensent von „Die Zeit" fest und schreibt weiter: „Man fühlte die Hand eines Großen schwer über den Gemütern lasten."[35] Auch die Aufführung des zweiten Einakters „Vor dem Tode" wird als wenig geglückt kritisiert. Mag sein, daß der Korrespondent des „Berliner Börsenkuriers" recht hatte, als er feststellte: „Strindberg muß rücksichtslos gespielt werden; das Burgtheater hat keine Schauspieler dazu, es ist auch in seinen guten Kräften zu aristokratisch, um dem Sohn einer Magd mehr als eine Anstandsvisite zu machen."[36]

Die erste Strindbergaufführung des Burgtheaters war nicht zum Ereignis geworden. „Man klatschte kurz, zischte wohl auch ein weniges, ging hinaus und sprach rasch von etwas anderem. Der Erfolg dieser Strindberg-Premiere war nicht groß"[37], bestätigt die „Arbeiter Zeitung". Mag ein „konservativer" Schauspielstil einem Erfolg im Weg gestanden sein, wesentlicher war die unterschwellige Gegnerschaft eines Teils des Publikums, das in Strindberg einen Zerstörer sah, einen Eindringling in eine Welt des Schönen, der zu Widerspruch und Nachdenken aufforderte. Und das wollte gerade ein an „Edles und Erhabenes" gewöhntes Publikum des alten Hoftheaters nicht, am wenigsten in einer Zeit, die gerade für diese Kreise eine unsäglich traurige war, in der Hunger und Elend herrschten und die Zukunft ungewiß war. Die negative Kritik der Aufführung verbarg nicht selten Kritik am Dichter, die man aber, um nicht für einen literarischen Philister gehalten zu werden, verschwieg. Nur einige wenige Berichterstatter wagten es, den Dichter offen zu kritisieren. „Zu deutlich und überspannt", las man im „Berliner Tagblatt" nach der Burgtheaterpremiere, und der Kritiker der „Wiener Mittagszeitung" fand es besonders originell, seine Rezension frei nach Schiller mit „Das Burgtheater als sadistische Anstalt betrachtet" zu betiteln.

Vorzügliche Aufführungen an verschiedenen Bühnen mit erstklassigen Gästen, die für Strindbergs Rollen prädestiniert waren, wie Gertrude Eysoldt, Elisabeth Bergner oder Paul Wegener, drängten die Gegner des Dichters immer mehr in die Defensive. Und besonders Josef Jarnos zähes Festhalten an seinem Vorhaben, immer wieder Strindberg zu spielen, wenn die Erfolge seiner Inszenierungen auch unterschiedlich ausfielen, half dem Dichter, sich selbst in Wien durchzusetzen, in einer Stadt, deren traditionsbelastetes Publikum Kunst lieber konsumierte, als sich von ihr ergreifen ließ, lieber empfing, als überwältigt wurde. Und wenn das Gros der Kritiker auch immer wieder glaubte, beckmessern zu müssen, eine Persönlichkeit wie Paul Wertheimer erkannte die Bedeutung des Dichters. 1927, anläßlich einer Neuinszenierung des „Vater" durch und mit Josef Jarno, schrieb er im „Neuen Wiener Tagblatt": „Der starke Beifall des sehr gut besuchten Hauses bewies, daß es auch noch in den Zeiten der Tanzrevuen Kreise gibt, die für wirkliche Kunst, für das Schaffen der vielleicht elementarsten künstlerischen Persönlichkeit des Jahrhunderts sich genießendes Verstehen bewahrt haben."[38] Damit brach er nicht nur für Strindberg, sondern auch für das „andere" Wiener Publikum eine Lanze.

Bis zum Jahr 1938 gab es in Wien 95 Inszenierungen eines Strindbergstückes. Volkstümlich war er nie, aber ebensowenig jemals ein Modedichter, hochgejubelt von irgendeiner Schickeria. Umso verdienstvoller für sein Werk und dessen Interpreten, daß er – wie die große Zahl der Aufführungen beweist – die Stadt erobert hat.

1920 bringt das Burgtheater „Königin Christine" mit Rosa Albach-Retty in der Titelrolle zur Aufführung. Am 22. Mai 1922 findet im Stadttheater eine Feier zu Strindbergs zehntem Todestag statt. Es beweist den Enthusiasmus des kunstverständigen Wiener Publikums, daß das Haus bis auf den letzten Platz ausverkauft war. Josef Jarno spielt in eigener Inszenierung den Alten in der „Gespenstersonate". Der Beifall für das Werk und seinen Hauptdarsteller, zugleich aber auch für Josef Jarno als Paladin des Dichters war gewaltig. Nicht weniger begeistert akklamiert das Publikum eine Vorstellung des „Totentanz" zwei Monate später: Jarnos Abschiedsvorstellung vom Stadttheater. Gerade an diesem Werk zeigte sich der Wandel des Publikumsgeschmacks, oder vielleicht besser, die Erkenntnis des Publikums, wonach Theater nicht nur süßer Genuß, sondern auch bittere Bedrängnis sein kann, nicht nur in lichte Feenwelten, sondern auch in Abgründe schauen läßt. Denn während gerade der „Totentanz" bei den ersten Wiener Inszenierungen abgelehnt wurde, zog das Stück nach und nach immer mehr Publikum an und wurde schließlich zum gefeiertsten Werk des Dichters am Wiener Theater.

Eine warnende Stimme, erhoben anläßlich der Aufführung der „Gespenstersonate" im Akademietheater 1924, soll – ihrer klugen Voraussicht wegen – nicht unerwähnt bleiben. Der Rezensent der „Theater- und Fremdenzeitung" schreibt: „Wehe, wenn dieser ‚Expressionismus', der vom ‚Naturalismus' das Gräßliche übernahm, aber in argem Gegensatz zu dem auch bei Strindberg gesuchten ‚Verismus' steht, gar Schule macht bei denen, die keine Originalempfinder sind und ihre Stoffe nur nach der Mode färben und zuschneiden."[39]

Als am 9. Juni 1931 im Raimundtheater wieder einmal der „Totentanz", diesmal als Gastspiel Paul Wegeners, erfolgreich geboten wurde, ahnte kaum einer, daß diese Aufführung für lange Zeit die letzte eines Strindbergstückes in Wien sein sollte. Aber dieses Wiener, ja österreichische Schicksal teilte Strindbergs Werk mit dem gesamten deutschsprachigen Raum. In Deutschland standen die neuen Machthaber vor der Tür, und wenn seine Stücke auch im Dritten Reich nicht verboten waren, Sympathie empfand man ihnen gegenüber keine. Weder der krasse Naturalismus der Frühzeit noch die religiöse Thematik des reifen Mannes entsprachen den Forderungen des Naziregimes.

In Österreich stand man seinem Werk nicht viel freundlicher gegenüber. Die politische Entwicklung, vor allem in Mitteleuropa, brachte diejenigen zur Macht, die alle Kunstrichtungen des beginnenden Jahrhunderts, vor allem aber den Expressionismus, dem man Strindbergs letzte Werke zuzählte, als zersetzend, wenn nicht als „entartet“ betrachteten.

Allerdings war die politische Situation nicht der einzige Grund, weshalb seine Werke immer weniger gespielt wurden. Es scheint ein ungeschriebenes Gesetz zu sein, daß Bühnendichtungen, auch dann, wenn sie größte Erfolge als Uraufführungen erzielt haben, etwa zehn Jahre nach ihrem Entstehen als gestrig, als „unmodern“ gelten und von den Spielplänen verschwinden. Erst Jahrzehnte später beginnt man sich wieder ihrer zu erinnern, und wenn der Versuch einer Wiederaufnahme gelingt, werden sie sehr bald als „Klassiker“ eingestuft. Auch Strindberg war für die „Ewigheutigen“ plötzlich nicht mehr modern genug. Zwei Jahrzehnte später wird er als einer der „Väter der Moderne“ wiederentdeckt.

Es darf aber über die Aufführungen in Österreich vor 1938 nicht vergessen werden, daß auch viele der großen und bahnbrechenden Strindberginszenierungen in Berlin seit Beginn des Jahrhunderts Inszenierungen eines Österreichers waren, keines Geringeren als Max Reinhardts.

Und so wie das Werk Strindbergs in der Dämmerung einer werdenden Nacht unterzugehen scheint, zieht sich auch seine zweite Frau aus der von ihr so geliebten Welt der großen Gesellschaft in die Stille zurück. Sie hat, wie wir aus ihren Memoiren wissen, ihren Mann auch nach der Scheidung geschätzt, ja vielleicht geliebt. Doch an seinen großen Bühnenerfolgen während der ersten Jahrzehnte unseres Jahrhunderts nahm sie keinen öffentlichen Anteil. Ob ihre Bindung an andere Männer oder eine gewisse Bescheidenheit daran schuld waren, ist schwer zu eruieren. Mit Beginn der dreißiger Jahre zieht sie sich, des unsteten Wanderlebens müde, früh gealtert nach Mondsee, in die Villa ihrer Eltern, zurück. Ihre Tochter Kerstin, nach einer kurzen Ehe in Deutschland mit Dr. Sulzbach wieder in Österreich, wohnt anfangs bei ihr. Doch scheint es, daß Frida keine Mitbewohner mehr auf Dauer duldet. Es kommt zu einer schweren Auseinandersetzung. Kerstin flüchtet nach Dornach.

Frida schreibt an ihren Memoiren „Lieb, Leid und Zeit“, die Geschichte ihrer „unvergeßlichen“ Ehe mit Strindberg. Frau Wendl, Besitzerin des Hotels „Weißes Rößl“ in Mondsee, erinnert sich noch an die etwas weltfremde Dame, die ihr, einer jungen Stenotypistin, damals den Text in die Maschine diktierte. Weniger vornehm berichten andere Mondseer Bürger über die letzten Jahre der Frau Strindberg. In ihrem völlig verwilderten Garten rund um die alte Villa hätte sie sich am liebsten aufgehalten. Aber wehe, wenn Lausbuben aus dem Ort versucht haben, über den Zaun zu klettern und Obst zu stehlen. Mit einer Schreckpistole ging sie auf diese los, was die Kerle begreiflicherweise noch übermütiger machte. Mit dem Ruf „Ali Ali Uhu!" sollen sie die alte Frau verfolgt haben, die sie mit ihrem wirren Haar und ihrer ungepflegten Kleidung für eine Art Hexe hielten. Immer von zwei Hunden begleitet, die angeblich aus den gleichen Tellern wie sie aßen, galt sie den meisten Mondseern als nicht mehr zurechnungsfähig. Ihre Tochter Kerstin wütete später über die Herzlosigkeit der Bevölkerung und identifizierte deren Unverständnis der alten Frau gegenüber mit Nazismus und Faschismus. Hier geht Kerstin zweifellos zu weit. Unverständnis einer Frau von der Art der alten Frida Strindberg gegenüber ist weder eine nazistische noch eine Mondseer Spezialität. Gerade in kleineren Gemeinden, wie in Märkten und Kleinstädten gilt jeder Einzelgänger als verrückt, als irr, schlimmstenfalls als gefährlicher Irrer. Allein schon äußere Nachlässigkeit reizt den konformistisch gesinnten Bürger, der jedes Anders-Sein als Affront gegen seine Gemeinde betrachtet. Das ist keine Entschuldigung, nur eine Berichtigung.

Darüber, was an dunklen Machenschaften nach Fridas Tod in bezug auf Haus und Erbe vor sich gegangen ist, gibt es nur Gerüchte; etwa warum Herr Pühringer, der einzige im Ort, dem Frida vertraute, und der ihr Haus und Garten notdürftig instand hielt, nicht zum Besitzer des Gartenhauses wurde, das ihm Frida versprochen hatte. Nur die heute 92jährige Haslingerin, ehemals Fridas Haushälterin, die auch von Kerstin in Briefen lobend erwähnt wird, zeigt jetzt noch Verständnis für die Außenseiterin, wenn sie feststellt: „Bei uns am Land ist man gern mißtrauisch, wenn jemand da ist, der gebildeter ist als die meisten andern."

Es sind freilich nicht nur die Bewohner von Mondsee, die über das merkwürdige Aussehen und skurrile Gehaben der alten Frau erzählen, auch Besucher aus ihrem Wiener Bekanntenkreis waren zumindest verwundert, diese Frau, die einst eine Löwin der Gesellschaft gewesen war, so völlig verändert wiederzufinden. Auch ihre Tochter hat sie nach der großen Auseinandersetzung nur selten besucht, und ihr Sohn Friedrich, für den immer die Mansardenwohnung freigestanden war, soll überhaupt nie vorbeigekommen sein. Es war aber, so stellt Milan Dubrovic, der sie noch gekannt hat, fest, kein seltenes Phänomen, daß gerade intellektuelle Frauen der Gesellschaft von damals im Alter seltsam und weltfremd geworden sind. Trotzdem: Ihre Memoiren beweisen, daß sie keinesfalls geistig verwirrt war, daß sich vor ihrem inneren Auge noch einmal die Landschaft ihrer Jugend darbot, die unvergeßliche Ehe, die ihr Leben entschied. Alles Äußerliche war ihr gleichgültig geworden.

Wärend des Krieges, im Vorfrühling des Jahres 1942, stürzt sie beim Einkaufen über die Stufen einer Gemüsehandlung und bricht sich den Arm. Sie wird nach Salzburg transportiert, wo sie, kurz darauf, im Krankenhaus an einer Lungenentzündung stirbt.

Selbst über ihr Begräbnis konnte man sich nicht einigen, niemand war da, der bezahlte. Jahrelang blieb das Grab ohne Stein. Heute ist die Gemeinde stolz auf das stattliche Ehrengrab der Frau des größten schwedischen Dichters. Man hat besonders über die späteren Jahre Frida Strindbergs viel bösen Klatsch verbreitet und wenig Vorteilhaftes über ihre Lebensart berichtet. Deshalb soll eine Beurteilung Adolf Pauls nicht übergangen werden, wo es heißt: „Sie hat in ganz jungen Jahren ein nicht leichtes Schicksal auf sich genommen, hat es mit der ganzen Zähigkeit der deutschen Frau angepackt und zu bewältigen gesucht. Wenn's ihr auch mißlang, sie hat jedenfalls viel darum gelitten.“[40]

Ihre Tochter Kerstin war als Kind bei der Großmutter aufgewachsen. Schon während eines Aufenthaltes in München verkehrt sie in Künstlerkreisen, obwohl sie sich selbst nie schriftstellerisch betätigt hat. Ob sie den Kreis um Lina Loos in Wien durch die Vermittlung ihrer Mutter oder durch ihre Freundschaft mit Franz Theodor Csokor kennengelernt hat, ist nicht bestimmbar.

Der Dichter Csokor gehörte jener jüngeren Generation österreichischer Autoren an, die bereits einer neuen Kunst den Weg bahnten, Strindberg nicht mehr als großen Fremdling oder Außenseiter, sondern als ihren Wegbereiter und Meister verehrten. Csokor erzählt, wie er mit seiner Freundin Lina Loos durch den Strudengau fährt, um jene Stätten aufzusuchen, die für „Inferno“ und „Nach Damaskus“ die Kulissen abgeben.

Lina Loos, Schauspielerin, geschiedene Gattin des großen Architekten Adolf Loos, war schon Mittelpunkt des Kreises um Peter Altenberg vor dem Krieg gewesen. Und obwohl viele dieses Kreises nicht mehr lebten oder alte Männer waren, obwohl jüngere, mit völlig neuen Ideen wie Csokor oder Ödön von Horvath ihre Freunde geworden waren, blieb Lina Loos auch jetzt ein Zentrum des literarischen Wien. Es muß von dieser Frau, die in ihrer Jugend als die schönste Frau Wiens galt, ein Zauber bis in späte Jahre ausgegangen sein, der Männer und Frauen, wie Kerstin Strindberg, in seinen Bann schlug.

Csokor erzählt, wie er beim „Häusel" vorbeikommt, Lina Loos gegenüber bemerkt zu haben, dies müsse das Strindberghaus sein, was Lina bezweifelte. Da sagte eine Dame, die ihr Gespräch belauscht hatte: „Doch". Und auf die erstaunte Frage, woher sie das wisse, antwortete sie: „Weil ich hier zur Welt kam – als seine Tochter. Ich heiße Kerstin Strindberg."[41]

Von diesem Tag an begann eine Freundschaft zwischen den beiden Frauen, die bis zu ihrem Tode währte; aber – so glaubt man auch zwischen den Zeilen von Kerstins Briefen lesen zu dürfen – auch eine starke Zuneigung, wenn nicht Liebe Kerstins zu Csokor. Sie wohnte damals im „Häusel". Ihren Sohn Christoph aus der Ehe mit Dr. Sulzbach hatte sie in England in einem Internat untergebracht. Sie wollte ihn nicht in Deutschland wissen, das ihr durch die drohende Machtergreifung der Nationalsozialisten zu unsicher geworden war. Als 1933 die Rassengesetze erlassen werden, steigert sich ihr Zorn über die Unmenschlichkeit des Regimes. Trotzdem muß sie immer wieder aus privaten Gründen nach Deutschland reisen. Aber es gelingt ihr, wieder die schwedische Staatsbürgerschaft zu erlangen, nachdem sie durch ihre Ehe Deutsche geworden war, und sie übersiedelt nach Stockholm.

Obwohl sie sich in Schweden, zu dessen Menschen sie nur schwer Zugang findet, wenig wohl fühlt, ist sie unter den gegebenen Verhältnissen froh, bis auf weiteres dort leben zu dürfen. Sie fühlt sich allerdings mehr als österreichische Emigrantin denn als Einheimische und lebt zusammen mit einem anderen Österreicher, August Moser aus Steyr, der in Schweden als Metallwerkzeugmacher arbeitet. Jetzt wohnt auch ihr Sohn bei ihr, der als Lithograph sein Geld verdient, sich aber als Bildhauer ausbilden will.

Die furchtbaren Nachrichten aus Österreich nach dem März 1938, vor allem der freiwillige Fenstersturz von Lina Loos' großem Freund Egon Friedell und der ebenso grauenhafte Doppelselbstmord ihrer besten Jugendfreundinnen, die sich als Jüdinnen der Willkür der Nazis nicht ausliefern wollten, treffen sie zutiefst. Soweit sie es kann, versucht sie, ihren österreichischen Freunden zu helfen, aber die Bestimmungen in Schweden in bezug auf die Beförderung von Lebensmittelpaketen ins Ausland sind so streng, daß es ihr kaum möglich ist.

Sie erfährt vom Tod der Mutter und reist trotz Kriegszeit nach Mondsee, wo sie vergeblich Ordnung schaffen möchte. Aber sie findet weder jetzt noch später die richtigen Käufer für die Villa. Die wertvolle Sammlung des Großvaters hat sie nach dem Krieg nach Schweden zu bringen versucht, dabei soll das meiste in den Wirren der Besatzungszeit hoffnungslos verlorengegangen sein. Was sie damals, nach dem Tod ihrer Mutter, besonders ergriff, war der Anblick des letzten Rosenstockes im Uhlschen Garten, der von Barbaren gebrochen war.

Obwohl sie sich schon während der letzten Kriegsjahre trotz eines schweren Nierenleidens auf die „Heimkehr" nach Österreich freut und den Wunsch hegt, am Wiederaufbau mit allen ihren Kräften mitzuarbeiten, ist sie, als es wirklich soweit ist, nur verbittert. Sie kann für diese Menschen, die Knechte der Barbarei gewesen und mitschuldig am qualvollen Tod so vieler wertvoller Menschen sind, kein Mitgefühl aufbringen. Zu viele ihrer besten Freunde sind unter den Opfern. Sie will nicht in dieses Österreich heimkehren, das „sich dieses vorgestrige Ö. (UNSER Ö.) wie ein wohlverdientes schönes Federl auf das Hütl steckt und damit im Land und außer Landes den Geschäftsreisenden spielt. Etwa wie: Schaut her, was wir sind! Obwohl es heißen müßte: schaut weg, SONST SEHT IHR, WAS WIR UMGEBRACHT HABEN! und wir wollen doch wieder Geschäfterln machen mit dem Österreichertum und Grinzing und dem Wein und der Duselei und den Walzern und dem Geist und dem Witz der Umgebrachten und last not least unserm unverdienten Ölland"[42].

Sie ist überglücklich, Lina Loos noch unter den Lebenden zu treffen, und unerwartet erreicht sie ein Brief Csokors aus der Emigration, an dessen Heimkehr sie nicht mehr geglaubt hat.

In einem Brief an Lina Loos vom 9. Februar 1946 ist es die Erkenntnis ihres Vaters, die ihrem Leben einen Sinn gibt. Sie schreibt: „... heut les ich in Deinem Brief vom 9. Jänner: ES IST SCHADE UM DIE MENSCHEN von Strindberg. Auch darin stimmen wir überein. Sie tun einem leid, Deine Menschen, aber... auch wenn es eigentlich schade um sie ist,... keine Erlösung wird dem Menschen abgenommen, kein Glied in der Befreiungstat darf er sich ‚ersparen' wollen, das wär Naturwidrigkeit, das wär Pfuscherarbeit, Linerl, erinnerst Dich bei

Strindberg, wie er im Damaskus schön demütig wieder den ganzen Weg zurückgehen muß? Weil sich keiner den Gesetzen in der Neuschöpfungsprozedur entziehen kann. In dieser ungeheuerlich schweren, schönen, häßlichen, glutheißen Schöpfungsarbeit, die jede Menschwerdung ist, darf keine und nicht die kleinste Phase weder verschlampt noch übergangen werden, da gibts ebensowenig die Erlaubnis zu ‚mogeln', als sich die biochemische Prozedur, wenn sie in unserm Leib neues Leben schafft, eine ‚Mogelei' erlaubt. Es ist wunderbar, wenn es eine Heilige Veronika gibt, die Jesus das Schweißtuch leiht, als er meint, es geht nimmer weiter, aber es ist noch viel wunderbarer, daß er weitergegangen ist: Bis es vollbracht war."[43]

Um einer Lina Loos und eines Franz Theodor Csokor willen glaubt sie noch an die Zukunft ihres Heimatlandes. Wenn solche Menschen wieder in der eigenen Heimat anerkannt werden, wird auch sie für immer zurückkommen. Mit dem Verkauf der Mondseer Villa gibt es immer neue Schwierigkeiten, bis ausgerechnet eine Käserei das Haus übernimmt. Kerstin zögert lange mit dem Verkauf, aber es muß sein, um das „Häusel", wo sie geboren wurde, erhalten zu können.

Nur kurz ist ihr Aufenthalt in Österreich, dann zieht sie sich wieder nach Schweden zurück. Als sie vom Tod der Lina Loos erfährt, bricht sie vollends zusammen. Sie spricht von ihrem eigenen Leben als einem „dreckigen, zerfetzten Leben", und ihrem alten Freund Csokor gesteht sie in einem Brief aus dem Jahre 1950: „... ich habe keine Kraft mehr, ich bin seit dem Winter krank, seelisch, wenn Du willst, und fühl mich zerbrochen, ich bin nicht mehr ich..."[44]

Einsam stirbt sie sechs Jahre später, am 30. April 1956 in Stockholm. Sie hatte das Erbe einer unglücklichen Ehe zu tragen gehabt. Von ihren Eltern verlassen, flüchtet sie in einen Kreis von Freunden, die ihr ein verbrecherisches Regime grausam raubt. Doch ihre ungebrochene Liebe und Achtung ihrem Vater gegenüber bleiben unverändert, und ihr letzter Wunsch, an seiner Seite, den sie vor sechzig Jahren zum letzten Mal umarmt hatte, begraben zu werden, wird erfüllt. Strindbergs Beatrice bleibt für immer an seiner Seite.

Heinz Hilpert, der mutige Direktor des Theaters in der Josefstadt, wagte es als einziger trotz Krieg und Nationalsozialismus, ein Werk Strindbergs auf seiner Bühne herauszubringen, vielleicht, wie er dies des öftern versucht hat, als heimliche

Anklage des Regimes: „Königin Christine" mit Hilde Krahl in der Titelrolle.

Nach 1945 beginnt langsam, aber stetig, Strindbergs Werk auf österreichischen Bühnen wieder heimisch zu werden. Leon Epp, damals Direktor des kleinen Theaters „Die Insel" in der Komödie, konfrontiert als erster Theaterleiter nach dem Krieg das Wiener Publikum wieder mit einem Strindbergschen Werk. In Anbetracht der tristen Stimmung im hungernden Wien von 1946 wählt er keines seiner harten Stücke, sondern eines der hoffnungsvollen, in denen der Glaube an den Menschen und sein Wille zum Guten dominieren. „Ostern" wird im düsteren Nachkriegs-Wien zum theatralischen Ereignis. Epp hat damit Jarnos Verdienst um den Dichter nicht vergessen lassen. Er versucht sowohl die Tradition guter Strindbergaufführungen nach 15jähriger unfreiwilliger Unterbrechung fortzusetzen, als auch eine Jugend, die nie Gelegenheit gehabt hatte, ein Werk des Schweden zu sehen, mit diesem bekannt zu machen. Mit der zarten Eva Peyrer und vier Jahre später mit Gertrud Helmer in der weiblichen Hauptrolle gelingt ihm eine der eindrucksvollsten Aufführungen der Nachkriegszeit.

Zum hundertsten Geburtstag des Dichters im Jubiläumsjahr 1949 sind es zunächst nur zwei kleine Bühnen, die des Dichters gedenken. Das Studio der Hochschulen spielt „Schwanenweiß", ein Wagnis im kleinen Raum, aber die Intensität der jungen Darsteller läßt die Aufführung zu einem großen Erfolg werden. Und abseits der vornehmen Bezirke, in denen angeblich das literarisch interessierte Publikum zuhause ist, im Arbeiterbezirk Favoriten am Rande der Stadt bringt Gottfried Treuberg in seinem „Wielandtheater" den „Vater" zur Aufführung, und wie schon bei Klassikeraufführungen gelingt es ihm auch bei Strindbergstücken, ein unvoreingenommenes Publikum zu begeistern.

Im Herbst endlich bringt das Staatstheater seine Strindbergfeier. Im Akademietheater inszeniert Berthold Viertel „Kronbraut". Die Aufführung wird zu einem bejubelten Erfolg, einem der stärksten, den das Akademietheater jemals verzeichnen konnte. Monatelang ist das Haus ausverkauft. Viertel hat zwar den letzten Akt gestrichen, aber gerade durch den versöhnlichen Schluß das Werk den Wienern noch näher gebracht. Erste Schauspieler stehen ihm zur Verfügung: Käthe Gold in der Titelrolle, Werner Krauß, Curd Jürgens, Hedwig Bleibtreu, Maria Eis, Ferdinand Mayerhofer, Felix Steinböck und viele andere. Dazu ein Bühnenbild von Theo Otto und Musik von Friedrich Wildgans, dem Sohn des Dichters.

1950 bringt das kleine Theater für 49, „Das Experiment", Strindbergs „Scheiterhaufen" in einer Inszenierung Rudolf Wesselys, ein Beispiel, das bei anderen Kleinbühnen Schule macht. So wagt es das Theater am Belvedere, „Nach Damaskus" zu spielen, ein gelungener Versuch, der 1987 im ebenso kleinen Theater am Lichtenwerd wiederholt wird. 1986 bringt die Gruppe 80 den „Vater". Daß „Fräulein Julie" wiederholt auf kleinen Bühnen aufgeführt wird, ist schon durch die geringe Anzahl von benötigten Darstellern erklärlich.

Jetzt ist Strindberg nicht mehr Mode wie in den zwanziger Jahren, jetzt ist er bereits zum Fast-Klassiker geworden. Das Theater in der Josefstadt setzt mit einer Aufführung des wirkungsvollen Einakters „Die Stärkere" seine Strindberg-Tradition fort. 1960 wird „Totentanz" wieder zu einem künstlerischen Ereignis. Unter der Regie des Berliners Walter Henn, der zu den größten Hoffnungen unter den jungen deutschen Inszenatoren zählte, spielt Walter Frank als Gast den Edgar, seine Partnerin ist Hilde Krahl. Das Publikum reagiert mit Begeisterungsstürmen. „Die Regie", so schreibt der Kritiker Manfred Vogel, „erfaßt bravourös alle Züge, die Strindberg zum Vater des psychologischen Naturalismus stempeln, sie gab keine Farbe zu viel und keine zu wenig, um das Urbild einer Dramatik, einer Dramaturgie einzufangen, von der das Theater noch heute unaufhörlich zehrt. Bevor man Walter Frank ... im ‚Totentanz' gesehen hat, weiß man kaum, wie abgründig leise ein theatralischer Orkan sein kann, und wie einem das Herz bis zur Gurgel klopft, sobald man in seinen Bann gerät."[45]

Fünf Jahre später folgt eine Neuinszenierung von „Der Vater" mit Jochen Brockmann und Susanne Almassy in den Hauptrollen. 1980 gibt man die „Gespenstersonate" mit Erik Frey und Joana Maria Gorvin.

Im Volkstheater inszeniert 1957 Günther Haenel das „Traumspiel", eine „vorbildliche Inszenierung", wie Hans Weigel schreibt, der bei dieser Gelegenheit Strindberg den Cézanne und Schönberg des Dramas nennt und ergriffen feststellt: „Uns alle berührt ein großer, einsamer unglücklicher Seher, dem Gott zu sagen gab, wie wir leiden." Und weiter schreibt er: „Die Wendung unserer Zeit zu August Strindberg ist sinnvoll und berechtigt." In bezug auf das „Traumspiel" schreibt er von einer Ablöse der Psychologie durch den Mythos und stellt fest, daß hier „parallel mit Freud in die Tiefen der Seele gelotet und eine bisher intakte äußere Wirklichkeit relativiert wird“[46].

Unter der Regie von Loek Huisman wird zwei Jahrzehnte später „Schwanenweiß“ mit Vera Borek in der Titelrolle zu einer der eindrucksvollsten Aufführungen des Volkstheaters in den letzten Jahren.

Im Burgtheater gastiert bereits 1956 zum ersten Mal das Königliche dramatische Theater Stockholm mit „Fräulein Julie“ und „Der Vater“, freilich der Sprache wegen nur von echten Theaterenthusiasten besucht. „Fräulein Julie“ kommt wenige Jahre später im Akademietheater mit Annemarie Düringer in der Titelrolle heraus. 1964 wird das Publikum des Hauses endlich wieder mit „Nach Damaskus“ konfrontiert, in einer Bearbeitung des österreichischen Autors Kurt Klinger für einen Abend. Will Quadflieg und Käthe Gold sind die Protagonisten. Unter der Direktion Paul Hoffmann inszeniert Wolfgang Glück das selten gespielte Kammerspiel „Wetterleuchten“ in vorzüglicher Besetzung – mit Paul Hoffmann und Attila Hörbiger. Im gleichen Jahr 1970 spielt Sonja Sutter in einer Inszenierung Leopold Lindtbergs im großen Haus „Königin Christine“.

Noch ein zweites Mal gastiert das Königliche dramatische Theater aus Stockholm, diesmal mit einer Inszenierung des „Traumspiels“ durch Ingmar Bergman.

Für Direktor Achim Benning ist Strindberg einer der wesentlichen Autoren seines Spielplans. Er beginnt mit einer interessanten Inszenierung des „Vater“, wobei er Texte aus Strindberg-Briefen in das Stück einbaut. Und auch im Burgtheater wird „Totentanz“ mit 36 Vorstellungen zu einer der erfolgreichsten Strindberg-Aufführungen. Wie im Theater in der Josefstadt spielt Hilde Krahl die weibliche Hauptrolle, Hans Christian Blech gibt den Kapitän.

1978 wagt Benning eine Inszenierung von „Der Pelikan“ und konfrontiert damit das Publikum mit einem der grausigsten Stücke des Dichters. Damit hat das Burgtheater in wenigen Jahren das ganze Panorama Strindbergschen Theaters vorgestellt: vom Naturalismus über Märchen und Historie bis in den Bereich des Surrealen.

Die österreichischen Theater außerhalb Wiens haben Strindberg ebensowenig vergessen. Die Österreichische Länderbühne etwa gastierte mit der „Gespenstersonate“ in einer Inszenierung Oskar Willners selbst in Deutschland. Zum 50. Todestag des Dichters 1962 brachten die Vereinigten Bühnen Graz als einziges österreichisches Theater zu seinem Gedächtnis eine eigene Matinee.

Gewiß: Strindberg ist vom Spielplan der österreichischen Theater nicht mehr wegzudenken. In den letzten Jahren kann man hier sogar Stücke seiner skandinavischen Epigonen und Nachahmer sehen. Und doch besteht zwischen seinem Werk und dem österreichischen Publikum noch immer eine Distanz, ein Graben, den es zu überbrücken gilt. Die Theater müssen es wagen, immer wieder wagen, ein Werk zu erobern, das zu keinem geringen Teil auf österreichischem Boden entstanden ist. So wie Strindbergs Ehe ein gut Teil Haßliebe war, so auch sein Verhältnis zu Österreich. Und nicht anders die Beziehung Österreichs zu ihm. Aber am Theater ist vielleicht Haßliebe mehr als nur Liebe, sie ist Begeisterung und Schauder zugleich und erweckt, wenn dies heutzutage auch manche als altmodisch ablehnen, immer wieder Mitleid und Furcht, zwingt zum Nachdenken und ergreift doch den ganzen Menschen.

Strindberg hat sich, obwohl er es einmal gesagt haben soll, und sosehr er das Land auch geliebt hat, nie als Österreicher empfunden. Und wenn er in einem Brief an Kerstin einen Ausspruch Beethovens anführt, so meint er auch sich selbst, wenn er zitiert: „Die Wiener ärgern mich oft; sie hören täglich zu viel schlechtes Zeug, als daß sie immer aufgelegt sein sollten, mit Ernst an etwas Ernstes zu gehen. Ich Alter würde es auch besser haben, wenn ich Galopps machte.“[47]

Gewiß, ernst an Ernstes zu gehen ist des Österreichers, insbesonders des Wieners Sache nicht. Aber Strindberg war ein Mann des Theaters. Und die Kunst des Scheins, der Maske überwindet die Grenzen von Ernst und Heiter, steht über den Dingen. Und es klingt trotz allem wie ein österreichisches Credo, wenn er schreibt: „Wie könnte man das Elend des Lebens ertragen, wenn man es nicht als Unwirklichkeit behandelte? Wenn ich es ernst nähme, müßte ich den ganzen Tag weinen.“[48]

Nähert er sich mit diesem Bekenntnis nicht bereits dem des Österreichers Ferdinand Raimund, das dieser in das Stammbuch eines Freundes schrieb: „Traum schenkt noch Glück, wenn Wirklichkeit zerstiebt“?

ANMERKUNGEN

1. Kapitel

[1] Strindberg, August: Plädoyer eines Irren. Deutsch von Hans-Joachim Maass. Köln 1977. S. 230.
[2] Ebd.
[3] Börge, Vagn Albeck: Strindberg, Prometheus des Theaters. Wien 1974, S. 129.
[4] Strindberg, August: Kloster/Einsam. Deutsch von W. A. Berendsohn. München 1969, S. 93.
[5] Uhl, Friedrich: Aus meinem Leben. Stuttgart 1908, S. 117.
[6] Ebd., S. 18.
[7] Strindberg, Frida: Lieb, Leid und Zeit, eine unvergeßliche Ehe. Hamburg 1936, S. 112.
[8] Uhl, Friedrich: Aus meinem Leben. Stuttgart 1908, S. 10.
[9] Ebd., S. 11.
[10] Ebd., S. 13.
[11] Strindberg, Frida: Lieb, Leid und Zeit, eine unvergeßliche Ehe. Hamburg 1936, S. 14.
[12] Ebd.
[13] Ebd.
[14] Ebd., S. 15.
[15] Dittrich, Traute: Friedrich Uhl als Theaterkritiker. Diss. Wien 1950, S. 87.
[16] Ebd., S. 90.
[17] Ebd., S. 91.
[18] Ebd., S. 102.
[19] Ebd., S. 99.
[20] Zur Geschichte der kaiserlichen Wiener Zeitung, 8. August 1703 – 1903. Wien 1903, S. 30.
[21] Ebd.
[22] Wurzbach, Constantin: Biographisches Lexikon des Kaiserthums Österreich, 48. Teil. Wien 1883, S. 241.
[23] Strindberg, Frida: Lieb, Leid und Zeit, eine unvergeßliche Ehe. Hamburg 1936, S. 134.

2. Kapitel

[1] Strindberg, Frida: Lieb, Leid und Zeit, eine unvergeßliche Ehe. Hamburg 1936, S. 186.
[2] Servaes, Franz: Strindberg in Berlin – nach eigenen und fremden Erinnerungen. Westermann Monatshefte 1915. In: Haas, Willy: Strindberg im Zeugnis der Zeitgenossen. Bremen 1963, S. 186f.
[3] Halbe, Max: Jahrhundertwende, 1935. In: Haas, Willy: Strindberg im Zeugnis der Zeitgenossen. Bremen 1963, S. 220.
[4] Servaes, Franz: Strindberg in Berlin – nach eigenen und fremden Erinnerungen. Westermann Monatshefte 1915. In: Haas, Willy: Strindberg im Zeugnis der Zeitgenossen. Bremen 1963, S. 187.
[5] Strindberg an Mörner. In: Lagercrantz, Olof: Strindberg. Deutsch von A. Gundlach. Frankfurt 1984, S. 340.
[6] Paul, Adolf: Strindberg, Erinnerungen und Briefe. München 1924, S. 40.
[7] Strindberg, August: Kloster/Einsam. Deutsch von W. A. Berendsohn. München 1969, S. 62.
[8] Servaes, Franz: Strindberg in Berlin – nach eigenen und fremden Erinnerungen. Westermann Monatshefte 1915. In: Haas, Willy: Strindberg im Zeugnis der Zeitgenossen. Bremen 1963, S. 187.

[9] Halbe, Max: Jahrhundertwende, 1935. In: Haas, Willy: Strindberg im Zeugnis der Zeitgenossen. Bemen 1963, S. 221.
[10] Brief vom 24. 12. 1892 von Harden an Strindberg. In: Börge, Vagn Albeck: Strindberg, Prometheus des Theaters. Wien 1974, S. 71.
[11] Lagercrantz, Olof: Strindberg. Deutsch von A. Gundlach. Frankfurt 1984, S. 340.
[12] Strindberg, Frida: Lieb, Leid und Zeit, eine unvergeßliche Ehe. Hamburg 1936, S. 180.
[13] Paul, Adolf: Strindberg, Erinnerungen und Briefe. München 1924, S. 158.
[14] Schleich, Carl Ludwig: Besonnte Vergangenheit. Berlin 1922.
[15] Berendsohn, Walter A.: Briefe an Strindberg. Mainz 1967, S. 81.
[16] Paul, Adolf: Strindberg, Erinnerungen und Briefe. München 1924, S. 65.
[17] Schleich, Carl Ludwig: Die Erinnerungen an Strindberg. München 1917, S. 21.
[18] Brief vom 15. 12. 1892 von Dehmel an Liliencron. In: Haas, Willy: Strindberg im Zeugnis der Zeitgenossen. Bremen 1963, S. 219f.
[19] Dehmel: Erlösung, Gesammelte Werke I. Berlin 1913. In: Paul, Adolf: Strindberg, Erinnerungen und Briefe. München 1924, S. 94f.
[20] Strindberg, Frida: Lieb, Leid und Zeit, eine unvergeßliche Ehe. Hamburg 1936, S. 12.
[21] Ebd., S. 50.
[22] Ebd., S. 65f.
[23] Strindberg, August: Entzweit/Einsam. Deutsch von Emil Schering. München 1917, S. 18.
[24] Strindberg, Frida: Lieb, Leid und Zeit, eine unvergeßliche Ehe. Hamburg 1936, S. 23.
[25] Strindberg, August: Entzweit/Einsam. Deutsch von Emil Schering. München 1917, S. 23.
[26] Strindberg, Frida: Lieb, Leid und Zeit, eine unvergeßliche Ehe. Hamburg 1936, S. 295.
[27] Börge, Vagn Albeck: Strindberg, Prometheus des Theaters. Wien 1974, S. 89f.
[28] Strindberg, August: Entzweit/Einsam. Deutsch von Emil Schering. München 1917, S. 32.
[29] Strindberg, Frida: Lieb, Leid und Zeit, eine unvergeßliche Ehe. Hamburg 1936, S. 82.
[30] Brief vom 26. 2. 1893. In: Börge, Vagn Albeck: Strindberg, Prometheus des Theaters. Wien 1974, S. 184f.
[31] Strindberg, Frida: Lieb, Leid und Zeit, eine unvergeßliche Ehe. Hamburg 1936, S. 91f.
[32] Ebd., S. 96.
[33] Ebd., S. 98.
[34] Strindberg, August: Kloster/Einsam. Deutsch von W. A. Berendsohn. München 1969, S. 32.
[35] Strindberg, Frida: Lieb, Leid und Zeit, eine unvergeßliche Ehe. Hamburg 1936, S. 111.
[36] Ebd., S. 121.
[37] Strindberg, August: Entzweit/Einsam. Deutsch von Emil Schering. München 1917, S. 39.
[38] Strindberg, Frida: Lieb, Leid und Zeit, eine unvergeßliche Ehe. Hamburg 1936, S. 126f.
[39] Ebd., S. 128.
[40] Ebd., S. 133.
[41] Ebd., S. 136.
[42] Strindberg, August: Entzweit/Einsam. Deutsch von Emil Schering. München 1917, S. 35f.
[43] Strindberg, Frida: Lieb, Leid und Zeit, eine unvergeßliche Ehe. Hamburg 1936, S. 168.
[44] Ebd.
[45] Paul, Adolf: Strindberg, Erinnerungen und Briefe. München 1924, S. 111.
[46] Strindberg, Frida: Lieb, Leid und Zeit, eine unvergeßliche Ehe. Hamburg 1936, S. 160.
[47] Ebd., S. 174.
[48] Ebd., S. 179f.
[49] Ebd., S. 180ff.
[50] Ebd., S. 188ff.
[51] Ebd., S. 194f.
[52] Schleich, Carl Ludwig: Besonnte Vergangenheit. Berlin 1922, S. 190.
[53] Strindberg, Frida: Lieb, Leid und Zeit, eine unvergeßliche Ehe. Hamburg 1936, S. 204.
[54] Ebd., S. 239.

3. Kapitel

[1] Paul, Adolf: Strindberg, Erinnerungen und Briefe. München 1924, S. 139f.
[2] Strindberg, Frida: Lieb, Leid und Zeit, eine unvergeßliche Ehe. Hamburg 1936, S. 239.
[3] Ebd., S. 259.

[4] Berendsohn, Walter A.: Briefe an Strindberg. Mainz 1967, S. 82.
[5] Strindberg, Frida: Lieb, Leid und Zeit, eine unvergeßliche Ehe. Hamburg 1936, S. 271 f.
[6] Ebd., S. 272.
[7] Ebd.
[8] Strindberg, August: Entzweit/Einsam. Deutsch von Emil Schering. München 1917, S. 159.
[9] Strindberg, Frida: Lieb, Leid und Zeit, eine unvergeßliche Ehe. Hamburg 1936, S. 260.
[10] Paul, Adolf: Strindberg, Erinnerungen und Briefe. München 1924, S. 157.
[11] Strindberg, Frida: Lieb, Leid und Zeit, eine unvergeßliche Ehe. Hamburg 1936, S. 266.
[12] Lagercrantz, Olof: Strindberg. Deutsch von A. Gundlach. Frankfurt 1984, S. 354.
[13] Paul, Adolf: Strindberg, Erinnerungen und Briefe. München 1924, S. 165.
[14] Strindberg, Frida: Lieb, Leid und Zeit, eine unvergeßliche Ehe. Hamburg 1936, S. 276.
[15] Ebd., S. 265.
[16] Ebd., S. 278 f.
[17] Strindberg, August: Kloster/Einsam. Deutsch von W. A. Berendsohn. München 1969, S. 62.
[18] Ebd.
[19] Ebd., S. 62 f.
[20] Ebd., S. 63.
[21] Ebd.
[22] Ebd., S. 65.
[23] Strindberg, Frida: Lieb, Leid und Zeit, eine unvergeßliche Ehe. Hamburg 1936, S. 305 f.
[24] Strindberg, August: Kloster/Einsam. Deutsch von W. A. Berendsohn. München 1969, S. 64 f.
[25] Strindberg, Frida: Lieb, Leid und Zeit, eine unvergeßliche Ehe. Hamburg 1936, S. 283.
[26] Ebd., S. 286
[27] Ebd.
[28] Ebd.
[29] Strindberg, August: Kloster/Einsam. Deutsch von W. A. Berendsohn. München 1969, S. 67.
[30] Paul, Adolf: Strindberg, Erinnerungen und Briefe. München 1924, S. 169.
[31] Strindberg, Frida: Lieb, Leid und Zeit, eine unvergeßliche Ehe. Hamburg 1936, S. 288.
[32] Ebd., S. 292.
[33] Ebd.
[34] Paul, Adolf: Strindberg, Erinnerungen und Briefe. München 1924, S. 170.
[35] Strindberg, Frida: Lieb, Leid und Zeit, eine unvergeßliche Ehe. Hamburg 1936, S. 293.
[36] Ebd., S. 294.
[37] Ebd., S. 294 f.
[38] Strindberg, August: Kloster/Einsam. Deutsch von W. A. Berendsohn. München 1969, S. 71.
[39] Strindberg, Frida: Lieb, Leid und Zeit, eine unvergeßliche Ehe. Hamburg 1936, S. 295 f.
[40] Ebd., S. 297.
[41] Ebd., S. 304.
[42] Strindberg, August: Kloster/Einsam. Deutsch von W. A. Berendsohn. München 1969, S. 73.
[43] Strindberg, Frida: Lieb, Leid und Zeit, eine unvergeßliche Ehe. Hamburg 1936, S. 307.
[44] Ebd., S. 301.
[45] Berendsohn, Walter A.: August Strindberg. Amsterdam 1974, S. 94.

4. Kapitel

[1] Strindberg, August: Kloster/Einsam. Deutsch von W. A. Berendsohn. München 1969, S. 74.
[2] Paul, Adolf: Strindberg, Erinnerungen und Briefe. München 1924, S. 171.
[3] Strindberg, August: Kloster/Einsam. Deutsch von W. A. Berendsohn. München 1969, S. 78.
[4] Ebd.
[5] Strindberg, Frida: Lieb, Leid und Zeit, eine unvergeßliche Ehe. Hamburg 1936, S. 322.
[6] Ebd.
[7] Ebd., S. 323.
[8] Berendsohn, Walter A.: Briefe an Strindberg. Mainz 1967, S. 83.
[9] Strindberg, Frida: Lieb, Leid und Zeit, eine unvergeßliche Ehe. Hamburg 1936, S. 316.
[10] Paul, Adolf: Strindberg, Erinnerungen und Briefe. München 1924, S. 175.

[11] Strindberg, Frida: Lieb, Leid und Zeit, eine unvergeßliche Ehe. Hamburg 1936, S. 320.
[12] Ebd., S. 315.
[13] Paul, Adolf: Strindberg, Erinnerungen und Briefe. München 1924, S. 173.
[14] Strindberg, August: Die Beichte eines Toren. Deutsch von Emil Schering. München 1917, S. 420.
[15] Paul, Adolf: Strindberg, Erinnerungen und Briefe. München 1924, S. 179.
[16] Strindberg, Frida: Lieb, Leid und Zeit, eine unvergeßliche Ehe. Hamburg 1936, S. 315.
[17] Strindberg, August: Kloster/Einsam. Deutsch von W. A. Berendsohn. München 1969, S. 82 f.
[18] Ebd., S. 83.
[19] Strindberg, Frida: Lieb, Leid und Zeit, eine unvergeßliche Ehe. Hamburg 1936, S. 316.
[20] Strindberg, August: Kloster/Einsam. Deutsch von W. A. Berendsohn. München 1969, S. 84.
[21] Strindberg, Frida: Lieb, Leid und Zeit, eine unvergeßliche Ehe. Hamburg 1936, S. 327 f.
[22] Strindberg, August: Kloster/Einsam. Deutsch von W. A. Berendsohn. München 1969, S. 85.
[23] Ebd., S. 87 f.
[24] Strindberg, Frida: Lieb, Leid und Zeit, eine unvergeßliche Ehe. Hamburg 1936, S. 331.
[25] Paul, Adolf: Strindberg, Erinnerungen und Briefe. München 1924, S. 175.
[26] Ebd., S. 181.
[27] Lagercrantz, Olof: Strindberg. Deutsch von A. Gundlach. Frankfurt 1984, S. 363.
[28] Paul, Adolf: Strindberg, Erinnerungen und Briefe. München 1924, S. 180.
[29] Lagercrantz, Olof: Strindberg. Deutsch von A. Gundlach. Frankfurt 1984, S. 363.
[30] Strindberg, Frida: Lieb, Leid und Zeit, eine unvergeßliche Ehe. Hamburg 1936, S. 339.
[31] Ebd., S. 343.
[32] Strindberg, August: Kloster/Einsam. Deutsch von W. A. Berendsohn. München 1969, S. 89.
[33] Ebd.
[34] Ebd.
[35] Paul, Adolf: Strindberg, Erinnerungen und Briefe. München 1924, S. 183 f.
[36] Strindberg, August: Kloster/Einsam. Deutsch von W. A. Berendsohn. München 1969, S. 90.
[37] Strindberg, Frida: Lieb, Leid und Zeit, eine unvergeßliche Ehe. Hamburg 1936, S. 356.
[38] Paul, Adolf: Strindberg, Erinnerungen und Briefe. München 1924, S. 184.
[39] Strindberg, Frida: Lieb, Leid und Zeit, eine unvergeßliche Ehe. Hamburg 1936, S. 361.
[40] Ebd., S. 368.
[41] Ebd., S. 373.
[42] Strindberg, August: Die Beichte eines Toren. Deutsch von Emil Schering. München 1917, S. 427.
[43] Strindberg, Frida: Lieb, Leid und Zeit, eine unvergeßliche Ehe. Hamburg 1936, S. 374.
[44] Ebd.
[45] Paul, Adolf: Strindberg, Erinnerungen und Briefe. München 1924, S. 197.
[46] Ebd.
[47] Lagercrantz, Olof: Strindberg. Deutsch von A. Gundlach. Frankfurt 1984.
[48] Paul, Adolf: Strindberg, Erinnerungen und Briefe. München 1924, S. 196.
[49] Ebd., S. 195 f.
[50] Ebd., S. 194.
[51] Ebd., S. 205.
[52] Berendsohn, Walter A.: Briefe an Strindberg. Mainz 1967, S. 80.

5. Kapitel

[1] Strindberg, August: Kloster/Einsam. Deutsch von W. A. Berendsohn. München 1969, S. 92 f.
[2] Strindberg, Frida: Lieb, Leid und Zeit, eine unvergeßliche Ehe. Hamburg 1936, S. 423.
[3] Strindberg, August: Kloster/Einsam. Deutsch von W. A. Berendsohn. München 1969, S. 100.
[4] Ebd.
[5] Ebd.
[6] Schleich, Carl Ludwig: Besonnte Vergangenheit. Berlin 1922, S. 188.
[7] Lagercrantz, Olof: Strindberg. Deutsch von A. Gundlach. Frankfurt 1984, S. 370.
[8] Strindberg, Frida: Lieb, Leid und Zeit, eine unvergeßliche Ehe. Hamburg 1936, S. 386.

[9] Paul, Adolf: Strindberg, Erinnerungen und Briefe. München 1924, S. 204.
[10] Strindberg, August: Kloster/Einsam. Deutsch von W. A. Berendsohn. München 1969, S. 95.
[11] Ebd.
[12] Strindberg, Frida: Lieb, Leid und Zeit, eine unvergeßliche Ehe. Hamburg 1936, S. 434.
[13] Ebd., S. 410.
[14] Ebd., S. 411.
[15] Ebd., S. 406.
[16] Ebd., S. 407 ff.
[17] Berendsohn, Walter A.: Briefe an Strindberg. Mainz 1967, S. 89.
[18] Strindberg, Frida: Lieb, Leid und Zeit, eine unvergeßliche Ehe. Hamburg 1936, S. 413.
[19] Ebd.
[20] Paul, Adolf: Strindberg, Erinnerungen und Briefe. München 1924, S. 208 f.
[21] Berendsohn, Walter A.: Briefe an Strindberg. Mainz 1967, S. 90.
[22] Strindberg, Frida: Lieb, Leid und Zeit, eine unvergeßliche Ehe. Hamburg 1936, S. 414 f.
[23] Ebd., S. 415.
[24] Ebd., S. 416.
[25] Ebd., S. 442.
[26] Ebd., S. 416.
[27] Strindberg, August: Kloster/Einsam. Deutsch von W. A. Berendsohn. München 1969, S. 98.
[28] Ebd.
[29] Strindberg, Frida: Lieb, Leid und Zeit, eine unvergeßliche Ehe. Hamburg 1936, S. 441.
[30] Strindberg, August: Kloster/Einsam. Deutsch von W. A. Berendsohn. München 1969, S. 99.
[31] Strindberg, Frida: Lieb, Leid und Zeit, eine unvergeßliche Ehe. Hamburg 1936, S. 434.
[32] Ebd.
[33] Strindberg, August: Nach Damaskus. Deutsch von Emil Schering. München 1917, S. 135.
[34] Lagercrantz, Olof: Strindberg. Deutsch von A. Gundlach. Frankfurt 1984, S. 375.
[35] Strindberg, Frida: Lieb, Leid und Zeit, eine unvergeßliche Ehe. Hamburg 1936, S. 419 f.
[36] Ebd., S. 420.
[37] Ebd., S. 404 f.
[38] Strindberg, August: Kloster/Einsam. Deutsch von W. A. Berendsohn. München 1969, S. 103.
[39] Strindberg, Frida: Lieb, Leid und Zeit, eine unvergeßliche Ehe. Hamburg 1936, S. 440 f.
[40] Strindberg, August: Kloster/Einsam. Deutsch von W. A. Berendsohn. München 1969, S. 103.
[41] Ebd.
[42] Strindberg, Frida: Lieb, Leid und Zeit, eine unvergeßliche Ehe. Hamburg 1936, S. 445.
[43] Strindberg, August: Kloster/Einsam. Deutsch von W. A. Berendsohn. München 1969, S. 103 f.
[44] Strindberg, August: Inferno/Legenden. Deutsch von Emil Schering. München 1917.
[45] Haas, Willy: Strindberg im Zeugnis der Zeitgenossen. Bremen 1963, S. 231.
[46] Strindberg, Frida: Lieb, Leid und Zeit, eine unvergeßliche Ehe. Hamburg 1936, S. 434.

6. Kapitel

[1] Lagercrantz, Olof: Strindberg. Deutsch von A. Gundlach. Frankfurt 1984, S. 384.
[2] Strindberg, Frida: Lieb, Leid und Zeit, eine unvergeßliche Ehe. Hamburg 1936, S. 582 f.
[3] Strindberg, August: Inferno/Legenden. Deutsch von Emil Schering. München 1917, S. 14.
[4] Strindberg, Frida: Lieb, Leid und Zeit, eine unvergeßliche Ehe. Hamburg 1936, S. 450.
[5] Ebd., S. 449.
[6] Ebd., S. 463.
[7] Ebd., S. 465.
[8] Ebd., S. 457.
[9] Ebd., S. 557.
[10] Ebd., S. 461.
[11] Lagercrantz, Olof: Strindberg. Deutsch von A. Gundlach. Frankfurt 1984, S. 381.
[12] Strindberg, Frida: Lieb, Leid und Zeit, eine unvergeßliche Ehe. Hamburg 1936, S. 450.
[13] Ebd., S. 457.
[14] Ebd., S. 454.

[15] Ebd., S. 472f.
[16] Ebd., S. 473.
[17] Ebd., S. 480f.
[18] Haas, Willy: Strindberg im Zeugnis der Zeitgenossen. Bremen 1963, S. 232f.
[19] Strindberg, Frida: Lieb, Leid und Zeit, eine unvergeßliche Ehe. Hamburg 1936, S. 475.
[20] Haas, Willy: Strindberg im Zeugnis der Zeitgenossen. Bremen 1963, S. 235f.
[21] Strindberg, Frida: Lieb, Leid und Zeit, eine unvergeßliche Ehe. Hamburg 1936, S. 490f.
[22] Strindberg, August: Inferno/Legenden. Deutsch von Emil Schering. München 1917, S. 3.
[23] Strindberg, Frida: Lieb, Leid und Zeit, eine unvergeßliche Ehe. Hamburg 1936, S. 496.
[24] Ebd.
[24a] Ebd., S. 551f.
[25] Ebd., S. 497.
[26] Ebd., S. 500.
[27] Strindberg, August: Inferno/Legenden. Deutsch von Emil Schering. München 1917, S. 3.
[28] Strindberg, Frida: Lieb, Leid und Zeit, eine unvergeßliche Ehe. Hamburg 1936, S. 514.
[29] Ebd., S. 511.
[30] Ebd., S. 522.
[31] Strindberg, August: Inferno/Legenden. Deutsch von Emil Schering. München 1917, S. 33.
[32] Strindberg, Frida: Lieb, Leid und Zeit, eine unvergeßliche Ehe. Hamburg 1936, S. 580.
[33] Strindberg, August: Inferno/Legenden. Deutsch von Emil Schering. München 1917, S. 33.
[34] Strindberg, Frida: Lieb, Leid und Zeit, eine unvergeßliche Ehe. Hamburg 1936, S. 540.
[35] Ebd., S. 543.
[36] Strindberg, August: Inferno/Legenden. Deutsch von Emil Schering. München 1917, S. 11.
[37] Ebd., S. 17.
[38] Lagercrantz, Olof: Strindberg. Deutsch von A. Gundlach. Frankfurt 1984, S. 395.
[39] Ebd.
[40] Strindberg, August: Inferno/Legenden. Deutsch von Emil Schering. München 1917, S. 23.
[41] Ebd., S. 25.
[42] Ebd.
[43] Strindberg, Frida: Lieb, Leid und Zeit, eine unvergeßliche Ehe. Hamburg 1936, S. 563.
[44] Haas, Willy: Strindberg im Zeugnis der Zeitgenossen. Bremen 1963, S. 247.
[45] Strindberg, Frida: Lieb, Leid und Zeit, eine unvergeßliche Ehe. Hamburg 1936, S. 569.
[45a] Ebd., S. 489.
[46] Ebd., S. 565.
[47] Ebd., S. 579.
[48] Ebd., S. 582.
[49] Ebd., S. 588.
[50] Berendsohn, Walter A.: Briefe an Strindberg, Mainz 1967, S. 93.
[51] Lagercrantz, Olof: Strindberg. Deutsch von A. Gundlach. Frankfurt 1984, S. 407.
[52] Ebd.

7. Kapitel

[1] Strindberg, August: Inferno/Legenden. Deutsch von Emil Schering. München 1917, S. 122f.
[2] Ebd., S. 5.
[3] Ebd.
[4] Ebd., S. 16.
[5] Ebd., S. 20.
[6] Ebd., S. 32.
[7] Strindberg, August: Ein Blaubuch. Deutsch von Emil Schering. München 1917.
[8] Strindberg, August: Die gotischen Zimmer. Deutsch von Else von Hollander. Leipzig 1923.
[9] Strindberg, August: Ein Blaubuch. Deutsch von Emil Schering. München 1917.
[10] Strindberg, August: Inferno/Legenden. Deutsch von Emil Schering. München 1917, S. 23.
[11] Ebd., S. 31f.
[12] Ebd., S. 32.
[13] Lagercrantz, Olof: Strindberg. Deutsch von A. Gundlach. Frankfurt 1984, S. 400f.
[14] Strindberg, August: Inferno/Legenden. Deutsch von Emil Schering. München 1917, S. 95f.

[15] Schleich, Carl Ludwig: Besonnte Vergangenheit. Berlin 1922, S. 186.
[16] Strindberg, August: Inferno/Legenden. Deutsch von Emil Schering. München 1917, S. 79.
[17] Ebd., S. 132.
[18] Ebd., S. 135 f.
[19] Ebd., S. 136 f.
[20] Ebd., S. 137.
[21] Ebd., S. 140.
[22] Ebd., S. 152.
[23] Strindberg, August: Briefe an seine Tochter Kerstin, hgg. von Torsten Eklund. Hamburg 1963, S. 17.
[24] Ebd., S. 22.
[25] Strindberg, August: Inferno/Legenden. Deutsch von Emil Schering. München 1917, S. 147.
[26] Haas, Willy: Strindberg im Zeugnis der Zeitgenossen. Bremen 1963, S. 257.
[27] Lagercrantz, Olof: Strindberg. Deutsch von A. Gundlach. Frankfurt 1984, S. 409.
[28] Strindberg, August: Inferno/Legenden. Deutsch von Emil Schering. München 1917, S. 175.
[28a] Daim, Wilfried: Der Mann, der Hitler die Ideen gab. Wien 1985.
[29] Strindberg, August: Inferno/Legenden. Deutsch von Emil Schering. München 1917, S. 180.
[30] Ebd., S. 181.
[31] Ebd., S. 184.
[32] Strindberg, August: Briefe an seine Tochter Kerstin, hgg. von Torsten Eklund. Hamburg 1963, S. 9.
[33] Ebd., S. 14.
[34] Ebd., S. 15.
[35] Strindberg, August: Inferno/Legenden. Deutsch von Emil Schering. München 1917, S. 208.
[36] Ebd., S. 207 f.
[37] Strindberg, August: Briefe an seine Tochter Kerstin, hgg. von Torsten Eklund. Hamburg 1963, S. 106.
[38] Haas, Willy: Strindberg im Zeugnis der Zeitgenossen. Bremen 1963, S. 271.
[39] Strindberg, August: Briefe an seine Tochter Kerstin, hgg. von Torsten Eklund. Hamburg 1963, S. 110.
[40] Schleich, Carl Ludwig: Besonnte Vergangenheit. Berlin 1922, S. 192.
[41] Haas, Willy: Strindberg im Zeugnis der Zeitgenossen. Bremen 1963, S. 268.
[42] Strindberg, August: Briefe an seine Tochter Kerstin, hgg. von Torsten Eklund. Hamburg 1963, S. 54.
[43] Haas, Willy: Strindberg im Zeugnis der Zeitgenossen. Bremen 1963, S. 270.
[44] Strindberg, August: Briefe an seine Tochter Kerstin, hgg. von Torsten Eklund. Hamburg 1963, S. 20.
[45] Ebd., S. 21 f.
[46] Ebd., S. 23.
[47] Ebd., S. 54.
[48] Ebd., S. 44.
[49] Ebd., S. 31.
[50] Ebd., S. 32.
[51] Ebd., S. 33.
[52] Ebd., S. 36.
[52a] Kutscher, Arthur: Wedekind, Leben und Werk. München 1964, S. 143.
[53] Strindberg, August: Briefe an seine Tochter Kerstin, hgg. von Torsten Eklund. Hamburg 1963, S. 56 f.
[54] Ebd., S. 59.
[55] Strindberg, Frida: Lieb, Leid und Zeit, eine unvergeßliche Ehe. Hamburg 1936, S. 600.
[56] Strindberg, August: Briefe an seine Tochter Kerstin, hgg. von Torsten Eklund. Hamburg 1963, S. 60.
[57] Ebd., S. 61.
[58] Ebd., S. 67.
[59] Ebd., S. 68.
[60] Strindberg, Frida: Lieb, Leid und Zeit, eine unvergeßliche Ehe. Hamburg 1936, S. 599.
[61] Strindberg, August: Briefe an seine Tochter Kerstin, hgg. von Torsten Eklund. Hamburg 1963, S. 129.
[62] Ebd., S. 10.
[63] Ebd.

8. Kapitel

[1] Strindberg, August: Nach Damaskus. Deutsch von Emil Schering. München 1917, S. 195.
[2] Strindberg, August: Inferno/Legenden. Deutsch von Emil Schering. München 1917, S. 425.
[3] Lagercrantz, Olof: Strindberg. Deutsch von A. Gundlach. Frankfurt 1984, S. 435.
[4] Strindberg, August: Nach Damaskus. Deutsch von Emil Schering. München 1917, S. 45.
[5] Ebd., S. 47.
[6] Ebd., S. 49.
[7] Ebd., S. 57.
[8] Ebd., S. 73.
[9] Ebd., S. 85.
[10] Ebd., S. 111.
[11] Ebd., S. 182.
[12] Börge, Vagn Albeck: Strindberg, Prometheus des Theaters. Wien 1974, S. 199.
[13] Strindberg, August: Nach Damaskus. Deutsch von Emil Schering. München 1917, S. 5.
[14] Ebd., S. 31.
[15] Ebd., S. 18f.
[16] Ebd., S. 10.
[17] Ebd., S. 38.
[18] Ebd., S. 174.
[19] Ebd., S. 167.
[20] Ebd., S. 118.
[21] Börge, Vagn Albeck: Strindberg, Prometheus des Theaters. Wien 1974, S. 209.
[22] Strindberg, August: Nach Damaskus. Deutsch von Emil Schering. München 1917, S. 35.
[23] Ebd., S. 36.
[24] Ebd., S. 41.
[25] Ebd., S. 53.
[26] Ebd., S. 54.
[27] Ebd., S. 55.
[28] Ebd., S. 266.
[29] Ebd., S. 240.
[30] Ebd., S. 166.
[31] Ebd., S. 121.
[32] Ebd., S. 53.
[33] Ebd., S. 39.
[34] Ebd., S. 114.
[35] Ebd., S. 198.
[36] Ebd., S. 241.
[37] Börge, Vagn Albeck: Strindberg, Prometheus des Theaters. Wien 1974, S. 205.
[38] Strindberg, August: Nach Damaskus. Deutsch von Emil Schering. München 1917, S. 209.
[39] Ebd., S. 75.
[40] Ebd., S. 198.
[41] Ebd., S. 92.
[42] Ebd., S. 187.
[43] Strindberg, August: Sieben Zyklen Gedichte. Deutsch von Emil Schering. München 1923, S. 229.
[44] Strindberg, Frida: Lieb, Leid und Zeit, eine unvergeßliche Ehe. Hamburg 1936, S. 566.
[45] Strindberg, August: Nach Damaskus. Deutsch von Emil Schering. München 1917, S. 245.
[46] Strindberg, August: Kloster/Einsam. Deutsch von W. A. Berendsohn. München 1969, S. 1.

9. Kapitel

[1] Ackerl, Maria Eva: Strindberg am Wiener Theater. Diss. Wien 1950, S. 10.
[2] Berendsohn, Walter A.: Briefe an Strindberg. Mainz 1967, S. 101.
[3] Neue Freie Presse vom 11. 10. 1906.
[4] Zur Geschichte der kaiserlichen Wiener Zeitung, 8. August 1703 – 1903. Wien 1903, S. 40.
[5] Uhl, Friedrich: Aus meinem Leben. Stuttgart 1908, S. 158.
[6] Zur Geschichte der kaiserlichen Wiener Zeitung, 8. August 1703 – 1903. Wien 1903, S. 40.

[7] Heimatbuch Saxen, 1981.
[8] Csokor, F. Th.; Rüther, L.: Du silberne Dame Du, Briefe von und an Lina Loos. Wien 1966, S. 273.
[9] Kutscher, Arthur: Wedekind, Leben und Werk. München 1964, S. 257.
[10] Ebd.
[11] Schnitzler, Arthur: Das Wort, Tragikomödie. Frankfurt 1966, S. 80.
[12] Dubrovic, Milan: Veruntreute Geschichte. Wien 1985.
[13] Johnston, William M.: Österreichische Kultur- und Geistesgeschichte, Gesellschaft und Ideen im Donauraum 1848 – 1938. Deutsch von Otto Grohma. Wien 1972, S. 169.
[14] Strindberg, August: Über deutsche Dichter und Denker, Beigabe zu „Die Kleinen und die Großen". Deutsch von Emil Schering, München o. J., S. 80.
[15] Ebd.
[16] Ebd., S. 82.
[17] Ebd., S. 80.
[18] Ebd., S. 83.
[19] Csokor, F. Th.; Rüther, L.: Du silberne Dame Du, Briefe von und an Lina Loos. Wien 1966, S. 225.
[20] Daim, Wilfried: Der Mann, der Hitler die Ideen gab. Wien 1985, S. 107.
[21] Strindberg, August: Ein Blaubuch. Deutsch von Emil Schering. München 1917, S. 273.
[22] Ebd., S. 269.
[23] Wirtanen, Atos: August Strindberg in Selbstzeugnissen und Bilddokumenten. Deutsch von Thyra Dohrenburg. Reinbek 1962, S. 150.
[24] Sedlacek, Peter: August Strindberg und Franz Kafka. Diss. Wien 1965, S. 229.
[25] Ebd., S. 229.
[26] Ebd., S. 222.
[27] Ebd., S. 227.
[28] Ebd., S. 226.
[29] Schleich, Carl Ludwig: Besonnte Vergangenheit. Berlin 1922, S. 187.
[30] Wirtanen, Atos: August Strindberg in Selbstzeugnissen und Bilddokumenten. Deutsch von Thyra Dohrenburg. Reinbek 1962, S. 131 f.
[31] Strindberg, Frida: Lieb, Leid und Zeit, eine unvergeßliche Ehe. Hamburg 1936, S. 221.
[32] Ackerl, Maria Eva: Strindberg am Wiener Theater. Diss. Wien 1950, S. 66.
[33] Neues Wiener Journal vom 25. 6. 1919.
[34] Ackerl, Maria Eva: Strindberg am Wiener Theater. Diss. Wien 1950, S. 48.
[35] Ebd., S. 49.
[36] Berliner Börsenkurier vom 11. 7. 1919.
[37] Arbeiterzeitung vom 26. 6. 1919.
[38] Neues Wiener Tagblatt vom 20. 10. 1927.
[39] Ackerl, Maria Eva: Strindberg am Wiener Theater. Diss. Wien 1950, S. 129.
[40] Paul, Adolf: Strindberg, Erinnerungen und Briefe. München 1924.
[41] Csokor, F. Th.; Rüther, L.: Du silberne Dame Du, Briefe von und an Lina Loos. Wien 1966, S. 223.
[42] Ebd., S. 271.
[43] Ebd., S. 265 f.
[44] Ebd., S. 284.
[45] Vogel, Manfred: ... und neues Leben blüht aus den Kulissen. Wien 1963, S. 92.
[46] Weigel, Hans: 1001 Premiere. Graz 1983, S. 710.
[47] Strindberg, August: Briefe an seine Tochter Kerstin, hgg. von Torsten Eklund. Hamburg 1963, S. 78.
[48] Strindberg, August: Entzweit/Einsam. Deutsch von Emil Schering. München 1917, S. 48.

LITERATURVERZEICHNIS

Ackerl, Maria Eva: Strindberg am Wiener Theater. Diss. Wien 1950.
Bayerdörfer, H. P.; Horch, H. O.; Schulz, G. M.: Strindberg auf der deutschen Bühne. Neumünster 1983.
Berendsohn, Walter A.: August Strindberg. Amsterdam 1974.
Berendsohn, Walter A.: August Strindberg und die Frauen. Dortmund 1969.
Berendsohn, Walter A.: Briefe an Strindberg. Mainz 1967.
Börge, Vagn Albeck: Strindberg, Prometheus des Theaters. Wien 1974.
Cislaghi, Hildegard: August Strindberg und Frida Uhl. Diss. Wien 1946.
Csokor, F. Th.; Rüther, L.: Du silberne Dame Du, Briefe von und an Lina Loos. Wien 1966.
Daim, Wilfried: Der Mann, der Hitler die Ideen gab. Wien 1985.
Deyer, Margarethe: Die Ursprünge der Dramaturgie von Strindbergs „Nach Damaskus“. Diss. Wien 1952.
Diem, Eugen: August Strindberg, Leben und Werk. Heidelberg 1949.
Dittrich, Traute: Friedrich Uhl als Theaterkritiker. Diss. Wien 1950.
Dubrovic, Milan: Veruntreute Geschichte. Wien 1985.
Enquist, Per Olov: Strindberg, ein Leben. Deutsch von Verena Reichel. Darmstadt 1985.
Esswein, Hermann: August Strindberg im Lichte seines Lebens und seiner Werke. München 1919.
Fritsche, Herbert: August Strindbergs Erweckung durch Emanuel Swedenborg. Zürich 1969.
Fronius, Hans: Bilderbuch eines Lebens. Wien o. J.
Gherasim, Vasile: August Strindberg als Künstler und Philosoph. Czernowitz 1927.
Gundlach, Angelika: August Strindberg – nichts als Dichter. Insel Almanach auf das Jahr 1980. Frankfurt 1980.
Haas, Willy: Strindberg im Zeugnis der Zeitgenossen. Bremen 1963.

Heimatbuch Saxen, Festschrift zur Markterhebungsfeier 1981.
Johnston, William M.: Österreichische Kultur- und Geistesgeschichte, Gesellschaft und Ideen im Donauraum 1848 – 1938. Deutsch von Otto Grohma. Wien. 1972.
Kutscher, Arthur: Wedekind, Leben und Werk. München 1964.
Lagercrantz, Olof: Strindberg. Deutsch von A. Gundlach. Frankfurt 1984.
Paul, Adolf: Strindberg, Erinnerungen und Briefe. München 1924.
Peukert, Ester: Strindbergs religiöse Dramatik. Diss. Hamburg 1929.
Ragon, Michel: Der Expressionismus. Lausanne 1967.
Schick, Paul: Karl Kraus in Selbstzeugnissen und Bilddokumenten. Reinbek 1965.
Schleich, Carl Ludwig: Erinnerungen an Strindberg. München 1917.
Schleich, Carl Ludwig: Besonnte Vergangenheit. Berlin 1922.
Schnitzler, Arthur: Das Wort, Tragikomödie. Frankfurt 1966.
Sedlacek, Peter: August Strindberg und Franz Kafka. Diss. Wien 1965.
Stang, Ragna: Edvard Munch, der Mensch und Künstler. Deutsch von E. Neumann, Königstein 1979.

Strindbergs Werke. Deutsche Gesamtausgabe unter Mitwirkung von Emil Schering als Übersetzer vom Dichter selbst veranstaltet. München 1902 – 1930.
Daraus im besonderen:
Die Beichte eines Toren. München 1917.
Inferno/Legenden. München 1917.
Nach Damaskus. München 1917.
Jahresfestspiele. München 1912.
Entzweit/Einsam. München 1917.
Schwedische Miniaturen. München 1919.
Sieben Cyclen Gedichte. München 1923.
Ein Blaubuch. München 1917.

Strindberg, August: Über deutsche Dichter und Denker, Beigabe zu „Die Kleinen und die Großen". Deutsch von Emil Schering. München o. J.
Strindberg, August: Briefe an seine Tochter Kerstin, hgg. von Torsten Eklund. Hamburg 1963.

Strindberg, August: Kloster/Einsam. Deutsch von W. A. Berendsohn. München 1969.
Strindberg, August: Plädoyer eines Irren. Deutsch von Hans-Joachim Maass. Köln 1977.
Strindberg, August: Die gotischen Zimmer. Deutsch von Else von Hollander. München 1917.

Strindberg, Frida: Lieb, Leid und Zeit, eine unvergeßliche Ehe. Hamburg 1936.
Swedenborg, Emanuel: Himmel, Hölle, Geisterwelt. Auswahl in deutscher Nachdichtung von Walter Hasenclever, 1925.
Uhl, Friedrich: Aus meinem Leben. Stuttgart 1908.
Vogel, Manfred: ... und neues Leben blüht aus den Kulissen. Wien 1963.
Wedekind, Frank: Die Tagebücher. Frankfurt 1986.
Wedekind, Tilly: Lulu, die Rolle meines Lebens. München 1964.
Weigel, Hans: 1001 Premiere. Graz 1983.
Wirtanen, Atos: August Strindberg in Selbstzeugnissen und Bilddokumenten. Deutsch von Thyra Dohrenburg. Reinbek 1962.
Wurzbach, Constantin von: Biographisches Lexikon des Kaiserthums Österreich, 48. Teil. Wien 1883.
Zhernotta, Franz: Friedrich Uhl als Burgtheaterrezensent der Wiener Zeitung. Diss. Wien 1948.
Zur Geschichte der kaiserlichen Wiener Zeitung, 1703–1903. Wien 1903.

PERSONENREGISTER